전국 임진왜란 유적 답사여행 총서 ❾

전라도 내륙 임진왜란 유적

이 책 소개

　이 책은 남해안 일대를 제외한 전라남·북도 내륙의 임진왜란 주요 유적을 글과 사진으로 해설한 답사 여행 안내서입니다.
　책에는 20대의 이순신이 처가가 있는 보성에서 살았던 일을 기념하는 보성 **방진관**, 초대 정읍 현감이었음을 기리는 정읍 **충렬사·유애사**, 거북선을 만든 나대용의 나주 **생가·소충사**, 부산 동래읍성 전투 순절 의사를 기리는 정읍 **정충사**·장성 **조영규 정려**, 세계기록유산 《조선왕조실록》 관련 유적인 전주 **경기전**·정읍 **남천사**, 곡창 지대를 점령하려는 일본군과 맞서 싸운 완주 **이치·웅치**, 초기 호남 의병장을 대표하는 고경명의 광주 **포충사·고씨 삼강문**, 2차 진주성 전투의 김천일을 기리는 나주 **정렬사**, 행주산성 싸움에 화차를 공급하여 대첩의 기초를 마련한 변이중·변윤중의 장성 **봉암 서원**, 송대립·송희립 유적 고흥 **서동사**, 의병장의 억울한 죽음을 역사에 새긴 김덕령의 광주 **충장사·생가 터**, 논개를 기리는 장수 **의암사**, 강희보·강희열 형제의 광양 **쌍의사**, 부산포해전 영웅 정운의 해남 **충신각**·고흥 **쌍충사**, '최초의 의병장'을 자부하는 류팽로의 곡성 **영귀 서원·정렬각·의마총**, 시인 양대박의 임실 **승전비**, 칠천량 패전을 돌이켜보게 하는 군산 **최호 사당**·남원 **만인의총**, 3대에 걸쳐 5인의 충신을 낳은 익산 **삼세오충렬 유적**을 비롯하여 김경수·김모·김세근·김치세·노인·박광전·송제·선거이·양산숙·유춘필·유희진·이보·장윤·진무성·최희량·허일·황대중 등 선열들의 유적 87곳(현장 사진 206매 첨부)이 소개되어 있습니다. (전라도 내륙에 있지 않으면서 본문에 등장하는 다른 지역의 유적에 대해서도 사진과 간략한 설명을 붙여 두었습니다. 해당 유적을 답사할 때 참고가 될 것입니다.)
　책에 실린 유적과 유적지들은 사건이 벌어진 시간 순서대로 배치하였습니다. 따라서 책을 처음부터 끝까지 순서대로 읽으면 임진왜란의 역사를 상당 부분 이해할 수 있습니다. 다만 임진왜란이 전라도 내륙 지역에서만 일어난 것은 아니므로, 책 끝에 붙여둔 **임진왜란 연표**와 **임진왜란 약사**부터 본 뒤 본문을 읽으면 1592년부터 1598년에 이르는 7년 전쟁의 흐름을 더욱 정확하게 헤아릴 수 있을 것입니다.

일반적으로 잘 사용되지 않는 한자어들에는 청소년 독자들이 알기 쉽도록 작은 글자로 설명을 덧붙여 두었습니다. 예를 들면 '행재소行在所(임금이 임시로 머무는 곳)', '파비破碑(부서진 비석)' 식입니다. '墮淚碑타루비'처럼 원문이 한자인 경우에는 앞에 한자, 뒤에 한글 발음을 써서 당시 분위기를 살리기도 했습니다.

우리나라 반만 년 역사에서 가장 크고, 길고, 피해가 막심했던 전쟁이 임진왜란입니다. 그 전쟁을 겪고도 우리는 일본의 식민지가 되었고, 급기야 분단마저 되었습니다. 1950년에는 전쟁까지 치렀습니다. 역사를 잊은 민족에게는 미래가 없다고 했는데, 정말 그렇게 되었습니다.

임진왜란부터 분명하게 기억해야 합니다. 이어 독립 전쟁과 6·25전쟁에 대해 알아야 합니다. 그래야 나라가 살고, 우리 후대의 미래가 밝아집니다. 저자는 그런 소명감을 가지고 붓과 사진기를 든 채 전국 방방곡곡을 5년 동안 누볐습니다. 전국의 임진왜란 관련 주요 유적 모두를 전라도 내륙 편, 부산·김해 편, 대구 편, 동해안 편, 남해안 편, 충남 편, 충북 편, 수도권·강원 편, 경남 서북부 편, 경북 서부 북부 편으로 나누어 모두 10권의 총서로 안내하는 것도 그 때문입니다.

이 총서에 소개되지 않은 임진왜란 유적이나 인물을 clean053@naver.com으로 알려주시기 바랍니다. 좀 더 충실한 증보·개정판을 내도록 하겠습니다. 독자 여러분의 건승을 기원합니다.

명량 해전 420주년(음력 9월 16일)을 앞두고
저자 정만진

전라도 내륙 임진왜란 유적

윤여환 작품
논개 초상[1]

임진왜란 연표 · 약사 · 336

20대의 이순신, 처가가 있는 보성에서 살았다
전남 보성 **방진관** · 13

임진왜란 이전 이순신의 전라북도 발자취
전북 정읍 **충렬사, 유애사, 한교** · 20

임진왜란 발발 하루 전날 완성된 거북선
전남 나주 **나대용 생가, 소충사** · 31

일본군 상륙 이틀째, 그리고 정유재란의 비극
전북 정읍 **정충사** 전남 장성 **조영규 정려** · 52

세계기록유산을 지켜낸 문화 영웅들
전북 전주 **경기전**, 전주 사고 정읍 **남천사** · 63

임진왜란과 5 · 18의 역사가 함께 서려 있는 곳
전남 해남 **대흥사** · 76

친일파들에게 좌우로 에워싸인 조선 도원수 권율
광주 **도원수 충장 권공 창의비** · 86

일본 가서 칼 한 자루를 사서 귀국한 장군
전북 완주 **황진 장군 이현 대첩비** · 96

노란 리본, 400년이 지났지만 계속 달아야 한다
전북 완주 **웅치 전적비** · 106

---

1) 1620년경 발간된 유몽인의 《어우야담》 이래 논개는 기생으로 알려졌지만 《일휴당 실기》에 따르면 그는 최경회 의병장의 '부실'이다.

64세 선비, 칼 높이 들어 전주성을 지켰다
전북 전주 충경사, 풍남문, 남고산성 · 123

말도 못 타면서 의병장 맡아 순국한 '참 선비'
광주 포충사, 고씨 삼강문 · 133

고경명의 좌부장 류팽로, 우부장 양대박 유적
전남 곡성 류팽로 유적 남원·전북 임실 양대박 유적 · 150

금산 전투 이후 봉기한 전라 좌의병
전남 보성 죽천정, 용산 서원, 장윤 정려 순천 정충사 · 166

일문창의의 전형을 보여주는 문위세 집안
전남 장흥 강성 서원 · 178

'부산 진격' 주장한 정운, 부산포 해전에서 순절
전남 고흥 쌍충사 해남 충신각 · 185

사비로 화차 공급해 행주대첩의 기틀을 만든 변씨 가문
전남 장성 봉암 서원 · 203

2차 진주성 싸움 순절 의병장 김천일 유적
전남 나주 정렬사, 금성관 · 209

2차 진주성 싸움 순절 의병장 최경회 유적
전남 화순 충의사, 삼충각, 고사정, 부조묘 전북 장수 월강사 · 222

'기생' 아닌 '부인' 논개, 남편은 의병장 최경회
전북 장수 의암사, 생가 터 전남 화순 의암 영당 · 240

'의병 마을'을 자부하는 후대인들은 행복하다
전남 광양 쌍의사 장성 창의사·비 광주 양씨 삼강문 · 250

의병장이 민심을 얻을까 싶어 내내 걱정한 선조
광주 충장사, 충효동 정려, 김덕령 생가 터, 취가정 · 262

오천성 떠나 바다로 간 장군, 칠천량에서 전사했다
전라도 이순신 백의종군로 전북 군산 최호 장군 유적 · 271

조선 조총을 만든 정사준 유적
전남 순천 옥계 서원·286

나라를 위해 싸우다 죽은 1만 선조들의 의로운 영혼
전남 남원 만인 의총·290

오늘은 영산강 경치가 아름답기만 하지만
전남 함평 대굴포 무안 우산사, 나씨 정려·312

임진왜란 마지막 전투, 의사들의 장렬한 전사
전남 고흥 서동사 순천 왜성, 율봉 서원 보성 오충사·315

선조와 인조를 2대에 걸쳐 호종한 고씨 가문
전북 부안 효충사, 석불 영상랜드·324

전라도 내륙 임진왜란 유적 답사 순서

군산> 익산> 완주> 전주> 김제> 부안> 정읍> 장성> 담양> 광주> 화순> 나주> **목포> **진도> *해남> 강진> 장흥> 보성> 고흥> 순천> **여수> 광양> 구례> 곡성> 순창> 남원> 임실> 장수> 무주 (**는 이 총서의 《남해안 임진왜란 유적》에 별도 게재, *는 일부 게재)

군산 최호 사당 기념물 32호, 개정면 발산리 421
익산 삼세오충렬(오응정) 유적 기념물 61호, 용안면 중신리 131-5
여산 동헌(백의종군로) 유형문화재 32호, 여산면 여산리 445-2
은천사(이보) 은기동 237
완주 황진 장군 이현 대첩비 운주면 산북리 산15-3
위봉사 소양면 대흥리 21, 위봉산성 사적 471호, 대흥리 1-32
웅치 전적지 기념물 25호, 소양면 신촌리 18-1(신촌리 산24와 진안군 부귀면 신정리 914-2 사이)

7

전주 관성묘(관운장) 완산구 동서학동 611
남고산성 사적 294호, 동서학동 산153-1
충경사(이정난) 동서학동 840-19
풍남문 보물 308호, 완산구 전동 83-4
실록각 완산구 풍남동 3가 102 경기전 경내
김제 금산사(승병 창의 사찰), 홍예문 금산면 금산리 39

금산사로 들어가는 길 입구에는 이곳이 임진왜란 당시 승병 훈련 장소였다는 사실을 증언하는 무지개 모양의 성문이 자리를 잡고 있다.

부안 석불 영상랜드 하서면 청호리 812-9
효충사(고희) 하서면 청호리 180
정읍 정충사(송상현, 신호) 기념물 74호, 흑암동 597

한교(유춘필) 북면 승부리 408-2
남천사(조선왕조실록 유적) 문화재자료 154호, 시산리 844
정읍 충렬사(이순신) 수성동 437-5 충무공원 경내
유애사(이순신) 기념물 18호, 진산동 348-2
장성 입암산성 기념물 2호, 북하면 신성리 산20-2
조영규 정려 기념물 78호, 북이면 백암리 264-1
호남 오산 남문 창의비 유형문화재 120호, 북이면 사거리 714
장성 오산 창의사 유형문화재 120호, 북이면 모현리 302-2
칠현단(조영규) 문화재자료 119호, 서삼면 모암리 401
봉암 서원(변이중, 변윤중) 기념물 54호, 장성읍 장안리 19-1
담양 추성 창의 기념관(고경명, 류팽로) 담양읍 운교리 100
광주 취가정(김덕령) 문화재자료 30호, 북구 충효동 396-1
충효동 정려비각(김덕령) 기념물 4호, 북구 충효동 440
김덕령 생가 터 정려비각 뒤 100m, 충효동 442 옆 빈터
충장사(김덕령) 금곡동 1023
학산사(김세근) 서구 서창동 1
양씨 삼강문(양산숙) 기념물 11호, 광산구 박호동 산131-1
권율 창의비 남구 구동 22-3 광주공원
포충사(고경명, 고종후, 고인후, 류팽로, 안영) 기념물 7호, 원산동 775
고씨 삼강문(고경명) 남구 압촌동 산14
고원희 가옥(고경명 생가 터) 문화재자료 8호, 고씨 삼강문 뒤
화순 충의사(최경회) 동면 백용리 422, 의암(논개) 영각
최경회 부조묘 문화재자료 64호, 화순읍 다지리 206-2
의병장 해주 최공 서생 유적비, 류씨 부인 좌상 다지리 180
고사정(최경회 창의 장소) 화순읍 삼천리 11
삼충각(최경회, 문홍헌) 기념물 77호, 능주면 잠정리 산33-1
나주 정렬사(김천일) 대호동 642
나주 금성관(김천일 출정 장소) 유형문화재 2호, 과원동 109-5
정수루(김성일, 우복룡) 문화재자료 86호, 금계동 13-18
남고문(나주 읍성 정문) 사적 337호, 남내동 2-20
최희량 장군 신도비 기념물 53호, 다시면 가흥리 369

포충각(이지득) 다시면 영동리 713-3
소충사(나대용) 문평면 오룡리 419
나대용 생가 기념물 26호, 문평면 오룡리 472
거평사(노인) 문평면 동원리 712
함평 수군 유적 학교면 곡창리 855, **김충수 유허비** 곡창리 산712-6
무안 우산사(김충수) 몽탄면 사창리 1315-5, **나씨 정려** 우산사 입구
목포시, 진도군, 해남 우수영 경유 (《남해안 임진왜란 유적》참조)
해남 대흥사 사적 208호, 명승 66호, 삼산면 구림리 799
옥천 성산 만의총 옥천면 성산리 500-1
정운 충신각 기념물 76호, 옥천면 대산리 534-1
강진 양견려(황대중) 작천면 용상리 563-3 노인정 앞
황대중 의마총 용상리 436-1 도로변에서 동쪽 50m
장흥 강성 서원(문위세) 문화재자료 70호, 유치면 조양리 677-5
보성 오충사(선거이) 보성읍 보성리 751-1
방진관(방진, 방씨 부인, 이순신) 보성읍 보성리 551-1
죽천정(박광전) 노동면 광곡리 209-4
용산 서원 광곡리 343-3 옆, 2016년 중건
용산 서원 유허비(박광전) 미력면 덕림 교차로
고흥 송씨 쌍충 일렬각(송제) 기념물 74호, 대서면 화산리 507-1
서동사(송대립, 송희립) 문화재자료 155호, 화산리 16
고흥 송씨 쌍충 정려(송대립) 기념물 110호, 동강면 마륜리 1318
신여량 유적비 마륜리 1248-1
신여량 장군 정려 기념물 111호, 마륜리 814-1
고흥 무열사(진무성) 기념물 58호, 두원면 신송리 531
쌍충사(정운) 기념물 128호, 도양읍 봉암리 2202
순천 송천 서원(김모) 별량면 동송리 408
율봉 서원(정숙, 정승조) 별량면 우산리 725-1
검단산성 사적 418호, 해룡면 성산리 63-1 장복실업에서 등산
순천 충무사(이순신, 정운, 송희립) 해룡면 신성리 산28-1
순천 왜성 기념물 171호, 신성리 산1
충렬사(허일) 문화재자료 6호, 조례동 150

임진왜란 당시 승병 창의 장소였던 송광사의 어느 조용한 오후

옥계 서원(정사준) 문화재자료 5호, 연향동 1097
정충사(장윤) 기념물 232호, 저전동 276
장윤 정려 기념물 75호, 승주읍 서평리 400-7
송광사(승병 창의 사찰) 송광면 신평리 12
육충사(허일) 황전면 월산리 471
여수시 경유 (《남해안 임진왜란 유적》 참조)
광양 쌍의사(강희립, 강희보) 봉강면 신룡리 501
구례 손인필 비각(백의종군로) 구례읍 봉북리 271-7
석주관 토지면 송정리 525-1
석주관 7의사 묘 사적 106호, 석주관 사당 맞은편 산비탈
곡성 영귀 서원(류팽로) 겸면 현정리 391

류팽로 정렬각 문화재자료 25호, 옥과면 합강리 48
류팽로 의마총 입면 송전리 365-2
순창 옥산사(김치세) 두산면 대가리 1048
남원 부자 충의문(양대박) 문화재자료 170호, 주생면 상동리 530
용장 서원(양대박) 문화재자료 53호, 상동리 644
교룡산성 기념물 9호, 산곡동 393
만인 의총 사적 272호, 향교동 636
임실 양대박 장군 운암 승전비 운암면 입석리 760-3
장수 의암사(논개) 기념물 46호, 장수읍 두산리 산3
의암 주논개 생가 터 장계면 대곡리 708
최경회 선덕 추모비, 논개 생장지 사적비 논개 생가 터
월강사(최경회 의병군 훈련 장소) 문화재자료 31호, 장계면 월강리 562-1
무주 안국사(승병 창의 사찰), 적상산성 사적 146호, 적상면 북창리 934

무주 적상산성 서문 터 안국사는 이 산성 안에 있다.

방진관의 《충무공 영정》

흔히 보는 이순신 영정은 친일파 화가의 작품이다. 전남 보성읍의 방진관에는 친일파 그림이 '아닌' 이순신 초상이 걸려 있다. 방진은 이순신의 장인이다. 보성에 방진관이 설립된 것은 방진이 이곳의 군수를 역임했고, 이순신이 21세 (1565년)에 결혼 후 보성에서 살았기 때문이다.

전남 보성 **방진관**
20대의 이순신, 처가가 있는 보성에서 살았다

방진관 : 현대의 군수 관사를 개조하여 이순신, 부인 방씨, 장인 방진(조선 시대 보성 군수)을 기념하고 있는 방진관은 보성군 보성읍 551-1에 있다.

   넓은 도로에서는 보이지 않아 아쉽지만 「방진관」 담장에는 눈길을 사로잡는 벽화들이 단정하게 게시되어 있다. '단정하게'라는 표현을 쓴 것은 이곳 벽화들이 담에 바로 그려진 수준이 아니라 액자에 고이 모셔진 타일 그림들이라는 사실을 강조하려는 뜻이다. '이순신 12경길 담장 벽화'라는 제목이 말해주듯 이 벽화들은 충무공과 관련된 기록화들이다.

   방진관에 벽화가 게시된 것은 이 집이 본래 군수 사택이었기 때문이다. 군수 사택이라고 해서 반드시 벽화가 그려지는 것은 아니므로 그 군수가 누구인지 알아보아야겠다. 사택을 방진관으로 내놓은 21세기의 군수는 이용부이고 조선 시대 군수는 방진이다.

방진方震(1514~?)은 충무공 이순신의 장인으로 조선 시대 보성 군수를 지냈다. 그에게는 부인 홍씨와 딸, 아들 숙주淑周(1564~?)가 있었다. 방진은 활을 잘 쏘기로 이름이 높아 역대 명궁에 올랐다. 특별히 조선 시대 선조 대에 명궁사들이 많아 충무공 이순신과 함께 이름을 남겼다.
　　어린 시절을 보성에서 보낸 방씨 부인은 두 살 위의 이순신과 1565년에 혼인하였고, 영특하기가 남달랐으며, 전쟁에 나간 이순신을 내조하여 집안을 돌보았다. 이순신이 전사한 후 방씨 부인은 정경부인의 품계에 이르고 80세를 누렸다.
　　2015년 보성군은 한국 여성상의 표상인 방씨 부인과 그의 아버지 방진의 뜻을 기리어, 보성 군민의 자긍심과 지역의 정체성을 드높이고자 역사교육의 장「방진관」을 개관하였다.

　안내판은 이 집 담에 이순신 기록화들이 벽화 형태로 게시되어 있는 이유를 분명하게 알게 해준다. 방진이 이순신의 장인이라는 점을 기려 담장에 임진왜란의 역사를 그려 넣은 것이다.
　대문 안으로 들어서면 뜰 왼쪽에 과녁판이 보인다. 좁은 마당에 과녁을 세워 둔 것은 방진이 당대의 명궁이었다는 점을 답사자들에게 상기시키려는 장치이다.
　집 안으로 들어서면 군수 관사로 사용되었던 건물이라는 느낌이 전혀 떠오르지 않을 만큼 깔끔하게 정돈된 전시장이 나타난다. 거실로 사용되었던 가운데 공간에는 이순신 영정, 열선루2) 복원도, 이순신 연표 등이 걸려 있다.

---

　2) 열선루는 1597년 8월 15일 이순신이 칠천량 대패 후 수군을 해체하라는 조정의 명령에 따르지 않고 '신에게는 아직도 12척의 배가 있습니다今臣戰船尙有十二.' 하고 장계를 썼던 유적이다. 2018년 군청 앞 신흥 동산 정상부에 중건될 예정인 열선루는 원래 보성읍성 객관 북쪽(현재 초등학교 위치)에 있었으나 1597년 8월 20일 무렵 일본군에 의해 불탔다.

영정이 흔히 보는 것과 달라 처음에는 '방진 초상인가?' 싶지만 가까이 다가서서 보면 충무공이다. '이순신 표준 영정(1973년 지정)'이 친일파 화가의 작품이라는 논란을 생각하면 방진관의 이순신 전신도全身圖 전시는 역사 정립 차원의 올곧은 조치로 판단된다.

게다가 이렇게 가까이서 장군의 초상을 본 적도 없다. 이곳의 이순신 전신화는 순천 충무사의 영정을 사진으로 찍은 것이다.3) 친일파 화가의 작품이 아닌 충무공 영정을 보게 되었다는 반가운 마

---

3) 순천시 해룡면 신성리 산28-1에 있는 '순천 충무사'의 현지 안내판에는 '임진왜란이 끝난 뒤 약 100년 후 이곳에 이주해 온 주민들이 순천왜성 전투에서 많은 왜군이 죽어 그 왜귀가 밤이면 자주 출몰하여 몹시 불안해서 이곳에 사당을 짓고 충무공 이순신의 위패와 영정을 모시고 제사를 지내게 되었다. 그 뒤부터는 안락한 생활을 하였다 한다. 1943년 가을 일제가 민족정신 말살 정책으로 사당을 소각하였던 것을 1945년 조국 광복과 동시에 충무공유적영구보존회가 설립되고, 1947년 현 위치에 사당을 새로 건립하였다. 이후 군관 송희립 장군과 정운 장군의 위패와 영정을 같이 봉안하고 봄, 가을로 제향을 모시고 있다.'라고 적혀 있다. 안내판은 이곳 충무공 영정이 1945 ~1947년에 그려졌다는 사실을 알게 해준다. 순천 충무사의 충무공 영정은 해방 직후 지역 유림들이 직접 그린 초상화로서 민중의 염원이 담겨 있을뿐더러 일제가 1943년에 소각했던 본래 영정을 기억에서 되살려 그려 내었다는 소중한 의미가 있다. 그 뜻을 잇기 위해 방진관은 순천 충무사의 충무공 영정을 사진으로 찍어 전시하고 있다.

사진은 순천 충무사의 내삼문과 재실이다. 현지를 찾아가도 사당 안의 충무공 영정을 보는 것은 그리 쉽지 않다. 순천 충무사의 충무공 영정을 방진관에서 만나는 것은 그래서 더욱 반갑다.

음에 들떠 몇 번이나 장군을 쳐다본다. 살아 계신다면 어찌 감히 이렇듯 눈길을 정면으로 마주칠 수 있으랴! 오늘은 그저 황홀한 하루다.

방진관 내부는 이순신실, 방진실, 방씨부인실이 따로따로 꾸며져 있다. 이순신실에는 《난중일기》에 실려 있는 이순신의 보성 체류 열흘 동안의 기록으로 만든 병풍과 덕수 이씨 족보 등이 있고, 방진실에는 그에 대한 소개 게시물과 온양 방씨 족보 등이 있다.

다른 곳에서 본 것들보다 훨씬 대형으로 만들어 걸어둔 판옥선 그림도 인상적이다. 조선 후기에 만들어진 《각선도본전선各船圖本戰船》에 실려 있는 판옥선 그림을 복제한 전시물인데, 자세히 보면 '戰船'이라는 제목이 붙어 있다. 이는 임진왜란 당시 일본군과 전투를 한 조선 수군의 대표 전선이 판옥선이라는 사실을 말해준다.

방씨부인실에도 그림이 많다. 전남대 호남학연구원 노기욱 당시 선임연구원이 그린 이곳 그림들은 《이충무공전서》에 실려 있는 방씨 부인의 어릴 때 일화를 형상화한 기록화이다. 일화를 읽어본다.

> 어느 날 방진의 집에 화적들이 안마당까지 들어왔다. 방진이 화살로 도둑들을 쏘다가 화살이 다 떨어졌다. 방진이 외동딸에게 방 안에 있는 화살을 가지고 오라고 하였다. 이미 화적들이 종과 내통하여 화살을 몰래 훔쳐낸 뒤였으므로 남은 것이 없었다. 방진의 딸이 베틀의 뱁댕이를 화살인 양 다락에서 힘껏 바닥으로 내던지며 큰 소리로 외쳤다.
> "아버지, 화살 여기 있습니다!"
> 방진의 활솜씨를 두려워했던 화적들은 화살이 아직도 많이 남아 있는 줄 오인하고 놀라서 도망쳤다. 이때 딸의 나이 겨우 12세였다. 이와 같이 방씨 부인은 어릴 때부터 영민하기가 어른과 같았다.

방진관이 답사자에게 주는 소형 홍보물에는 이 집의 현판 글씨가 충무공의 초서체 글자를 집자集字한 것으로 설
명되어 있다. 또 보성군 득량면과 선소마을의 이름에도 이순신의 자취가 서려 있다고 말한다. 득량得糧은 양량糧식을 얻었다得는 뜻이다. 이순신이 임진왜란 중에 이곳에서 군량미를 확보했다고 하여 득량이라는 이름을 얻었다는 해설이다.

득량면 비봉리에 있는 선소마을 역시 마찬가지이다. 선소船所의 현대어는 조선소造船所이다. 즉, 선소는 배船를 만드는造 곳所이라는 뜻이다. 득량면에 선소라는 이름의 마을이 남아 있는 것은 이 일대가 한때 조선소였다는 사실을 증언한다. 선소마을은 임진왜란 당시 보성 주둔 수군의 무기와 병선을 만드는 군사 시설이었고, 완성된 배들이 머무르는 정박처이기도 했다.

홍보물에는 득량면 삼정리 108-1에 있는 충절사忠節祠에 관한 소개도 실려 있다. 충절사는 정유재란 때 순절한 무관 최대성崔大晟(1553~1598)과 그의 아들 최언립, 최후립을 모시는 사당이다. 임진왜란 당시 조선군 최초의 승리인 옥포 승전에 관한 이순신의 보고서「옥포파왜병장玉浦破倭兵狀」에 '한후장捍後將(후방을 막는 장수)인 신의 군관 급제及第(과거 급제자) 최대성은 왜적의 큰 배 한 척을 쳐부수었습니다.'라는 기록이 남아 있다.

최대성은 칠천량 대패 이후 수군이 무너진 상황을 맞아 의병을 일으켰다. 그는 송대립宋大立, 전방삭全方朔, 김덕방金德邦, 황원복黃元福 등과 20여 차례 일본군과 맞서 싸워 지역민들을 지키는 데 크게 이바지하였다. 그는 1598년 6월 보성 안치鴈峙 전투에서 적을 격파하던 중 불행히도 유탄에 맞아 마침내 장렬한 죽음을 맞았다. 두 아들 최언립과 최후립도 이 전투에서 순절했다. 충절사는 세 부자가 전사한 군머리軍頭에 세워져 있다.

1605년(선조 38) 두 아들 최언립과 최후립도 선무원종공신에 책록되었다. 1636년(인조 14) 병자호란이 일어났을 때에는 최대성의 손자 최강崔崗, 최현崔峴, 최곤崔崑이 의병을 일으켜 외적과 싸웠다. 한국학중앙연구원의 「한국 역대 인물 종합 정보」는 이를 두고 '삼대가 국가를 위해 충성을 다한 가문으로 역사에 남게 되었다.'라고 평가하고 있다.

임란 당시 조선군 최초의 승리인 옥포 승전에 관한 이순신의 보고서 「옥포파왜병장見乃梁破倭兵狀」에 '한후장捍後將인 신의 군관 급제(과거 급제자) 최대성은 왜적의 큰 배 한 척을 쳐부수었습니다.'라는 기록이 남아 있다. 사진은 경남 거제 옥포대첩기념비.

전북 정읍 **충렬사, 유애사,** 한교
임진왜란 이전 이순신의 전라북도 발자취

　현감은 종6품 벼슬이다. 줄곧 고부군에 소속되어 온 작은 시골 마을 정읍이 1589년(선조 22) 현으로 승격된다. 현이 되었으니 수령인 현감이 올 것이다. 그해 12월 초대 현감으로 누군가가 부임해 왔다.
　그는 '얼굴이 덕스러워 보이지도 않고 풍만하지도 않았으며(고상안 《태촌집》) 말과 웃음이 적었다(류성룡 《징비록》).' 이순신의 외모는 평범한 관리의 모습이었다. 사람들은 그저 그렇고 그런 벼슬아치이거니 여겼다. 그 초대 현감이 뒷날 알고 보니 '민족의 영원한 태양' 이순신이었다.
　'민족의 영원한 태양'은 정읍시 수성동 615-1 충무 공원 경내의 「초임 정읍 현감 충무공 이순신 장군」 석상에 새겨져 있는 표현이다. 돌에는 '충무공 이순신 장군은 1545년 서울에서 태어나 1576년 무과에 급제하고 발포(고흥군 도화면 발포리) 수군 만호, 훈련원 참군 등을 거쳐 1589년 정읍 현감으로 부임하여 2년간 덕치 선정을 하시다가 전라좌도 수군 절도사(전라 좌수사)로 떠나셨다.

(1592년) 임진왜란이 일어나자 (옥포 대첩, 한산 대첩 등을 이거두었고, 1593년부터) 삼도수군통제사가 되어 한려수도 해상 등에서 많은 왜적(전함)을 격침시키고 1598년 노량 해전에서 장렬히 전사하셨다. 민족의 영원한 태양이다.'라고 각서刻書되어 있다.

무심히 읽으면 그런가 보다 하고 지나치겠지만 꼼꼼한 독자는 뭔가 이상한 느낌을 받는다. 발포 만호는 종4품, 훈련원 참군은 종7품, 정읍 현감은 종6품이다. 벼슬이 차차 올라가는 것이 아니라 두드러지게 낮아졌다가 다시 조금씩 높아지고 있다.

그뿐이 아니다. 이순신은 종4품 발포 만호가 되기 이전에 종8품 훈련원 봉사였다. 한꺼번에 여덟 계단이 뛰어오르는 엄청난 승진을 했다.

종4품 만호에서 쫓겨나 종8품 훈련원 봉사가 되었다가 다시 종7품 첨정으로 올랐다? 어떻게 해서 그런 우여곡절을 겪었는지는 알 수 없으나 이순신의 관직 생활이 파란만장했다는 사실만은 단숨에 짐작이 된다.

이순신은 정읍 현감으로 있던 중인 1590년 7월 크게 출세할 수 있는 기회를 맞는다. 당시 우의정(현재의 부총리)으로 있던 류성룡이 선조에게 이순신을 함경도 고사리진 첨사로 보내자고 건의하여 승낙을 받아내었던 것이다.

고사리진 첨사는 종3품의 고위 관직이었다. 종6품 정읍 현감에 견주면 정6, 종5, 정5, 종4, 정4의 다섯 계단을 거치지 않고 한꺼번에 여섯 계단 위의 고위 관직으로 뛰어오르는 비상식적 승진이었다. 결국 이순신은 지나친 승진이라는 조정의 여론에 밀려 고사리진 첨사로 부임하지 못한다.

이순신은 한 달 뒤 평안도 만포진 첨사에 다시 기용된다. 이때에도 부임하지 못한다. 사유는 고사리진 첨사로 가지 못한 때와 같았다. 이순신은 계속 정읍 현감에 머물렀다.

다시 여섯 달이 흐른 1591년 2월, 이순신은 진도 군수(종4품) 발령을 받는다. 군수는 종3품인 첨사보다는 한 등급 아래이지만 종6품인 현감보다는 두 등급 높은 직책이다. 이순신은 이번에도 임지에 가지 못한다. 조정의 반대 여론이 드셌기 때문이 아니다. 진도로 가기도 전에 가리포진(전남 완도) 첨사로 일하라는 새로운 인사 명령이 떨어진 탓이다.

이 무렵 조정은 전라 좌수사 자리를 놓고 오락가락하고 있었다. 조정의 이해할 수 없는 인사는 1월 29일 원균이 전라 좌수사로 임명을 받으면서 시작된다. 며칠 뒤인 2월 4일에 사간원이 이의를 제기한다.

《선조실록》 당일 기사에 따르면 사간원은 '전라 좌수사 원균은 전에 고을 수령으로 있을 때 근무 평가에서 나쁜 점수를 얻었는데 考績居下 겨우 반 년 만에 좌수사에 임명되었습니다. 이는 격려와 징계를 목적으로 실시하는 黜陟勸懲 근무 평가의 의의를 망가뜨리는 조치라는 비판을 받고 있습니다 物情未便. 원균에게 다른 벼슬을 주고 전라 좌수사에는 젊고 무략武略(군사적 지혜)이 있는 사람을 각별히 선택하여 보내소서.'라고 선조에게 요구한다. 선조는 '그렇게 하라.'고 대답한다.

원균에 이어 유극량劉克良이 전라 좌수사로 임명된다. 이번에는 사헌부가 이의를 제기한다. 2월 8일 사헌부는 '전라 좌수영은 직접 적과 마주치는 지역이기 때문에 방어가 매우 긴요한 곳입니다. 유극량은 쓸 만한 인물이나 (중략) 지나치게 겸손해서 부하 장수들은 물론 무뢰배들과도 "너, 나" 하고 지내어 相爲爾汝 체통이 문란하고 명령이 시행되지 않습니다. 위급한 상황을 맞이하면 대비하기 어려울 것입니다.' 하고 반대한다. 선조가 '수사는 이미 바꿨다 則已遞矣.'라고 대답한다. 이미 마음속으로 류극량에서 다른 인물로 교체했다는 뜻이다. 왜적의 침입에 맞설 최일선 지휘관 중 한 명인 수사 임명을 이토록 허술하게 진행할 만큼 당시 조선 조정은 '엉망'이었다.

임진강 경기도 파주시 파평면 율곡리 산100-1 화석정에서 본 풍경

[류극량을 위한 변명] 4월 30일 밤, 선조는 화석정 아래 임진강을 건너 개성으로 가고, 도원수 김명원의 관군이 임진강을 지킨다. 며칠째 강을 못 건너던 일본군이 갑자기 막사를 불태우고 후퇴하기 시작한다. 아군 장수들이 강을 건너 공격하려 했다. (《징비록》은 왜적들이 아군을 유인했다면서, 실록 1591년 2월 8일자와 다르게 유극량을 평가할 수 있는 근거를 전해준다. 작은따옴표 안의 내용은 《징비록》의 표현.)

조정으로부터 도원수의 명령을 받지 말고 독자적으로 행동하라는 지시를 받은 한응인은 '멀리 와 피곤하고 밥도 못 먹었으며, 적이 유인책을 쓰는지도 모르니 내일 상황을 보아가며 싸웁시다.'라고 건의하는 군사들 몇 명을 참수했다. 도원수는 아무 말도 하지 않았다. 나이도 많고 전투에도 익숙한 유극량이 나서서 '지금은 군사를 움직일 때가 아닙니다.' 하자 부원수 신할이 그를 죽이려 했다.

유극량이 '나는 어려서부터 싸움터에 다녔소. 어찌 죽음을 두려워하리오. 나랏일을 그르칠까 보아 말릴 뿐이오.' 하고는 군사를 이끌고 앞장섰다. 강을 건너 아군이 적을 뒤쫓았을 때는 이미 기습을 당하기 좋은 매복진 안으로 들어선 상태였다. 말에서 내린 유극량은 '이곳이 나의 무덤이로구나!' 하고 탄식하고는 달려드는 적병들을 여럿 죽인 후 마침내 전사했다. 신할도 죽었다. 후퇴하던 아군 병사들은 '바람에 날리는 나뭇잎처럼' 강에 빠져 죽었다.

이순신이 전라 좌수사에 임명된다. 고위 관료들은 이순신의 전라 좌수사 임명에도 찬성하지 않는다. 선조가 2월 13일 '진도 군수 이순신을 전라 좌수사에 제수하라.' 하자 사간원은 '(정읍)현감 이순신은 (진도 군수로 발령을 받아) 아직 군수에 부임하지도 않았는데 좌수사에 임명할 수는 없습니다. 아무리 인재가 모자라는 상황이라 해도 이렇게 지나친 승진을 있을 수 없습니다. 이순신에게는 다른 벼슬을 주소서.' 하고 반대한다.

이때 선조의 이순신 인정은 각별하다. 아니, 놀랍다. 선조는 '이순신을 지나치게 승진시켰다는 것은 나도 안다.'면서 '다만 지금은 일반적인 인사 규칙에 매일 형편이 아니다. 인재가 모자라니 파격적인 승진도 하지 않을 수가 없다. 그 사람(이순신)이면 충분히 (좌수사의 임무를) 감당할 것이다. 벼슬의 높고 낮음을 따질 일이 아니다.'라며 밀어붙인다.

선조의 이순신 발탁을 두고 '놀랍다'라고 한 것은 《선조실록》 1597년 1월 27일자의 내용 때문이다. 선조가 '나는 이순신의 사람됨을 자세히 모르지만 성품이 지혜가 적은 듯하다.'라고 말하자 류성룡이 '신의 집이 이순신과 같은 동네에 있기 때문에 신이 이순신의 사람됨을 깊이 알고 있습니다.'라고 대답한다.

선조는 다시 이순신이 '경성京城(한양) 사람인가?' 하고 묻는다. 류성룡이 '그렇습니다. 성종 때 사람 이거李琚의 자손인데, 직책을 감당할 만하다고 여겨 당초에 신이 조산 만호造山萬戶로 천거했었습니다.' 하고 대답한다.

선조가 또 묻는다. '글을 잘하는 사람인가?' 류성룡이 대답한다. '그렇습니다. 성품이 굽히기를 좋아하지 않아 제법 취할 만하기 때문에 그 사람이 어느 곳 수령(정읍 현감)으로 있을 때 신이 수사水使(전라 좌수사)로 천거했습니다.'

선조와 류성룡이 위의 대화를 나누고 있을 당시 이순신은 삼도 수군통제사였다. 그 점이 놀랍다는 말이다.

선조는 이순신이 해군 사령관인데도 불구하고 그의 고향도 모르고, 글을 잘하는지 여부도 모른다. 스스로 '나는 이순신의 사람됨을 자세히 모른다.'라고 실토(?)한다. 그런 선조가 어째서 6년 전에는 현감에 불과한 이순신을 전라 좌수사로 엄청나게 승진시키는 일에 그토록 적극적이었을까? 그것도 '이순신은 좌수사의 임무를 잘 감당할 것'이라는 전폭적 믿음까지 내보이면서······.

이순신을 추천한 사람이 류성룡이었기 때문에 선조가 그렇게 판단했을 수도 있다. 두 사람의 대화 속에 그런 기미가 엿보인다. 류성룡이 먼저 '직책을 감당할 만하다고 여겨' 이순신을 조산 만호에 추천했었다고 말하고, 선조가 화답을 하듯이 '그 사람이면 충분히 감당할 것'이라면서 이순신을 전라 좌수사에 임명한다. 물론 그 사이에 류성룡이 선조에게 이순신을 전라 좌수사로 추천하는 과정이 있었고, 그때도 류성룡은 이순신이 수사 임무를 훌륭하게 수행할 능력을 갖췄다고 아뢰었을 터이다.

충효당 안동 하회마을의 류성룡 종택

이익은 「서징비록후」에 '류성룡의 가장 큰 공로는 이순신을 등용시켜 나라의 위기를 구한 일'이라고 썼다.

선조는 '류성룡은 군자이다. 나는 그를 오늘날의 큰 현인이라 할 만하다고 여긴다. 그와 함께 대화를 나누다 보면 깨닫지 못하는 사이에 마음으로 감동할 때가 많다(《선조실록》 1585년 5월 28일자).'라고 공언한 바까지 있다. 그만큼 선조는 류성룡을 존경하듯이 믿었다. 선조는 류성룡이 천거한 인물인 만큼 이순신에 대해, 잘 알지 못하면서도, 막연한 신뢰를 가졌던 듯하다.

류성룡이 일개 현감 이순신을 전라 좌수사로 추천하고, 선조가 고위 관료들의 끈질긴 반대에도 불구하고 마침내 그 자리에 앉힌 것은 임진왜란 당시 조선의 천운이었다. 그것도 전쟁 1년 2개월 전에 수사가 됨으로써 이순신은 수군에 대해, 수군의 주력 전함인 판옥선에 대해, 천자총통 등 화포에 대해 충분히 파악할 수 있었다. 새로 거북선을 만들 시간도 있었고, 바다 싸움에서 이길 수 있는 전술을 연구할 겨를도 있었다. 전라도 일대 바다의 특성과 해안의 지형도 숙지할 수 있었다.

또 1580년 7월부터 1582년 1월까지 약 18개월 동안 발포 만호를 역임하여 수군 장수 경험을 쌓은 것도 큰 자산이 되었을 법하다. 단 13척의 배로 적선 133척을 격파해낸 명량 대첩의 신화는 그 모든 것의 총화였던 것이다.

정읍 충렬사

정읍 충무 공원 안에는 '이순신 장군' 석상과 사당 충렬사가 있다. 홍살문을 지나면 누각 선양루宣揚樓가 나오고, 외삼문 효충문效忠門을 지나면 사당 충렬사에 이르러 참배를 하게 된다.

사당 충렬사는 1945년 독립 후 발족된 '창건 기성회'가 성금을 모아 1948년부터 짓기 시작했다. 1950년 전쟁으로 잠시 중단되었다가 1963년에 완공되었다. 외삼문과 누각이 없어 오랫동안 '헐벗은' 모습으로 지냈는데 장연풍張然豊 선생이 사비로 1977년 효충문, 1985년 선양루를 지어 기증하면서 빈한한 모습을 벗어났다. 인류 역사가 아름다우려면 좋은 일을 한 이들의 이름이 많이 쌓여야 한다. 그런 뜻에서 장연풍의 귀한 이름을 이 글에 싣는다.

정읍 충렬사 입구 장연풍 선생이 사비로 지은 선양루가 홍살문 뒤로 보인다.

이순신을 기려 1681년에 지어진 정읍 유애사

충렬사에는 전신이 있다. 1681년(숙종 7) 지역 선비들이 충무공의 덕을 기려 과교동에 사당을 지었고, 9년 뒤 진산동 348-2 자리로 옮겨지었다. 영조는 이 사당에 '백성들에게 사랑을 베푼다'는 뜻의 유애사遺愛祠라는 사액賜額을 내렸다. 사액은 사당에 이름을 내렸다는 뜻이다. 영조의 사액 연도는 확인되지 않는다.

그 후 1798년(정조 22)에 유희진柳希津을, 다시 1854년(철종 5)에 유춘필柳春芯을 제사에 모시기 시작했는데, 이때 사당 이름을 충렬사忠烈祠라 고쳐 불렀다. 그러던 중 1868년(고종 11) 전북 일원의 선비들이 뜻을 모아 본래 이름 유애사를 회복했다. 1876년(고종 13) 사당 터에 유허비각遺墟碑閣을 세웠다. 유애사 터는 1974년 9

유애사 유허비각

월 27일 전라북도 기념물 제 18호로 지정되었다.

이순신 외의 두 분에 대해 알아본다. 유희진(1558~1597)은 지금의 정읍시 북면 승부리에서 태어났다. 1583년 임실 현감을 거쳐 1588년 사헌부 감찰을 지내던 중 임진왜란을 맞았다.

유희진은 동생 희사希泗와 이수일, 윤황, 김부 등과 함께 의병을 일으켜 군량미 35석을 장성 남문에 있던 의청義廳(의병 본부)에 운반했다. 그해 11월 24일에는 김제민 등과 더불어 직산과 수원까지 진군했다. 그는 1597년 정유재란 때 승부리 남라령南羅嶺에서 적과 싸우던 중 동생 희사, 희문希汶과 함께 순절하였다. 삼 형제가 한꺼번에……. 유희진은 유애사 외에 장성 오산사鰲山祠에도 모셔졌다.

유춘필(1566~1597)은 유희진의 칠촌숙七寸叔으로 역시 승부리에서 출생했다. 1585년 무과에 급제하여 군자감 주부로 있던 중 임진왜란을 맞았다. 그는 전쟁이 일어나자 김제민, 김경수, 유희진 등과 함께 장성 남문에서 의병을 일으켰다.

유춘필은 11월 24일 서울로 진군하면서 여산 황화정皇華亭에서 의곡義穀(백성들이 기부한 군량미) 100여 섬을 좌수영에 보냈다. 그는 정유재란 때 집의 종들을 데리고 고을 북쪽에서 적과 싸우던 중 순절했다. 그 이후 사람들은 그곳을 한마교汗馬橋(지금 북면의 한교漢橋)라 부르게 되었다.

유춘필 의병장이 전사한 정읍시 한교에서 본 북면 초등학교 쪽 풍경

전남 나주 **나대용 생가**, 소충사
임진왜란 발발 바로 전날 완성된 거북선

> 식후에 배를 타고 거북선의 지자포地字砲와 현자포玄字砲를 쏘았다. (어제 베돛을 가지고 왔던) 순찰사의 군관 남한南僩이 살펴보고 갔다. 정오에 동헌으로 옮겨 활 10순을 쏘았다. 관아에 올라갈 때 노둣돌을 보았다.

 거북선을 타고 화포 발사 훈련을 한 1592년 4월 12일자 《난중일기》이다. 일본군이 부산 앞바다에 진을 치기 하루 전의 일이다.
 순은 화살을 쏘는 단위로 다섯 발을 1순이라 한다. 활 10순을 쏘았다는 것은 화살 50대를 날렸다는 뜻이다. 관아官衙는 관청 건물이다. 관아는 수령이 공무를 보는 외아外衙와 수령의 가족이 거주하는 내아內衙로 구분된다. 외아는 일반적으로 내아의 동쪽에 위치하는 까닭에 동헌東軒(동쪽 집)이라 불렀다. 노둣돌은 말을 탈 때 밟고 올라가기 위해 건물 앞에 놓아둔 받침돌을 말한다.
 거북선, 지자포, 현자포는 설명이 그리 간단하지 않다. 먼저 지자포와 현자포를 중심으로 조선의 화포를 알아본 뒤 나대용 유적을 찾은 답사자답게 거북선에 대해 알아보기로 한다. 뿐만 아니라 《난중일기》를 제대로 읽기 위해서도 조선 시대의 무기와 전함에 대해 공부를 해두어야 하니, 오늘 나대용 유적을 찾아가기 전에 관련 내용을 살펴본다면 일석이조의 효과를 거둘 수 있다.

지자포와 현자포는 화포火砲의 일종이다. 화포는 고려 말 최무선이 자체적으로 화약을 만드는 데 성공했고, 그 이후 조선에 계승되어 왜구와 여진족 토벌 등 실전 경험을 통해 꾸준히 개량·발전되었다. (최무선에 대해서는 이 총서 《동해안 임진왜란 유적》 참조)

임진왜란 때 조선 수군의 전함에는 화약이 폭발하는 힘으로 포탄을 발사하는 천·지·현·황자총통을 장착하였다. 이들 화포는 날아가는 거리와 파괴력에서 일본군의 조총보다 훨씬 뛰어났다. 바닥이 뾰족하고 배가 가벼워 무거운 화포를 싣지 못한 일본 전함들은 멀리서 화포를 무자비하게 퍼부은 다음 달려와서 와장창 박아버리는 조선 판옥선 앞에서 속수무책이었다.

임진왜란 당시 화포 중 가장 큰 것은 천자총통이었다. 《천자문》이 '천지현황天地玄黃'으로 시작되는 데 착안하여 가장 큰 총통에 천자총통, 그 다음 순서대로 지자총통, 현자총통, 황자총통이라고 이름을 붙였다. 천자총통은 약통 부위에 '己酉造上天字重七百斤藥入三十兩기유조상천자중칠백근약입삼십량'이라고 새겨져 있다. 천자총통은 무게가 700근(약 420kg)이며, 화약을 30냥 넣는다는 뜻이다.

현자총통은 천·지자총통보다 작아 만들기가 쉬웠고, 화약은 적게 들면서도 탄알이 날아가는 거리 등 성능에서는 뒤지지 않았다. 그래서 현자총통은 화기 중 가장 많이 사용되었다. 전투에 나가는 조선 장졸들이 사랑했기 때문이다. (오른쪽 면 맨 위 사진)

황자총통은 총통 중 네 번째로 컸다. 약통 뒤에 나무 막대기를 꽂을 수 있는 손잡이와 포귀가 있어 총구의 방향을 쉽게 조절할 수 있는 장점이 있었다. 충남 아산 현충사의 '충무공 이순신 기념관(이하 현충사기념관)'에 전시되어 있는 황자총통에는 약통 부위에 '嘉慶十七年가경십칠년', '訓鍊都監훈련도감 苧洞저동'이라는 글자가 새겨져 있어 만든 시기(1812년)와 장소(서울 저동)를 알 수 있다.

승자총통은 개인 화기이다. 경상 병사 김지金遲가 개발한 승자총통은 여진족 니탕개의 난(1583년)을 토벌할 때 큰 역할을 했고, 임진왜란 때에도 조선군의 주요 무기로 사용되었다. 심지에 직접 불을 붙여서 쏘는 방식이었는데, 사격 속도가 느리고 정확성이 떨어져 광해군 때까지 사용되고 사라진 듯하다. (위에서 두 번째 사진)

비격진천뢰는 공 모양의 완구에 담아 발사하여 땅에 떨어진 후 폭발하게 하는 일종의 시한폭탄이다. 임진왜란 때 경주 화포장火砲匠(화포 제작 기술자) 이장손李長孫이 만들어 1592년 9월 경주성 탈환 전투 때 처음으로 위력을 발휘하였다. 내부에 있는 대나무 통과 도화선導火線(불을 붙이는 선)을 감은 목곡木谷(나선형의 홈이 파인 나무토막)의 심지 길이를 조절하여 폭발 시간을 조절했다. (셋째 사진)

호준포虎蹲砲는 임진왜란 때 명나라에서 전래된 것으로, 호랑이虎가 앉아 있는蹲 모습 같다고 해서 그런 이름을 얻었다. 크기가 작아 옮기기 쉽고, 포구砲口에 두 다리 받침이 있어 어느 곳에서나 바로 바닥에 설치하여 쏠 수 있는 장점을 가지고 있다. (맨 아래 사진)

임진왜란 당시 일본 조총을 압도했던 조선 수군의 '화포는 판옥선, 거북선, 이순신과 더불어 아군의 승리 요인이었다(현충사기념관 게시물 중 「임진왜란과 조선 수군」의 표현).' 조선 초기 이래 화약 제조 기술이 일본이나 여진족에게 유출되는 것을 막기 위해 화약 무기를 다루는 병서兵書를 널리 보급하지 않은 정책이 빛을 본 셈이었다. 그 결과 임진왜란 이전에 편찬된 화약 무기 제조 관련 자료는 거의 전하지 않는다.

임진왜란 당시 조선의 화포들

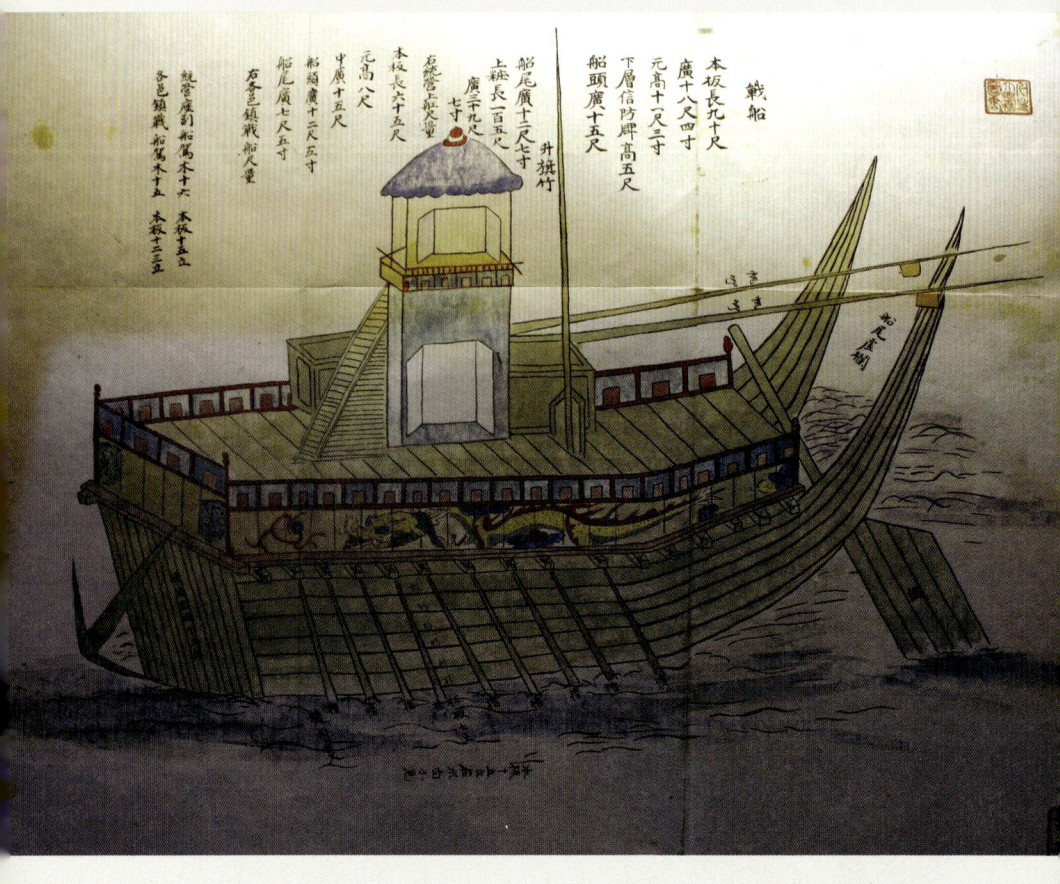

판옥선 조선 수군의 주력 전함

조선 후기 전함과, 세금으로 거둔 곡식을 나르던 조운선漕運船 등을 그린 《각선도본전선各船圖本戰船》에 실려 있는 판옥선 그림이다. 갑판이 이중이고, 배의 바닥이 넓은 판옥선의 특징이 잘 나타나 있다. 그림에는 '戰船전선'이라는 제목이 붙어 있다. 이는 판옥선이 조선 수군의 주력 전선이었다는 사실을 말해준다. 실제로 임진왜란 당시에 조선 수군이 보유했던 거북선은 가장 많은 때에도 5척을 넘지 않았고, 탐망선은 전투보다 적의 동태를 살피려고 운행한 작은 쾌속선에 해당했다. 즉 전함이라면 으레 판옥선을 연상했다는 뜻이다.

화포 외에 전함의 우수성 또한 조선 수군이 일본 수군을 계속 격파해낼 수 있었던 근거의 한 가지였다. 조선 수군의 주력 전함인 판옥선과 돌격선인 거북선은 일본군의 전함인 안택선安宅船(아다카부네)과 관선關船(세키부네)보다 전투력에서 훨씬 뛰어났다. 두 나라 전함의 특징과 상대적 장·단점을 살펴본다.

일본 군선軍船(전함)은 주로 삼나무와 전나무를 사용하여 만들어졌다. 이 나무들은 소나무에 비해 가공하기가 쉬워 판재를 얇게 만들 수 있어 배가 가볍고 빨랐다. 그 대신 선체가 얇고 판재가 약한 까닭에 무거운 대형 화포를 실을 수 없었고, 조선의 군선과 부딪혔을 때 쉽게 깨졌다.

일본 수군의 주력선인 관선도, 대장선인 안택선도 마찬가지였다. 뱃머리가 날카롭고 선체의 폭이 좁아 속도가 빠른 관선은 임진왜란 때 동원된 일본 전함의 주력 군선이었다. 배의 폭이 좁고 무게가 가벼운 만큼 운행 속도는 빨랐지만 판옥선에게 들이박히면 속수무책으로 넘어질 수밖에 없었다.

이중 갑판으로 되어 있어 구조와 크기에서 우리 판옥선과 비슷한 안택선도 배 밑이 역삼각형이었다. 물살을 헤치고 재빠르게 나아가는 데 유리한 구조였지만 밑바닥이 편편하고 무거운 판옥선과 충돌해서는 버텨내지 못했다.

조선 수군이 움직인 배는 대략 네 가지였다. 판옥선은 조선 수군의 주력 함선이었고, 거북선은 조선 수군의 돌격선이었다. 탐망선은 적의 상황을 살피는 정찰선으로, '사후선伺候船'이라는 이름으로도 불렸다. 포작선은 군량 등을 수송하는 어민의 배였다.

포작선은 전투에 직접 참여하는 배는 아니었다. 이순신은 명량해전 때 아군의 배가 13척에 불과한 상황에 적선은 무려 133척이나 몰려오자, 우리 판옥선 멀리 뒤쪽에 포작선들을 배치하여 전함이 많은 양 위장 전술을 썼다. 가까이 두면 전선이 아닌 줄 적이 알아챌 수 있으므로 멀리 두었던 것이다.

판옥선板屋船은 16세기 중엽 남해안에 출몰하는 왜구를 진압하기 위해 개발되었다. 갑판을 이중으로 만들어 선체를 높임으로써 적의 배 위에 뛰어오르지 못하게 만든 것이 특징이다. 방패판防牌板 안의 포판鋪板에서 노군이 안전하게 노를 젓고, 청판廳板의 여장女牆 뒤에서 전투원들이 활과 포를 쏘았다.

방패판은 적의 공격으로부터 격군格軍(노군)을 보호하는 방패이다. 방패판은 배의 바깥, 노군들의 머리 윗부분에 달려 있다. 이 방패판 안이 포판이다. 포판은 곧 1층 갑판이다.

청판은 2층 갑판으로, 여기서 군사들이 활과 포를 쏜다. 그냥 몸을 노출한 채로 포를 발사하고 활을 쏘다가는 너무 위험하다. 육군이 전투 때 성벽 위 벽돌을 요철로 쌓은 다음 튀어나온 부분에 몸을 숨긴 채 벽돌 없이 뚫린 부분으로 화살을 쏘았듯이 2층 갑판에도 성가퀴를 설치했다. 그 성가퀴를 여장이라 한다.

조선 군선의 가장 큰 특징은 소나무 판재를 두껍게 써서 크고 튼튼하게 만들었다는 점이다. 그 결과 배가 무거워져서 속도는 느려졌지만, 바닥이 넓어 짧은 시간에 방향을 바꾸기 쉬운 이점이 있었다. 한산 해전에서 이순신 장군이 후퇴하는 척하다가 갑자기 방향을 거꾸로 틀어 재빠르게 학익진鶴翼陣(전함들을 학이 날개를 펼친 듯 배치하여 적선들을 반쯤 에워싸는 진법)을 펼칠 수 있었던 것도 이 덕분이었다. 그런 장점이 없는 배를 탄 일본군들은 조선군의 뜻밖의 회전 공격에 그대로 당할 수밖에 없었다.4)

---

4) 국사편찬위원회 《신편 한국사》 : 임진왜란 당시 조선 수군은 일본 수군에 비해 편제·선박·화력에 있어서 모두 우월하였다. 일본선의 선저船底(배의 밑바닥)는 V형으로 원양 항해에는 유리하였으나 전투할 때 급히 방향을 바꾸기가 힘들었고, 조선 군선은 크고 견고하였으며 선저가 U형이어서 기동력이 뛰어났다. 또 일본 수군은 선에 뛰어올라 싸우는 육박전에 능했으나 조선 수군은 전선에 대포를 적재하였고 (중략) 궁전弓箭도 신기전神機箭·화전火箭 등을 보유하여 화력에서도 일본 수군을 압도하였다.

귀선龜船 거북선

거북선은 현재 실물이 남아 있지 않다. 거북선 조선소는 여수 선소船所 유적(사적 392호, 여수시 시전동 710-8)이 남아 있지만 실제 거북선은 아무도 볼 수가 없다. 그림이라도 남아 있으니 다행이라고 해야 할 지경이다. 가장 오래 된 거북선 그림도 1795년(정조 19) 임금의 명을 받아 실학자 유득공 등이 《이충무공전서》를 편찬하면서 책 속에 그려 넣은 것이다. 거북선이 처음 만들어진 때가 1413년(태종 13) 이전이라는 사실에 견주면 이 그림도 거북선 최초 발명 시기에 비해 최소한 380년 이상 후대의 것인 셈이다.

이제 거북선의 역사, 구조 등에 대해 알아본다. 거북선에 대한 첫 기록은 《태종실록》에 실려 있다. 《태종실록》 1413년(태종 13) 2월 5일자의 '임금이 임진도臨津渡를 지나다가 거북선[龜船귀선]과 왜선倭船이 서로 싸우는 상황을 구경하였다.'라는 내용이다. 그로부터 2년 뒤인 1415년(태종 15) 7월 16일자 《태종실록》에 귀선龜船이 다시 등장한다. 거북선이 그 이후 계속 만들어져 왜구를 물리치기 위한 전투 등 실전에 사용된 적이 있는지는 아직 확인된 바 없다.

태종 시대 이후 거북선이 다시 역사에 등장하는 것은 임진왜란을 코앞에 둔 1592년 2월 8일자 《난중일기》를 통해서이다. 이순신은 이날 일기에 '거북선에 쓸 돛베 29필을 받았다.'라고 기록했다. 또 3월 27일에는 거북선에서 대포 쏘는 것을 시험했다. 4월 12일에는 거북선에 장착된 지자총통과 현자총통 발사를 시험했다.

4월 12일이면 임진왜란 발발 하루 전이다. 즉 《난중일기》는 이순신의 거북선이 1592년 2월 전에 몸체가 완성되었고, 임진왜란이 일어나기 이전에 화포 사격 연습까지 마쳤다는 사실을 말해준다. 왜적들이 쳐들어오기 전에 전라 좌수사 이순신은 이미 완전하게 준비된 거북선을 갖춘 채 실전을 대비하고 있었던 것이다.

물론 거북선은 임진왜란 이후에도 계속 제작되었다. 이는 대포를 쏘는 화력火力, 배의 속도, 탑승자들의 안전도 등에서 확인된 거북선의 장점을 되살려 향후 해전에 계속 활용하기 위한 조치였다. 거북선의 뛰어난 장점에 대해서는 이순신 본인도 당포 해전 보고서인 「당포파왜병장唐浦破倭兵狀」에 일찌감치 언급한 바 있다.

"신은 일찍이 왜적들의 침입을 걱정하여 별도로 거북선을 만들었는데, 앞에는 용머리를 붙여 그 입으로 대포를 쏘게 하고, 등에는 (적병들이 우리 배 위로 올라오지 못하도록) 쇠못을 꽂았으며, 안에서는 밖을 내다볼 수 있어도 밖에서는 안을 들여다 볼 수 없게 하여 적선 수백 척 속에서도 쉽게 돌진하여 포를 쏠 수 있게 되어 있었으므로 이번 출전 때에 돌격장이 그것을 타고 나왔습니다."

거북선은 돌격선이었고, 조선 수군의 주력은 판옥선이었다. 장학근은 논문 「군선軍船으로서의 원형原型 귀선龜船」에서 '학계가 거북선 연구를 시작하게 된 동기는 임란 이후 국난國難이 계속되자 구국의 정신적 지주로서 이순신을 숭배하게 되면서부터였다. 그 결과 거북선이 이순신의 창의에 의해 건조되었다는 점이 강조됨으로써, 거북선은 민족의 우월의식을 고양시키는 민족유산으로 사랑받게 되었다. 이것이 영웅사관과 결부되어 거북선의 실체를 밝히려는 노력보다 그것을 미화, 신비화시키는 노력에 주안점이 두어졌다. 영웅사관은 거북선에 관한 민족적 자긍심을 고양시키는 데는 성공했으나, 임란 당시 거북선의 실체를 밝히는 데는 부정적 요소로 작용하였다.'라고 기술하고 있다.

국사편찬위원회의 《신편 한국사》도 '무모한 침략 전쟁을 일으킨 일본이 임진왜란을 실패로 끝낸 결정적인 요인의 하나가 그들 수군의 패배에 있었다는 사실은 더 말할 필요도 없다. (중략) 조선 수군의 총수로 활약했던 이순신이 임진왜란 해전사에서 차지하는 위대한 전공을 가장 높이 평가하는 데에 반대할 사람은 없다. 다만 그의 휘하에서 악전고투를 계속했던 수많은 수군 장졸들의 역전의 공과 그들의 희생 그리고 수군의 전쟁 준비를 뒷받침하기 위해 실전의 군사들 못지않게 고통을 치렀던 연해 지역 민중의 희생을 빼놓고 말한다면 성웅으로 극대화한 이순신의 전공은 결국 공허할 뿐'이라고 말한다. 거북선에 대한 지나친 미화와 신비화는 도리어 이순신을 깎아내리는 반작용으로 돌아온다는 지적이다.

나대용 사당 소충사 앞의 거북선 모형

거북선 체험관

실물 거북선은 없지만, 복원한 거북선을 타볼 수는 있다. 여수시 돌산읍 우두리 813-11 '여수 한려수도 유람선 선착장' 옆에 가면 바다 위에 거북선 한 척이 떠 있다. 「거북선 체험관」은 '본 거북선은 각종 고증을 참고로 '통제영 구선(거북선)'과 똑 같은 실물 크기로 건조하였으며, 선내 구조는 2층으로, 단층은 당시 병사들이 전투하는 모습을 (인형) 130개로 재현했고, 전투 장비로는 천자포, 현자포 등 14문을 복제 배치하고, 하층은 24칸의 각 선실에 병사들의 생활상을 인형으로 재현했습니다.' 등의 내용을 담은 소형 홍보물을 탑승객들에게 나눠준다. 거북선은 안에서는 밖을 볼 수 있어도 밖에서는 안을 볼 수 없다는 소개가 흥미롭다. 그 외 여수 '이순신 광장', 경남 남해군 노량 포구, 전남 해남 우수영 관광지에도 거북선이 있다.

《신편 한국사》는 '종래 해전 승첩의 주된 요인의 하나로 인식되어 온 거북선의 위력이란 것은 사실과 달랐다. 우선 그것은 모두 3척에 지나지 않았으며 그 중에서도 초기 해전에 동원된 것은 2척에 불과하였다. 장갑선裝甲船이란 점에서 사수射夫들이 전투하는 데에 불편하였으며 판옥선에 탑승한 군사들에 비하여 사상자도 많았다. 만일 거북선의 위력이 대단하였다면 정유재란 이전 휴전기에 단 한 척이라도 더 건조되었어야 했을 텐데 그렇지 않았으며, 명량해전에서는 보이지도 않았던 사실만으로도 그것의 위력이 지나치게 과장되었음을 알 수 있다.'라고 말한다. 물론 거북선이 무용지물이었다는 이야기는 아니고, 오롯이 거북선 덕분에 이순신의 수군이 계속 일본 전함들을 상대로 연전연승한 것으로 오인해서는 안 되는 뜻이다.

현충사기념관의 게시물 「**거북선**龜船(구선)」도 '거북선은 임진왜란 때 이순신이 만들어 일본군을 쳐부순 배로서 해전이 시작되면 먼저 적진으로 들어가 싸운 일종의 돌격선이었다. 당시 거북선의 맹활약은 조선 수군의 승리에 큰 요인이 되었으며 오늘날까지도 우리 민족의 자랑으로 꼽히고 있다.'라고 해설한다.

거북선 덕분에 이순신이 이겼다고 표현하지 않고, 거북선의 맹활약이 조선 수군의 승리에 큰 도움이 되었다고 설명하고 있는 점에 유의해야 한다. 이순신의 뛰어난 작전 능력, 판옥선의 우수함, 일본군의 그것을 압도한 대포 등 화포의 수준, 수군·의병·바닷가 어민들의 결사항전, 지형에 대한 익숙함, 이 모든 것을 무시한 채 오직 거북선만이 수군 승전의 전부인 양 여겨서는 안 된다는 뜻이다. 그런 생각은 오히려 이순신의 위상을 낮추는 결과를 낳을 것이기 때문이다.

거북선은 몇 척이나 있었을까? 현충사기념관의 게시물도 그것이 궁금한지, '거북선은 몇 척이나 있었을까?' 하고 묻고는 '임란 당시 거북선은 최대 5척까지 있었다고 추정된다.[5]'라고 자문자답한다.

생각보다 거북선의 수가 훨씬 적다. 거북선을 왜 그렇게 조금만 만들었을까? 게시물은 '①조선 수군의 주력 전선은 판옥선이었으며 거북선은 적진을 교란시키는 돌격선이었다. 돌격선이라는 배의 성격상 많은 수가 필요하지 않아 적게 만들었을 것으로 추정된다. ② 거북선은 덮개를 덮음으로써 공간이 좁아져 군사들이 활동하기에 불편한 점이 많았는데 이 점도 거북선을 많이 만들지 않은 한 요인으로 추정된다.'라고 대답해준다.

임진왜란 당시 거북선을 적게 건조한 까닭이 분명하게 밝혀져 있는 문헌도 없지만, 거북선의 크기와 구조에 대해서도 판옥선과 크기가 같다는 점과, 덮개를 덮은 구조와 포의 수 정도만 기록으로 남아 있을 뿐 구체적인 치수 등은 전해지지 않는다. 정조 때 《이충무공전서》를 간행하던 당시 통제영과 전라 좌수영에 있던 거북선의 규격을 적어둔 것이 「귀선도설」에 나올 따름이다6).

장학근은 이순신의 거북선이 길이가 30m 이하, 너비가 8m 미만이었을 것으로 추정한다. 그렇게 추정한 근거의 한 가지는 《영조실록》 1751년(영조 27) 2월 21일자 기사이다. 박문수朴文秀는 영조에게 '충무공 이순신이 기록한 바를 보았더니, 귀선의 좌우에 각각 여섯 개의 총 쏘는 구멍을 내었는데 지금은 각각 여덟 개의 구멍을 내었습니다. 거북선이 종전에 비해 지나치게 커졌으므로 개조하지 않을 수 없습니다.' 하고 아뢴다. 포혈砲穴(대포를 쏘는 구멍)이 8개인 영조 때 거북선이 길이 34m, 너비 10m였으므로 6개인 이순신의 거북선은 길이 25.4m, 너비 7.6m가 된다는 추정이다.

---

5) 「**거북선 이모저모**」 일부 : 《임진장초》와 《난중일기》에 '본영(수영), 방답(여수시 돌산읍), 순천에 귀선이 3척 있다.'라고 적혀 있으며, 1595년 명나라에 보낸 외교 문서에 '한산도에 5척이 있다.'라고 적혀 있다.

6) 장학근 논문 「군선으로서의 원형 귀선」 : 거북선의 실체를 밝힐 수 있는 《충무공전서》마저도 통영 귀선의 노가 10개, 좌수영 귀선의 노가 8개라고만 기록되어 있을 뿐, 노의 모양과 위치에 관한 언급은 없다.

여수 선소船所 **유적** 거북선 제조창, 사적 392호

전남 여수시 시전동 710-8에 있다. 고려 시대부터 배를 만드는 조선소가 있었던 자리로, 임진왜란 때 이순신과 나대용 등도 이곳에서 거북선을 건조했다. 지금도 이곳에는 거북선을 만들고 수리했던 굴강, 지휘소 및 집무소로 추정되는 세검정, 수군들이 머물렀던 병영 막사, 거북선을 매어 두었던 계선주, 칼과 창을 만들던 대장간, 왜군들의 활동을 살피던 망해루, 말과 수군이 훈련하던 망마 기마대, 창을 던지고 활을 쏘는 연습장인 궁장사, 일반인의 통행 금지를 표시했던 석인石人(벅수) 등 다양한 관련 유물들이 남아 있다.

따라서 영조 때의 거북선에 노군 80~90명, 전투원 약 50명, 그 외 약 20명, 합계 150여 명이 승선했다면 이순신의 거북선은 돌격선답게 크기도 작을 뿐 아니라 노군도 50명 정도였을 것이다.

거북선의 크기와 관련되는 재미있는 기록이 《선조실록》 1606년(선조 39) 12월 24일자에 실려 있다. 삼도수군통제사 이운룡李雲龍이 선조에게 보고한 내용인데, 이순신의 부하로서 직접 거북선을 만들었던 나대용羅大用의 생각이 적혀 있다.

이윤룡의 보고는 '나주에 사는 전 현령 나대용이 상소하였습니다.'로 시작한다.

'신(나대용)은 나주에서 성장하였습니다. 계미년(1583, 선조 16)에 과거에 급제하여 6년 동안은 북쪽을 방어했고, 7년 동안은 남쪽을 지켰으며, 신묘년(1591, 선조 24) 연간에는 수사 이순신의 감조전선출납군병군관監造戰船出納軍兵軍官이 되었습니다. 임진 왜변의 초기에 옥포에 머물고 있던 왜적이 진격해와 싸움을 벌일 때 신은 발포가장鉢浦假將으로서 앞장서 돌격해 들어가 적선 2척을 포획하였고, 사천·선창·당항포 등지의 15여 회에 달하는 전투에서는 모두 으뜸가는 공을 세웠으므로 이름이 조정에까지 알려져 마침내 강진 현감康津縣監에 제수되었으며, 그 뒤로 연이어 금구·능성·고성 현령에 제수되었습니다.

나 자신은 군대 일에 익숙해지다 보니 군병軍兵의 기밀에 대해서도 조금 짐작할 수 있게 되었습니다. (중략) 이제 복服(아버지와 어머니의 3년상)을 마쳤기에 한 가지 계책이 있어 구중궁궐에 찾아와 호소합니다. 대체로 왜적을 막는 데에는 주사舟師(수군)보다 앞설 것이 없습니다 大概防倭莫先於舟師. 임진·계사 연간의 전선 숫자는 거의 200여 척에 달하였으나 오히려 부족하였습니다.

그런데 정유재란 뒤에는 간신히 마련한 전선의 숫자가

'나대용 장군상' 나대용 사당 소충사 앞

삼도三道(경상·전라·충청)를 통틀어 60여 척이었으니 각처에 배분하는 데 있어 극히 소홀하여 뜻밖의 사태가 일어날 경우 속수무책일 수밖에 없으니 뉘라서 숫자를 늘리는 것을 바라지 않을까마는 군사가 부족하여 만들지를 못하였습니다. 그래서 그 군사의 숫자로써 배를 늘리는 계책을 말해보겠습니다.

거북선은 전쟁에 쓰기는 좋지만利於戰用 사수射手와 격군格軍의 숫자가 판옥선의 125명보다 적게 수용되지 않고 활을 쏘기에도 불편하기 때문에 각 영營에 한 척씩만을 배치하고 더 이상 만들지 않고 있습니다. 신이 늘 격군을 줄일 방도를 생각하다가 기해년(1599)간에 순찰사 한효순韓孝純의 군관이 되어 별도로 전선 25척을 만들 때에 판옥선도 아니고 거북선도 아닌 다른 모양의 배를 건조했는데 칼과 창을 빽빽하 꽂았으므로 이름을 창선槍船이라 하였습니다. 격군 42명을 나누어 태우고 바다에 나아가 노를 젓게 하였더니 빠르기가 나는 듯했고 활쏘기의 편리함도 판옥선보다 나았습니다.

소충사 나대용 사당, 나주시 문평면 오룡리 419

그 뒤 나라가 평화로워지자 한 번도 전쟁에 쓰지 않은 채 여러 해를 버려두어 썩어가고 있습니다. 이후로는 신분이 미천하다 보니 말까지 받아들여지지 않아 사람들이 실답게 여기지 않기 때문에 다시는 이어 만들지 않았고 그 제도마저도 그대로 버려둔 상태입니다. 만일 다시 이 배를 만들도록 하여 높고 낮은 여러 장수에게 각기 1척씩 맡긴다면 배 숫자는 전보다 배나 되지만 사수와 격군은 더 늘지 않아도 저절로 충분할 것입니다. (하략)'

나대용의 의견은 임진왜란 종전 이후 10년가량 지난 지금(1606년) 만들어지고 있는 거북선은 너무 크다는 것이다. 임진왜란 당시에 만들어서 사용했던 본래 크기의 거북선이 전쟁 때 돌격선으로 활용하기에 적합하며, 그래서 자신은 판옥선도 아니고 거북선도 아닌 창선을 새로 만들었다고 말하고 있다.

이운룡은 '신(이운룡)이 임진년(1592)부터 이후로 수전水戰에 종사하여 전선의 모양에 대해서는 정묘하게 강구해 보지 않은 것이 없으나 창선의 제도는 일찍이 시험해보지 못했습니다. 요컨대 격군 42명을 채워 싣고 바다를 빨리 달리면 선체가 협소하여 좌우에 방

나대용 생가 나주시 문평면 오룡리 472

판防板(방어용 방패)을 설치할 수 없을 것입니다. 만일 방판을 제거시켜 버리면 시석矢石(화살, 총탄)을 막을 수 없어 전투 때 손쓰기가 어려울 것입니다.'라며 부정적 의견을 밝힌다.

이운룡은 '대체로 임진·정유·무술년의 싸움에서는 모두 판옥선처럼 큰 배에 힘입어 이길 수 있었으니皆賴板屋巨艦而得捷 이것은 이미 보아온 증거입니다. 신은 감히 그렇게 이용하기가 묘한 점을 생각해내어 만들지 못하겠습니다.'라면서도 '나대용을 조선 차관造船差官으로 호칭하여 한두 척을 만들게 한 다음 편리한지 여부를 시험해 보는 것이 어떻겠습니까?' 하고 건의한다.

선체가 높고 크고 견고한 대형 전선이 해전에서 유리하다는 관념에 사로잡힌 비변사備邊司(중요 국가 정책을 결정하던 최고 기구)는 나대용의 제안을 받아들이지 않았다. 임진왜란 때 결정적으로 기여한 판옥선의 신화를 잊을 수 없었던 조정은 그 이후 거북선을 점점 더 키워 '거북선의 판옥선화'7)까지 나아갔다.

거북선은 후대에도 꾸준히 만들어졌다. 《조선왕조실록》 등을 보면 수군의 방어 체제를 말할 때 늘 거북선의 우수성이 거론되고, 역대 임금과 신하들 모두 거북선을 만들고 유지하는 데 적극적이어서 정조 때는 40척까지 만들었다.

그러나 1895년 군영軍營이 폐지되면서 각 수영에 소속된 거북선도 함께 사라져 오늘날 실물로는 남아 있는 것이 없다. 그런 뜻에서, 충남 아산 충무공 이순신 기념관을 찾을 때마다 현충사 뜰에 거북선 한 척을 놓아두었으면…… 하는 생각에 사로잡히곤 한다.

---

7) 장학근 : 나대용의 소형 구선 복귀론에 대해 당시 수군통제사였던 이운룡은 '임진, 정유, 무술년의 해전에서 모두 판옥선처럼 큰 배에 힘입어 해전에서 이길 수 있었다.'면서 대형 구선 유지론을 주장하고, 이에 비변사가 동조함으로써 나대용의 건의는 거부되었다. 이러한 정황으로 보아 임란 이후 거북선의 선체가 돌격선의 임무를 수행할 수 없을 정도로 비대해졌음을 짐작할 수 있다. (중략) 거북선의 판옥선화를 빚어낸 것이다.

나대용 유적지도 방문해 보면 '거북선 한 척을 띄워 놓았으면' 하는 생각이 난다. 지금의 거북선 모형은 너무 작아 실감을 주지 못한다. 장군상과 거북선 모형 둘레 사방을 깊게 파서 물을 담아둔 것은 좋은 착상이지만 충무공 이순신과 나대용 장군의 무대가 넓은 바다였다는 사실을 상기하면 아무래도 성에 차지 않는다.

'나대용 장군상'과 거북선 모형 사당 소충사 앞

나대용 장군 영정 사당 소충사

외삼문으로 올라가는 계단 앞의「나대용 장군 기념 사업 계획 조감도」를 보면 이곳에 유적지를 만든 이들도 그런 생각을 했던 모양이다. 조감도는 2015년까지 '방죽골'에 거북선을 띄우겠노라는 구상을 그림으로 밝혀두었다. 나대용 장군상 전면 일원에 큰 연못을 조성하여 방죽골이라는 이름을 붙이고, 그 연못에 거북선을 띄우겠다는 말이다. 나대용이 거북선 제작의 구상을 완료한 곳이 사당 왼쪽, 즉 생가가 있는 오륜리 일대 방죽골이므로 마땅한 명명으로 여겨진다.

조감도는 또 2010년에 '한옥 관광 마을'을 조성하고 2015년에 과학관을 짓겠노라는 계획도 담고 있다. 하지만 시간이 흐른 지금도 사당 소충사, 나대용 장군상 및 거북선 조형물만 있는 것으로 보아 일이 뜻대로 이루어지지 못했던 듯하다.

안타까운 일이다.

거북선을 만들었을 뿐만 아니라 실제 전투 현장에서도 장군으로서 큰 활약을 펼쳤던 나대용을 기리는 '기념 사업'이 기대에 못 미친다는 생각을 떨쳐버릴 수가 없다. 나대용은 임진왜란 당시 조선군 최초의 승리를 이룩한 이순신이 조정에 올린 보고서「옥포파왜병장玉浦破倭兵狀」에도 '유군장 발포 가장 나대용이 적선 큰 것 두 척을 격파하였습니다.'라고 기록되어 있는 장수이다.

뿐만 아니라, 나대용은 거북선이 처음 출전한 사천 전투를 적은 《난중일기》 1592년 5월 29일자에도 등장한다. 이순신은 '왜적들은 이미 뭍으로 올라가 산봉우리에 진을 쳤고, 배는 산봉우리 아래에 줄지어 묶어 놓았는데 대항하는 태세가 빠르고 견고했다. 나(이순신)

거북선이 최초로 출동하였고, 아군이 크게 승리를 거두었던 1592년 5월 29일 사천 해전의 현장. 사진 오른쪽 아래에 사천 왜성으로 올라가는 선착장 계단이 보인다.

는 장수들을 독촉하여 한꺼번에 달려들어 화살을 비 퍼붓듯이 쏘고, 각종 총통을 바람과 우레같이 난사했다. 적들이 두려워하며 물러났다. 화살에 맞은 적이 몇 명인지 알 수 없지만 적병의 머리는 많이 베었다. 군관 나대용이 탄환에 맞았고, 나도 왼쪽 어깨 위에 탄환을 맞아 등을 관통했지만 중상은 아니었다. 활꾼과 노 젓는 군사들 중에 탄환을 맞은 사람이 많았다. 적선 13척을 태우고 물러났다.'라고 썼다.

 나대용 장군상 둘레 작은 물길을 돌며 이런저런 생각에 잠겨 있는데 마침 놀이 진다. 여름철이라 낮이 긴 탓도 있겠지만 오후 7시가 되었는데도 사당 외삼문은 아직 열려 있다. 멀리서 온 참배객을 위해서는 고마운 일이다.

 '어서 올라 참배를 드려야지. 내일은 오늘보다 더 많은 "국민"들이 찾아왔으면 좋으련만……'

전북 정읍 **정충사**, 전남 장성 **조영규 정려**
일본군 부산 상륙 이틀째, 그리고 정유재란의 비극

    1592년(선조 25) 4월 13일 부산 앞바다에 도착한 일본군은 이튿날인 4월 14일 부산진성을 함락한다. 그 후 일본군은 동래 읍성 공격에 앞서 취병장吹兵場(현 동래 경찰서)에 군사들을 집결시켜 놓은 채 군졸 100여 명을 보내어 남문 밖에 팻말을 세웠다. '싸우려면 싸우고戰則戰矣 싸우지 않으려면 길을 빌려 달라不戰則假道.'
    동래 부사 송상현은 팻말에 대답을 써서 적병들에게 던졌다. '싸워서 죽기는 쉬워도戰死易 길을 빌려주기는 어렵다假道難'이라 쓴 목패를 적들에게 던져 결사항전을 표명한다.
    4월 15일 왜군이 동래 읍성을 포위하면서 전투가 시작된다. 일반 백성들까지 모두 합해도 3,000여 명에 불과한 동래 사람들은 조총 등 신무기로 무장한 일본 정규군 1만 8,700명의 상대가 못 되었다. 갑옷 위에 조복朝服(고관의 정복)을 받쳐 입은 채 절명하는 순간까지 처절하게 싸운 부사 송상현 등 대부분의 조선인들은 장렬한 최후를 맞이한다. 이때 일본군들은 송상현의 뜨거운 충절에 감동하여 동문 밖에 장사를 지내주었다고 전해진다.
    1592년 4월 14일자 《선조실록》은 임진왜란 발발 첫날 기사를 '왜구가 침범해 왔다.'로 시작한다.

동래 읍성 북문

  실록은 이어 '이보다 먼저 일본 적추賊酋(적의 두목) 평수길平秀吉(풍신수길)이 관백關白(천황 다음의 실질적 최고 권력자)이 되어 여러 나라를 병탄했는데, 나날이 잔혹해졌다. 그는 중국이 조공을 허락하지 않는 것에 대해 앙심을 품고 일찍이 중 현소 등을 파견하여 "요동을 침범하려 하니 길을 빌려 달라.' 하고 청했다. 우리나라에서 대의大義로 매우 준엄하게 거절하자 적은 드디어 온 나라의 군사를 총동원하여 (중략) 대대적으로 침입해왔다.'

  14일의 부산진성 함락에 이어 벌어진 15일 동래 읍성 전투에 관한 《선조실록》의 기사는 너무나 간단하다. '(전쟁 시작) 이튿날 동래부가 함락되고 부사 송상현이 죽었으며, 그의 첩도 죽었다.'가 전문이다. 실록은 '적은 드디어 두 갈래로 나누어 진격하여 김해, 밀양 등 부府를 함락하였는데 병사 이각李珏은 군사를 거느리고 먼저 달아났다, 200년 동안 전쟁을 모르고 지낸 백성들이라 각 군현郡縣들이 풍문만 듣고도 놀라 무너졌다.'로 이어진다.

적이 동래 읍성으로 몰려왔을 때, 지금의 경북 동쪽 일원, 울산 (경상 좌병영 소재지), 부산 전역의 육군을 지휘하는 경상 좌병사 이각도 성 안에 있었다. 하지만 적의 기세가 엄청난 것을 확인하고 나자 이각은 맞설 마음이 없어졌다. 이각은 미리 첩에게 금은보화를 챙겨 먼저 도주시킨 뒤 본인도 북문을 열고 달아나버렸다.

동래 읍성의 장졸들과 백성들은 용감히 적에 맞섰다. 그들은 이미 부사가 '戰死易 假道難'이라 쓴 목패를 적진에 던져 죽음을 무릅쓰고 싸우겠노라는 의지를 밝힐 때 함께 결사항전의 맹세를 한 사람들이었다. 피아간에 탄환과 화살이 서로 쏟아지면서 산이 무너지는 듯한 전투가 벌어졌다.

전투가 개시되고 두 시간가량 지나자 마침내 적병들이 성 안으로 쏟아져 들어왔다. 송상현은 편안한 낯빛으로 누각에 올랐다. 그는 북쪽으로 엎드려 대궐을 향해 큰 절을 두 번 올린 후, 부채를 펼쳐 그 위에 편지를 썼다. 아버지께 올리는 글월이었다.

孤城月暈
외로운 성은 달무리처럼 포위되었지만
列鎭高枕
이웃 진들의 지원 기척은 없습니다
君臣義重
임금과 신하의 의리가 무거우니
父子恩輕
아버지의 은혜는 가벼이 하오리다

예로부터 '부모가 죽으면 산에 묻고, 자식이 죽으면 가슴에 묻는다.'고 했다. 비록 왜적과 싸우다가 죽는 것이지만, 그래도 부모보다 먼저 세상을 버리게 되었으니 불효는 불효였다. 변명이 필요했다. 송상현은 아버지에게 '신하된 자로서 나라와 임금을 위해 충성을 다해야 하니 아버지의 은혜는 가벼이 여기고 저버릴 수밖에 없습니다.' 하고 용서를 빌었다. 물론 용인·평강·송화 현감, 사헌부 감찰 등을 역임한 아버지 송복흥宋復興(1527~1594) 또한 관직에 있었던 선비였으므로, 자식의 죽음이 너무나 가슴 아픈 일이기는 해도 부채 위에 쓴 아들의 혈서를 이해 못할 리는 없었다.

  부채에 글을 다 쓴 송상현이 주위를 둘러보며 '혹시 오늘 이곳에서 죽지 않고 살아남는 사람이 있거든 이 부채를 고향에 계시는 아버지께 전해 다오. 그리고 내 주검을 거두어 묻어주기 바라노라. 나는 배꼽 아래에 검은 점이 있으니 목이 없더라도 찾을 수 있을 것이다.' 하고 최후의 유언을 말했다.

금섬 묘와 그 뒤의 송상현 묘 청주시 흥덕구 수의동 산1-1

장졸들과 노비들이 눈물을 쏟으며 공 앞에 엎드렸다. 그 때 적장 평조익平調益이 피신하라는 신호를 송상현에게 보내왔다. 평조익은 일본 사신단의 일원으로 자주 동래부에 드나들었던 자로, 평소 송상현을 존경해 왔다. 그는 성 안으로 들어온 즉시 송상현에게 달려와 몸을 피하라고 권유했다. 하지만 송상현은 꼼짝도 하지 않았다.

평조익은 다른 일본군들이 지켜보는 와중에도 송상현의 옷자락을 잡아당겨 성 아래 빈터로 데려 가려 했다. 송상현은 평조익의 팔을 뿌리쳤다. 마침내 적군의 날카로운 칼이 송상현의 머리에 날아들었다. 불과 42세, 송상현은 그렇게 세상을 떠나갔다. 곁에 머물러 있다가 사로잡힌 그의 첩 금섬金蟾은 사흘 동안 내내 적을 통렬히 꾸짖던 끝에 결국 살해되었다.

양산 군수 조영규趙英圭, 비장 송봉수宋鳳壽와 김희수金希壽, 향리 송백宋伯, 백성 김상金祥 등도 이날 전사했다. 이촌녀二村女(두 시골 여인)도 김상을 도와 지붕 위 기왓장을 떼어 아군에 전해주다가 적의 칼에 목숨을 잃었다. 겸인 신여로申汝櫓는 노모를 모시고 산다는 이유로 송상현이 성 밖으로 피신시켰는데 부사의 순절 소식을 듣고 다시 돌아와 왜적에 대항하다가 역시 순절했다.

동래 교수 노개방盧蓋邦도 향교에서 적과 대전하다가 전사했다. 왜적이 쳐들어온 날 어머니를 뵈러 밀양에 가 있었던 노개방은 전쟁 발발 소식을 듣고 급히 향교로 돌아와 제자 문덕겸文德謙과 양조한梁潮漢 등과 더불어 적에 맞서다가 모두 전사했다.

전투의 시작과 끝을 모두 지켜본 소서행장 등 적장들은 조선인들의 끝없는 충절 앞에서 탄식을 거듭했다. 소서행장은 송상현 부사에게 칼질을 한 군사를 끌어내 참수했다. 뒷날(1596년) 송상현의 시신이 청주로 옮겨갈 때에도 부산을 점령하고 있던 일본군들은 적극 협조하였다.

송상현을 모시는 '청주 충렬사'의 천곡 기념관에는 일본군들의 이같은 태도에 대해 '세계 전사戰史에 유례가 없는 일'로 평가한 게시물이 전시되어 있다. 부산시가 발행한 소형 책자 「충렬사」에도 '이런 일은 전사상戰史上 유례가 없는 것'으로 기술되어 있다.

송상현 선생은 나라 곳곳의 서원과 사당에서 충렬을 기리고 있다. 청주와 부산의 충렬사 외에도 개성 숭절사, 청주 신항서원, 청원 충렬묘 등이 그를 제향하는 곳이다. 1608년(선조 41) 이래 동래읍성 전사 선열들을 기려 온 부산 동래구 복천동 229-78의 송공단宋公壇(기념물 11호)도 추모 공간 중 한 곳이다.

정읍에도 송상현을 기려 세워진 사당이 있다. 흑암동 597의 정충사旌忠祠가 바로 그곳이다. 정충사는 1632년(인조 10)에 건립되었고, 1657년(효종 8)에 사액을 받았다. 그 후 1863년(고종 5년) 서원 철폐령에 따라 훼철되기도 하지만 1927년 지역 유림들에 의해 복설되었다.

정충사
정읍시 흑암동 597
기념물 74호

정충사는 세 분의 선열을 모시고 있다. 세 분은 송상현宋象賢(1551~1592)을 비롯하여 정유재란 때 남원성 전투에서 장렬한 최후를 마친 신호申浩(1539~1597)와 병자호란 때 안주를 지키던 중성이 함락되자 처자와 함께 분사한 김준金浚(1582~1627)이다. 신호는 1567(명종 22) 무과에 급제한 장수이고, 송상현과 김준은 1576년(선조 9)과 1605(선조 38)에 각각 문과를 거친 선비들이다.

세 분이 장충사에 함께 모셔진 것은 출생지가 모두 현재의 정읍시로 같기 때문이다. 다만 세 분의 출생지가 현재의 행정 구역으로는 정읍시이지만 각각 태어나던 당시에는 고부군이었다는 사실은 기억할 필요가 있다. 이순신과 관련이 있는 일이기 때문이다.

정충사 유허비

송상현은 고부군 천곡(정읍시 농소동), 신호는 고부군 원당리(정읍시 북면 남산리), 김준은 고부군 금정리(정읍시 소성면 정문리)에서 태어났다. 정읍은 1589년(선조 22) 들어 처음으로 고부군에서 독립하여 현으로 승격된다. 이때 초대 현감으로 이순신이 부임한다.

신호는 이순신보다 6세 연장으로 과거는 9년 먼저 통과했고, 송상현은 6세 연하로 급제는 같은 해에 했고, 김준은 37세 연하로 29년 늦게 합격했다.

이순신이 현감으로 왔을 때 김준은 겨우 8세의 어린이였다. 김준은 어쩌면 거리나 현청 뜰에서 우연히 사또 이순신의 모습을 보았을지도 모른다. 만약 그렇게 마주쳤다면 '나도 얼른 커서 원님이 되어야지!' 하는 생각을 했을 법도 하다.

당시 39세였던 송상현은 백천 군수를 맡고 있었다. 몸은 멀리 황해도에 있지만 고향이 현으로 승격된 것은 큰 사건이었고, 특히 초대 현감으로 이순신이 부임했다고 하므로 송상현은 더욱 관심을 가지고 정읍 소식에 귀를 기울였을 터이다. 이순신은 10년 전 훈련원 봉사(종8품)로 있을 때 정4품 병조 정랑 서익(徐益)이 자신의 친지를 부당하게 특별 승진시키려는 데 반대하다가 충청 병영(서산 해남 읍성) 군관(종8품)으로 밀려난 일로 관료 사회에서 유명해져 있었으므로[8] 송상현의 관심은 특별했을 것이다.

신호는 이순신과 같은 시기에 낙안(승주) 군수로 부임했다. 신호는 이순신이 1592년 전라 좌수사로 남해안에서 왜적과 싸울 때 함께 바다를 누볐던 장수이다. 임진왜란 당시 조선군이 처음으로 일본군에게 승리를 거둔 1592년 5월 7일 옥포 해전을 끝낸 후 이순신은 조정에 보낸 장계「옥포파왜병 玉浦破倭兵狀」에 각 장수들의 활약상을 적으면서 맨 앞에 신호를 거명했다.

---

8) 류성룡은 《징비록》에 '식자識者들이 (서익이 친지를 규정에 어긋나게 승진시키려다가 이순신의 반대로 뜻을 이루지 못하게 되고, 이순신은 멀리 충영 병영으로 밀려난) 이 일로 이순신을 차츰 알게 되었다.'라고 썼다.

'좌부장 낙안 군수 신호가 큰 배 한 척을 격파하고 머리 하나를 베었는데, 배 안에 있던 칼, 갑옷, 옷 등은 모두 왜장의 물건으로 보였습니다.'라고 썼다. 이순신은 다음날인 적진포 해전 승리를 말하면서도 맨 앞에 '낙안 군수는 순천 대장 유섭兪懾과 힘을 합쳐 왜적의 큰 배 한 척을 총과 대포를 쏘아 부수고 불태웠습니다.'

신호의 활약은 임진왜란 3대 대첩 중 하나로 손꼽히는 한산도 대첩의 경과를 이순신이 적어서 조정에 보고한 「견내량파왜병장見乃梁破倭兵狀」에도 나온다. '낙안 군수 신호는 왜적의 큰 배 한 척을 통째로 잡고 왜적의 머리 일곱 개를 베었습니다.'

조영규 정려 : 전라남도 기념물 78호인 이 정려는 장성군 북이면 백암리 266-1 도로변에 있다. 양산 군수 조영규는 일본군이 부산에 상륙한 이튿날인 1592년 4월 15일 동래 읍성 전투에서 전사했다. 그는 1587년(선조 20)에 세워진 모암서원에 1648년(인조 26) 제향되었으나 서원은 정유재란 때 불탔다. 서원 터인 장성군 서삼면 모암리 401에는 서원에 모셔졌던 일곱 선비의 비석을 세워둔 칠현단이 있다. 칠현단은 문화재자료 119호이다.

전라 좌수군의 일원으로서 연일 왜적을 격파하던 용장 신호의 운명은 끝까지 이순신과 이어진다. 이순신은 정유재란을 일으키기 위해 현해탄을 건너오는 가등청정을 부산 앞바다에서 가로막아 죽이라는 선조의 명령을 듣지 않는다. 가등청정이 1597년 1월 중순 부산으로 들어온다는 정보는 소서행장이 조선에 제공한 것이었다. 이순신은 이를 적의 속임수로 판단했다.

당시는 임진왜란 초기와 달리 군대 배치가 달랐다. 초기에는 조선 수군과 일본 수군이 바다에서 서로 마주보고 전투를 벌이는 형국이었다. 지금은 일본군이 남해안 일대에 왜성을 쌓고 주둔 중인 상황이었다. 조선 수군이 부산 앞바다로 진입하는 것은 바다를 건너오는 일본 수군과 왜성의 일본 육군 가운데에 죽으러 들어가는 것이나 마찬가지였다.

선조는 '신하로서 임금을 속인 자는 반드시 죽여야 한다.'면서 2월 6일 이순신 검거령을 내린다. 3월 4일, 이순신은 감옥에 갇히고, 원균이 삼도수군통제사가 된다. 7월 16일, 원균이 이끄는 조선 수군은 거제도 서북쪽 칠천량 바다에서 일본군의 기습을 받고 궤멸된다. 통제사 원균, 전라 우수사 이억기, 충청 수사 최호 등 지휘부를 포함해 대부분의 수군 장졸들이 전사하고, 경상 우수사 배설의 8척(《연려실기술》 기준)을 제외한 200척(《선조실록》 1606년 12월 24일자 나대용 발언 기준) 안팎의 판옥선이 모두 바다에 가라앉는다.

조선 수군이 거의 없어지자 군사와 군수품 보급에 자유를 얻게 된 일본군은 마음 놓고 전라도로 진격한다. 이순신을 중심으로 한 조선 수군이 건재했을 때에는 감히 전라도 남쪽 일대로는 침범할 엄두도 내지 못했던 일본군이다. 일본 수군은 한산도 주변에서 격멸된 이래 전라도 바다로는 발도 들여놓지 못했다. 육군도 마찬가지였다. 경상우도의 김면, 곽재우, 정인홍 등 의병들에게 막혀 소백산맥을 넘지 못했고, 김시민을 비롯한 진주의 장병들의 혈투에 밀려 1592년 10월 10일 진주성에서 참패하고 물러갔다.

정충서원 강당 정충사 사당과 협문으로 연결되어 있다.

 칠천량에서 대승을 거둔 일본군은 남원을 거쳐 전주로 진격하려 했다. 우희다수가宇喜多秀家(우키타 히데이에)가 이끄는 5만 6,000여 일본 대군은 구례를 거쳐 남원으로 쳐들어왔다. 아군은 명나라 부총병 양원楊元의 3,000여 명군과 전라 병사 이복남李福男의 1,000여 조선 관군이 전부였다. 8월 14일부터 시작된 전투는 16일 끝이 났다. 양원은 탈출했지만 이복남, 신호, 오응정 등 아군 장졸들은 전투 끝에, 또는 스스로 선택하여 장렬히 생애를 마쳤다.
 일본군은 이어서 전주를 점령했다. 명나라 유격장 진우충이 그냥 달아나버리는 바람에 전투도 없이 전주성이 적에게 넘어갔다. 적의 속임수에 넘어가 칠천량 참패를 유발한 조선 조정의 무능은 수많은 장졸과 백성들을 죽음으로 몰아넣고, 그 과정에서 정읍이 낳은 용장 신호도 세상을 떠나게 만들었던 것이다.

전북 전주 **전주 사고**, **경기전**, 정읍 **남천사**
세계기록유산을 지켜낸 문화 영웅들

사각史閣이라고 부르기도 하는 사고史庫는 고려·조선 시대에 실록을 보관했던 건물이다. 실록實錄은 각 임금의 재위 기간 중에 일어났던 일들을 날짜 순서대로 기록한 역사서이다.

조선 시대의 실록 전체는 《조선왕조실록》, 한 임금의 실록은 《선조실록》 식으로 부른다. 다만 왕위에서 쫓겨난 연산군과 광해군 시기의 실록은 예외로 분류되어 《연산군일기》와 《광해군일기》로 격하된다. 왕이 아닌 군君(왕자)의 시대를 담고 있는 까닭에 '실록'이라 할 수 없으므로 '일기'라고 부른다는 것이다.

고려 시대의 실록은 외적의 침입을 당하는 동안 모두 없어졌고, 《조선왕조실록》은 유네스코(국제연합 교육과학문화기구)가 선정한 세계기록유산에 등재되어 있다. 우리나라는 아홉 가지의 세계기록유산을 가지고 있다.

아홉 가지는 《조선왕조실록》, 조선 시대 임금의 명령을 관리하던 승정원이 취급한 문서와 사건을 날마다 기록한 《승정원일기》, 1443년(세종 25) 창제된 세계 최고의 과학적 문자 훈민정음(한글)

의 원리에 대해 1446년(세종 28) 한문으로 해설한 《훈민정음 해례본》, 조선 왕실의 중요한 행사와 나라의 건축 사업 등을 그림과 글로 기록한 《조선왕조의궤》, 허준이 1610년(광해군 2)에 완성한 의학 서적 《동의보감》, 1760년(영조 36)부터 1910년(순종 4)까지 임금의 일기 《일성록》, 고려 시대의 불교 서적 《직지심체요절》[9], 불교 경전을 집대성하여 한문으로 번역·출간한 가장 오래되고 가장 수준 높은 판각板刻(글씨가 새겨진 나무판) 《고려대장경》, 1980년 5월 전두환 등 군부의 집권 음모에 저항하여 싸운 광주 일원 시민들의 투쟁을 담은 「5·18 민주화운동 기록물」이다.

　세계기록유산의 등재 숫자로 볼 때 우리나라는 세계적으로 손꼽히는 문화 국가이다. 일본은 하나도 없고 중국은 다섯 가지이다. 우리나라는 아시아 1위, 세계 6위에 올라 있다.

　중국도 명나라와 청나라의 실록을 가지고 있지만 세계기록유산으로 등재되지 못했다. 중국의 실록은 황제가 개입하여 내용을 마구 고치기도 했고, 붓으로 쓴 수준인 탓에 알아볼 수 없는 부분도 많다. 그에 비해 조선의 실록은 임금이 열람할 수 없었고, 4부를 만들면서도 아름다운 활자로 인쇄까지 했다. 게다가 472년에 이르는 오랜 세월의 역사를 꼼꼼하게 기록한 세계 유일의 왕조 실록이다. 다만 고종과 순종 시기의 실록은 일제의 감시를 받으면서 기술되었기 때문에 진정한 의미의 《조선왕조실록》으로는 인정을 받지 못하고 있다.

　4부 인쇄된 실록은 내사고인 서울 춘추관과 세 곳 외사고인 충

---

　9) 《직지심체요절》은 1377년(고려 우왕 3)에 금속활자로 인쇄되었다. 1455년에 인쇄된 서양 최초의 금속활자 인쇄본인 구텐베르크의 42행 성서에 견줘 78년이나 앞선다. 게다가 우리나라에서 금속활자가 발명된 때는 1377년보다도 훨씬 앞선다. 책은 전해지지 않지만 금속활자로 인쇄했다는 사실이 기록으로 전해지는 《상정고금예문》은 구텐베르크 성서보다 200년 이상 앞선 1234년(고려 고종 21)에 간행되었다.

주 동량면 하천리 정토사, 경북 성주, 전주 경기전의 사고에 보관되었다. 전주 경기전을 제외한 세 곳의 사고는 모두 임진왜란 때 불에 타면서 실록을 잃어버렸다.

임진왜란이 일어났을 때 내장산에 숨겨져 화를 피했던 전주 사고의 실록은 그 후 바닷길을 거쳐 묘향산 보현사로 옮겨졌다. 전쟁이 끝난 뒤 실록은 1603년(선조 36) 강화도로 다시 옮겨져 1606년(선조 39)까지 4부를 더 인쇄했다. 다섯 부는 춘추관, 강화도, 묘향산, 태백산, 오대산에 각 1질씩 보관되었다.

내사고인 춘추관 사고는 1624년(인조 2) 이괄李适의 난 때 일부 소멸되고, 1636년(인조 14) 병자호란 때 완전히 없어졌다. 강화 사고는 본래 관아 내부에 있다가 1606년(선조 39) 마니산으로, 1678년(숙종 4) 정족산성으로 옮겨졌다. 묘향산 사고는 1633년(인조 11) 무주 적상산으로 옮겨졌다.

실록각 : 전주시 완산구 풍남동 3가 102 경기전 경내에 복원해둔 2층 누각형 조선 시대 사고이다. 사고와 실록에 대한 각종 게시물이 전시되어 있는 2층은 (멀리서 보면 출입 금지인 듯 여겨지지만) 항상 개방되어 있다.

사진 왼쪽부터 강화도 정족산 사고 수호 사찰 전등사의 대웅전, 적상산 사고 수호 사찰 안국사의 천불전, 태백산 사고 수호 사찰 각화사 전경, 오대산 사고 수호 사찰 월정사의 영감사

외적의 침입에 대비해 깊은 산속으로 옮겨 다닌 사고를 지키기 위해 수호 사찰들이 임명되었다. 정족산 사고는 전등사, 적상산 사고는 안국사, 태백산 사고는 각화사, 오대산 사고는 월정사의 승려들이 밤낮으로 보초를 서서 실록이 보관된 사각史閣과 왕실의 족보 선원보璿源譜가 보관된 선원각璿源閣을 지켰다. 사각과 선원각은 모두 누각 형태의 2층 기와 건물이었다.

일제 강점기 때에 실록들은 조선총독부 등으로 옮겨졌다. 특히 일본 동경제국대학으로 반출되었던 오대산 사고의 실록은 1923년 관동 대진재關東大震災 때 불에 타서 없어졌다.

어진 박물관 경기전 건물 왼쪽 뒤편

오늘은 우리나라가 보유하고 있는 세계기록유산 중 한 가지인 실록 관련 유적을 답사하려 한다. 최고의 답사지는 말할 것도 없이 전주 경기전慶基殿이다. 경기전은 이성계 집안 조상들이 살았던 본관지本貫地 전주에 설립된 조선 태조의 어용전御容殿(임금의 초상화를 모신 집)이다. 어용전은 전주 외에 경주와 평양 두 곳에 더 지어졌다. 1410년(태종 3) 건축된 세 어용전에 세종은 1442년(세종 24) 각각 경기전, 집경전集慶殿, 영숭전永崇殿이라는 이름을 붙였다.

1592년 6월 22일, 왜적이 금산까지 몰려왔다는 급보를 들은 손홍록孫弘祿, 안의安義, 오희길吳希吉, 유신柳訊 등 전주의 선비들은 경기전 경내의 실록과 태조 초상을 급히 내장산 용굴암에 숨겼다.

경기전을 배경으로 기념 사진을 찍기 위해 계단을 오르는 친구를 기다리며 서 있는 한복 처녀

이들은 그 후 1년 이상 실록과 어용을 내장산 이곳저곳으로 옮겨가며 지켜내었다. 이들이 없었으면 세계기록유산 《조선왕조실록》은 지구상에 남아 있지 못했을 터, 그 위대한 업적과 함께 꽃다운 이름도 역사에 아로새겨져야 할 것이다.

혹 이 분들에 대해 너무 지나친 찬사를 바치는 게 아닌가 의심하는 독자가 계신다면 문화재청 누리집의 다음 문장을 근거 자료로 보여드릴 수 있을 것이다. '(1880년 출생하여 1925년 타계한 유학자) 조병희趙秉喜 선생은 (전주 사고의 실록을 지켜낸) 이들의 노력은 10만 대군을 물리친 공에 버금가는 행동이었다고 평가하였다.'

전쟁 초 풍신수길이 '조선 침략에 동원한 군대는 모두 15만 9,000여 명이었다. 이 가운데서도 5만 2,500여 명만 조선 전선에 투입되고 나머지는 이키와 쓰시마에 남겨두었다(이이화《조선과 일본의 7년 전쟁》).' 손홍록 등의 업적이 10만 대군을 물리친 공에 버금간다는 조병희의 평가는 전주 사고의 실록을 지켜낸 일이 얼마나 대단한 공로인가를 단적으로 비교·설명해주는 표현이다.

조병희 선생의 평가는 문화재청 누리집 '문화유산정보' 중 남천사藍川祠에 대한 부분의 일부이다. 전북 정읍시 칠보면 시산리 844에 있는 문화재자료 154호 남천사는 손홍록, 안의, 김후진金後進(1540~1620) 등의 위패를 모신 사당이다. 김후진은 이귀李貴와 함께 전남 장성에서 창의했고, 의주에 머물고 있는 선조의 행재소와 고경명 부대에 양곡을 조달하기도 한 임진왜란 의병장이다. 누리집의 설명을 조금 더 읽어본다.

> 1592년 임진왜란이 일어나자 40일 만에 평양, 서울, 경주가 함락되는 등 위태로운 상황이 계속되었다. 이 때 손홍록, 안의 두 분은 머뭇거리던 관아 사람들을 설득하여 당시 전주 사고에서 보관하고 있던 《조선왕조실록》과 경기전에 모시고 있던 태조 이성계의 초상화를 내장산의 동굴로 옮겨 놓았다.

> 그 후 강화를 거쳐 묘향산까지 옮겨가며 전쟁 기간인 7년 동안 이것들을 지켰다. 후대 조병희 선생은 이들의 이런 노력은 10만 대군을 물리친 공에 버금가는 행동이었다고 평가하였다.
> 당시 실록은 서울 춘추관과 충주, 성주, 전주 4곳에 보관하고 있었는데 3곳은 모두 불타 없어지고 유일하게 남은 전주사고의 실록은 역사의 단절을 막고 조선 전기 방대한 역사의 맥을 다시 이어나갈 수 있게 하였다.

남천사에 관한 문화재청 누리집 '문화유산정보'의 마지막 문단도 말하고 있지만, 전주 사고의 실록이 지켜지지 못했으면 세계기록유산 《조선왕조실록》은 영원히 소멸되었다. 지금도 경북 성주 사고의 경우에는 그 터조차 찾지 못하는 지경이다. 그만큼 손홍록, 안의, 오희길, 유신 등은 우리나라의 '문화 영웅'이다.

남천사 손홍록, 안의 등을 모시는 사당, 정읍시 칠보면 시산리 844

전주 사고의 실록은 1592년 6월 22일 이래 신속히 피란을 갔지만 '실록각'은 1597년 정유재란 때 불탔다. 오늘날 경기전 경내에 복원되어 있는 건물은 1991년에 지어진 것이다. 조선 시대의 사고답게 2층 누각 형태의 기와집으로 다시 세워졌다.

실록각 앞에 갔을 때 한 가지 유의해야 할 사항이 있다. '朝鮮王朝實錄조선왕조실록保全보전紀績碑기적비'를 지나 실록각 정면에서 건물 사진만 찍고 돌아서는 답사자가 종종 있다. 문화재로 등록된 누각은 흔히 출입 금지이므로 이곳도 그러려니 예단을 한 탓이다. 하지만 전주 사고 실록각은 그렇지 않다.

실록각 2층은 전시실로 꾸며져 있다. 「사고의 변천사」, 「전주 사고의 역사」, 「세계기록유산 조선왕조실록」, 「조선왕조실록의 과학적 보관 방법」, 「실록 제작의 전 과정을 기록한 책, 실록청의궤와 실록형지안」, 「사관과 사초」 등 다양하고 충실한 게시물들을 갖추어 답사자를 흐뭇하게 해준다. 전국 각지의 사고와 관련되는 사진들도 있고, 실록의 실물 모습을 재현해주는 전시물도 있다. 이 2층을 놓치고 돌아선다면 멀리서 발걸음을 한 스스로의 노고가 반쯤은 물거품이 되지 않겠는가.

손홍록, 안의, 오희길, 유신 등은 무거운 실록을 짊어지고 내장산 깊은 골짜기까지 올라갔다. 거기서 1년 이상 머물러 살면서 실록을 지켰다. 어찌 조선왕조실록 보전 기적비에서 답사를 멈출 것인가. 20m만 더 나아갈 일이다. 그곳에 역사가 있다.

경주 집경전의 이성계 초상은 어찌 되었을까 춘추관, 충주, 성주의 실록은 화를 피하지 못하고 불에 탔다. 오직 전주 경기전의 실록과 이성계 초상만 무사했다. 실록은 아니지만 경주 집경전의 이성계 어진도 온전히 보전되었다.

경주 집경전은 전주 경기전, 평양 영숭전과 더불어 조선 창업 군주 이성계의 초상을 모셔온 건물이다. 조선 왕조가 집경전, 경기전,

영숭전을 경주, 전주, 평양에 건립한 것은 그 세 곳에 왕의 기운이 서려있다고 여겼기 때문이다. 경주는 삼국을 통일한 신라의 서울이고, 전주는 이성계 집안의 고향이며, 평양은 고구려의 수도이다.

고려 중기부터 조선 시대까지 경주 일원에서 근무한 경상감사 이하 관리들에 대한 관청의 공식 기록인 《경주 선생안慶州先生案》에 따르면, 경주 부윤 윤인함은 1592년(선조 25) 4월 16일 '집경전 참봉 정사성과 홍여율을 시켜使集慶殿參奉鄭士誠洪汝栗' 조선 건국 태조 이성계의 '어진부터 대피시켰다侍奉御容移遷.'

어진은 곧장 안동까지 못 가고 중간에서 쉬었다. 종착지는 이황의 손자 이영도의 예안 집이었지만 당시 교통 사정으로는 단숨에 거기까지 내달릴 수 없었다. 그래서 《경주 선생안》은 이성계 어진이 '안동 예안 등 내지安東禮安等內地'로 옮겨졌다고 기술한다.

어진은 (포항시 북구) 죽장에서 하룻밤을 잤고, 그 이전에는 양동마을 수운정水雲亭에서 밤을 지냈다. 수운정은 뒷날 국가민속자료 80호로 지정되는 문화재인 만큼 어용도 한밤을 지내기에 부족함이 없었을 것이다.

수운정 경주시 강동면 양동리 313

부윤의 명령을 받은 두 참봉은 양동마을의 그 많은 집들 중 이곳 수운정에서 머물렀을까? 부윤이 그렇게 하라고 명령을 내렸던 것일까? 아니면 본인들이 수운정을 최적지라고 판단했던 것일까? 혹은 집주인이 요청을 했던 것일까? 어느 쪽인지는 확인되지 않는다. 다만 위치로 볼 때 수운정이 최고의 피란처라는 점은 지금 살펴보아도 부정할 수 없다.

보통의 답사자들은 양동마을에 들어서면 주차장 정면 언덕 위에서 엄청난 위용을 뽐내고 있는 향단(보물 412호)부터 보게 된다. 그 후 어지간히 부지런한 사람들도 관가정(보물 442호), 서백당(국가민속자료 23호), 무첨당(국가민속자료 411호) 등을 보는 데서 만족한다. 그만 하면 사실 양동마을을 크게 한 바퀴 돈 걸음이다.

실제로 양동마을 안을 걸어보면 거의 맨 안까지 들어가야 서백당을 만날 수 있다. 관가정에서 출발하여 향단, 무첨당, 경산서당을 두루 둘러본 답사자에게만 서백당은 모습을 드러낸다. 수운정은 이들 중요 문화재들을 빠짐없이 꿰면서 양동마을을 일주하는 여정에마저 포함되지 않는다.

서백당과 무첨당 사이에는 양동마을 내 가장 높은 언덕을 이루는 삼거리가 있다. 이곳까지 허위허위 올라온 부지런한 답사자도 웬만해서는 수운정으로 가지 않고 서백당이나 무첨당으로 발걸음을 한다. 그렇게 걷는 것이 큰 길을 따라 무난하게 다니는 여정이기 때문이다. 다른 길들은 좁거나 가파르고, 갔다가 되돌아와야 하는 어려움을 안고 있다.

수운정으로 안내하는 이정표는 삼거리에서 들판까지 내려가라고 말한다. 갔다가 되돌아서 다시 가파른 오르막을 올라오라고 말한다. 수운정은 그 삼거리 오르막에서 보이지도 않는다. 그런 탓에 많은 답사자들은 수운정 관람을 포기하거나, 혹은 처음부터 수운정의 존재도 알지 못한 채 지나치고 만다.

양동마을에 쳐들어 온 왜군들도 수운정은 발견하지 못했을 듯하다. 지금처럼 이정표가 있는 것도 아니고, 설혹 들판까지 내려갔다 하더라도 수운정은 보이지 않는다. 수운정은 거기서 다시 높은 봉우리 위, 큰 나무들 사이에 숨어 있다. 이성계의 얼굴을 모신 참봉들이 하룻밤 정도는 충분히 숨어 지낼 만한 멋진 은신처인 것이다.

게다가 집주인 손엽孫曄이 임진왜란 당시 의병장이었으니 수운정은 더 더욱 태조의 어진이 머물기에 적합하였으리라. 《한국의 전통가옥 기록화 보고서 경주 양동마을 2》(경주시청)에 따르면 손엽은 '(곽재우 중심의) 화왕산 회맹會盟(모여서 맹세함)에 달려가 의병에 참여하여 전략을 세우고 군량미 조달에 협조'하였는데, 종전 후 조정에서 벼슬을 내리자 받지 않고 수운정에서 학문에 매진하다가 타계했다.

그는 '물처럼 맑고 구름처럼 허무하다水淸雲虛'는 뜻에서 집 이름을 수운당이라 지었다. 경남 창녕 의병장 조호익曺好益은 손엽의 묘지명墓誌銘(묘소 앞 비석에 새긴 글)에 '덕의 광채가 아름답고, 도의 살찌움이 빛나는구나!'라고 썼다.

수운정 국가민속자료 80호

위봉산성 완주군 소양면 대흥리 1-32. 전주 경기전의 세조 어진을 유사시 옮겨 두려고 1675년(숙종 원년)에 쌓았다.

위봉사 전북 완주군 소양면 대흥리 21

위봉산성, 위봉사 사적 471호인 위봉산성은 1675년(숙종 원년)에 본격적으로 축성되었다. 산성 서문터 앞 안내판은 '유사시에 전주 경기전과 조경묘에 있는 태조의 초상화와 그의 조상을 상징하는 나무패를 피란시키려고 이 성을 쌓았다. 실제 동학 농민 봉기로 전주가 함락되었을 때 초상화와 나무패를 이곳으로 가져왔다. 성 안에는 초상화와 위패를 둘 소형 궁궐이 있었으나 오래 전에 헐려 없어졌다.'라고 해설한다. 위봉산성 중 가장 볼 만한 지점은 완주군 소양면 대흥리 1-32 서문 터 일원이다. 이 일원은 성벽이 길게 이어질 뿐만 아니라 홍예 모양의 특이한 성문도 거느리고 있다.

위봉사는 위봉산성 안에 있었다. 위봉사 일주문 앞 안내판은 임진왜란 당시 위봉산의 '행궁行宮(임시 궁궐)이 퇴폐頹廢(낡고 어수선) 하여 (태조 어진을) 둘 수 없어서 부득이 위봉사의 대웅전에 임시로 모셨다. 그 후 위봉사는 경기전의 속사屬寺(딸린 절)로 삼았다.'라고 설명해준다.

전남 해남 **대흥사**
임진왜란과 5·18의 역사가 함께 서려있는 곳

전남 해남군 삼산면 구림리 799 대흥사 입구, 여느 절에서도 본 적이 없는 특이한 표지석 하나가 나그네를 맞이한다. 표지석은 「해남군 도로명 관광 안내도」 설치판 아래에 있는데, 제목부터 눈길을 끈다.

'5·18 민주 항쟁 사적지- 대흥사 여관터'!

돌에 새겨진 글을 읽어본다. '1980년 5·18 민중 항쟁 당시 이곳 대흥사大興寺는 여관이 많아 5·18 시민들이 숙식을 해결하는 장소였다. 당시 시민들의 탑승 차량 7~8대가 광주 여관, 안흥 여관(지금은 없어짐), 유선 여관에 도착, 이곳 주민들의 적극적인 호응을 받았다. 이곳 주민들은 5월 22일 아침 광주로 향하던 시민들에게 김밥과 음료수 등을 지원하는 등 민주화 운동에 뜻을 함께 했다.'

임진왜란 초 팔도 십육종 도총섭八道十六宗都總攝(의승군義僧軍 전국총대장) 서산 대사(1520~1604)의 유물과 부도가 남아 있는 사찰답게 이곳은 후대인들도 민주화를 위해 뜨겁게 일어섰구나, 싶어 마음에 잔잔한 감동이 일어난다.

두륜산 대흥사 보현전과 문수전 사이에서 바라본 풍경

　대흥사는 국가 사적史蹟 208호이자 명승 66호이다. 명승名勝은 '경승지景勝地(경치가 뛰어난 곳)로서 예술상, 관람상 가치가 큰 곳(문화재청 누리집)'이다. 절 입구에 세워져 있는 대흥사 안내판도 '대흥사는 백제 시대에 창건된 유서 깊은 도량으로 해남 두륜산의 빼어난 절경을 배경으로 하고 있다.'로 글을 시작, 대흥사 일원이 명승으로 지정된 근거부터 설명한다.

　'백제 시대에 창건된 유서 깊은 도량'은 흔히 보는 소개문인 탓에 감동을 주지는 못하지만 '두륜산의 빼어난 절경을 배경으로 하고 있다.'라는 표현은 지금 눈앞에 실제로 경치를 펼쳐 보이면서 하는 해설이라 저절로 수긍이 간다.

문화재청은 전국 109곳을 명승으로 지정했다. 그 중 사찰과 관련되는 명승은 경북 울진 불영사 계곡, 낙산사 의상대와 홍련암, 장성 백양사 백학봉, 해남 달마산 미황사 일원, 법주사 일원, 해인사 일원, 화엄사 일원, 춘천 청평사 고려선원, 남양주 운길산 수종사 일원, 구례 오산 사성암 일원 등 모두 11곳이다. 사찰들이 뛰어난 경치를 자랑하는 곳에 많이 세워졌으리라는 선입견을 감안하면 11곳은 생각보다 적은 숫자이다. 아무튼 대흥사는 사찰 관련 11곳 명승 중 한 곳이므로 절에 깃든 역사와 더불어 눈부신 경치까지 함께 감상하는 것이 좋다.

명승 설명에 이어 안내판은 대흥사의 이름과 창건 시기에 대해 해설한다. 대흥사는 '옛날에는 두륜산을 대둔산, 혹은 한듬산 등으로 불렀기 때문에 대둔사 또는 한듬절이라고도 했으나, 근대에 대흥사로 명칭을 바꾸었다. 대흥사 창건과 관련해서는 426년에 정관 존자, 혹은 514년에 아도 화상, 혹은 신라 말 도선 국사가 창건했다는 세 가지 설이 있다.'

사적으로 지정된 까닭에 대한 안내도 없을 리 없다. 대흥사는 '임진왜란 후 서산 대사 휴정休靜 스님의 의발衣鉢이 전해지고, 서산 대사의 법맥을 이은 13대 종사宗師와 13대 강사講師가 배출되면서 선禪과 교敎를 겸비한 팔도의 종원宗院으로 자부하였다.'

서산 대사가 의발, 즉 가사袈裟(스님의 옷)와 바릿대(밥그릇)를 그 많은 절들을 제치고 대흥사에 준 것은 이 절이 자신의 정신을 이어갈 사찰로 여겨졌기 때문일 것이다. 과연 대흥사에서는 열세 분의 큰스님과, 불경을 강론하는 열세 분의 뛰어난 스님이 배출되었다. 뛰어난 스님들이 많이 배출된 덕분에 대흥사는 서산 대사의 뒤를 이어 우리나라 불교를 이끌 수 있었고, 이는 '(스님이 진리를 깨우치기 위해 실천해야 하는 두 갈래의 실천 방법인) 선(수양)과 교(불교 교리 탐구)를 겸비한 팔도(우리나라)의 종사(으뜸 사찰)'라는 자부심을 대흥사에 안겨주었다.

안내판은 대흥사 경내에 서산 대사를 기리는 사당이 세워진 경과에 대해서도 말해준다. '1789년 정조대왕으로부터 「표충사表忠祠」 편액을 하사받아 서산 대사의 충의를 기리게 되었다.' 정조가 직접 붓을 들어 '表忠祠' 세 글자를 써서 대흥사로 보냈고, 절에서는 서산 대사를 기리는 사당을 짓고 거기에 임금의 편액을 현판으로 걸게 되었다는 것이다.

이제 안내문은 대흥사의 건물 배치에 대해 안내한다. '안내'라는 말을 쓰는 것은 대흥사가 경내가 넓어 각 절집의 위치를 미리 알아보는 노력 없이 답사하면 우왕좌왕하기 십상이기 때문이다.

대흥사의 '사찰 경내는 북원, 남원, 별원으로 구성되어 있다. 북원에는 대웅보전, 응진당, 삼층석탑(보물 320호) 등이 있고, 남원에는 경주 옥돌로 만든 천 분의 부처님(유형문화재 52호)을 모신 천불전(유형문화재 48호)과 용화당(유형문화재 93호)이 있으며, 별원에는 표충사(기념물 19호), 대광명전(유형문화재 94호), 성보 박물관 등이 있다. 북미륵암 마애여래좌상(국보 308호), 북미륵암 삼층석탑(보물 301호), 서산 대사 부도(보물 1347호) 등의 성보 문화재도 있다.'

대웅보전이 남원에 있다는 설명은 대흥사의 중심 법당인 대웅보전이 사찰 경내의 중심부에 있지 않고 남쪽 비탈에 자리잡고 있다는 뜻이다. 이는, 대흥사가 본래 지금의 남원 위치에 대웅보전, 응진당, 삼층석탑을 세웠는데, 점차 그 오른쪽으로 여러 절집들을 추가하여 짓고, 또 더 나아가면서 표충사를 건립했다는 사실을 알게 해준다.

따라서 대흥사를 찾은 나그네는 '두륜산 대흥사' 현판이 걸린 해탈문을 지난 후 곧장 직진하여 들어가면 안 된다. 대흥사 누리집 스스로가 자신의 절집 배치를 두고 통상적인 '가람 배치 형식이 아닌, 자유롭게 배치한 독특한 공간 구성'을 가지고 있다고 말한 바를 염두에 두고 답사해야 한다. 결론을 말하면 나그네는 해탈문을 지난 다음 왼쪽으로 꺾어서 걸어야 한다.

물론 대흥사는 특이한 공간 배치 탓에 우왕좌왕할 가능성이 높은 답사자들을 배려, 해탈문 바로 뒤에「대흥사 참배 순서 안내도」입간판까지 세워 두었다. '호국 대선사 서산 스님의 호국 도량, 초의 대종사 차茶의 성지'라는 제목의 입간판은 빨간색 화살표를 따라 답사하라면서, 1시간 걸리는 길과 2~3시간 걸리는 길, 두 길을 안내해준다. 두 길이 모두 전통차를 마실 수 있는 동다실을 넣고 있다는 점은 매우 흥미롭다.

대흥사 일원은 우리나라 차 문화를 일으켜 세운 초의 선사草衣禪師(1786~1866)가 40여 년간 머문 곳이다. 초의 선사에게는 다성茶聖이라는 별칭이 따라다닌다. 선사는 도암면 만덕리 다산초당茶山草堂에서 10년 등 무려 18년에 걸쳐 대흥사 인근 강진에서 유배 생활을 한 24년 연상의 정약용과 깊은 교류를 했다. 정약용 또한 호가 다산茶山인 것으로 짐작 되듯이 우리나라 차 문화의 선구자였다.

안내판의 두 길을 하나로 묶어 본다. 제목이 '호국 대선사 서산 스님의 호국 도량, 초의 대종사 차茶의 성지'이므로 그 정체성에 맞춘다. 가장 간략하게 길을 구성하면 '대웅보전→ 응진전 삼층석탑→ 천불전→ 보현전과 문수전 사이에서 두륜산 감상→ 표충사→ 초의 선사 흉상→ 성보박물관→ 동다실'이 될 것이다.

다만 오늘은 임진왜란 유적지로서 대흥사를 찾아 왔으니 서산 대사를 기리는 표충사부터 참배하기로 한다. 표충사 사당 삼문 앞에 닿으니 장군샘이 먼저 눈에 들어온다.

장군샘 앞 안내판은 여름이면 시원하고 가을이면 따뜻한 물이 솟는 이 샘에 서린 전설을 이야기해준다. 장군샘은 해마다 한 번씩 호수의 흐름을 보였는데, 샘이 소용돌이를 일으켜 지붕 추녀 끝까지 물이 솟구쳤을 때 그 물을 받아 마신 어떤 스님이 모든 병을 고쳤다는 전설이다. 그 이후 이 샘의 물은 약을 달이고 차를 끓이는 데에 최고의 물로 꼽혀왔다.

장군수라는 이름은 의승군과 관계가 있을까? 그런 생각이 들지만, 샘 앞 안내판은 '윤선도가 이곳 승려들의 지혜와 기력을 보고는 능히 장군을 낳을 샘이라면서 하루도 거르지 않고 길어다 먹으면서 그런 이름이 유래되었다.'라고 안내한다.

외삼문인 호국문과 내삼문인 예제문을 지나 안으로 들어서면 표충사와 표충비각이 나온다. 표충사表忠祠는 전라남도 기념물 19호로, 정조가 1788년(정조 12)에 직접 쓴 '表忠祠표충사' 편액이 걸려 있다. 그래서 표충사 편액 옆에는 '임금의 글씨가 있는 집'이라는 뜻에서 별도로 '御書閣어서각' 편액을 하나 더 걸어 두었다.

표충사는 중앙에 서산 대사의 진영이, 그 좌우 양쪽으로 서산 대사의 제자로서 임진왜란 때 많은 업적을 쌓은 사명당 유정 스님과 뇌묵당 처영 스님의 진영을 모셔져 있다. 현재의 건물은 1836년에 다른 곳으로 이건되었다가 1860년 10월에 다시 현재의 자리로 옮겨지었는데, 상량문은 초의 선사가 썼다.[10]

어서각 현판 오른쪽에는 오래된 비석 둘과, 그 두 비석을 보호하는 비각이 서 있다. 두 비석에는 서유린徐有隣(1738~1802)이 1791년(정조 15)에 지은 '서산 대사 표충사 기적 비명'과, 연담 유일蓮潭有一(1720~1799) 스님이 1792년(정조 16)에 지은 '건사建祠 사적事蹟 비명碑銘'이 각각 새겨져 있다. 비각 건물은 1860년 표충사를 이건할 때 지은 것이다.

다른 곳에서도 그렇지만 이곳의 비석들 역시 비문을 읽는 것이 불가능하다. 비각 안에 들어 있고, 눈으로 읽어낼 수 있을 만큼 글자가 선명하지도 않을 뿐더러 한문으로 되어 있다. 그래서 비각 바로 옆에 임창순이 원문을 축약한 한글 문장을 짓고, 김병남이 글씨를 쓰고, 전라남도가 세운 안내판용 빗돌이 1979년에 세워졌다.

1979년판 빗돌의 끝 문장에는 독재 정권 시절의 낡은 구태가 넘쳐흐른다. '서유린이 지어 1791년에 세운 비는 한문으로 되어 있으므로 박정희 대통령 각하의 분부를 받들어 한문을 해독하지 못하는 사람들을 위해 한글로 요약, 편술한 이 비를 따로 세워 후세에 전한다.' 한문 비석의 내용을 축약하여 한글로 번역하고, 그것을 새긴 작은 빗돌을 세우는 것조차 '각하'의 '분부를 받들어' 시행했다고 하니, 참으로 안타까운 일이다.

한글로 쓰인 이 빗돌도 읽기가 그리 쉬운 것은 아니다. 지레짐작으로 말하면, 아마 이 표충사와 표충비각을 찾은 사람들 중에도 십중팔구는 읽지 않고 돌아섰을 것이다. 나는 대통령 각하의 분부를 받은 적도 없지만, 빗돌의 표면을 사진으로 찍은 다음 그것을 확대하여 글자를 파악, 이 글에 옮겨 싣는다. 더 많은 사람들이 읽어볼 수 있도록 하려는 충정의 발로이다.

---

10) 조선 후기에 불교계의 충의를 기리기 위해 국왕이 편액을 내린 사당에는 서산 대사를 기려 세워진 이곳 대흥사의 표충사, 1794년(정조 18)에 편액이 하사된 묘향산 보현사의 수충사酬忠祠, 사명 대사의 충절을 기리기 위해 1743년(영조 19)에 편액이 하사된 경남 밀양 표충사表忠祠가 있다.

서산 대사 표충사 기적비紀蹟碑

서산 대사의 이름은 휴정, 속성은 최씨. 호를 청허자淸虛子라 하며 묘향산에 있었으므로 또 서산이라 하였다.

1520년에 출생하여 어려서 양친을 여의었다. 이때 불교의 경전을 읽고 삶과 죽음에 대한 학설에 감동되어 머리를 깎고 불문에 들어가 1540년 일선 화상一禪和尙에게서 계戒(승려가 지켜야 할 규칙)를 받았고, 뒤에 영관 대사靈觀大師의 문하에 들어갔다. 30세에 선과禪科에 합격하여 대선大選에서 양종판사兩宗判事까지의 승직을 받았으나 곧 이를 사임하고 산으로 들어갔다.

정여립鄭汝立이 반란을 일으켰을 때 어떤 자가 '대사가 이들과 관련이 있다.'고 무고하였으나 선조는 그의 억울함을 알고 풀어주었을 뿐 아니라 그의 시고를 보고 크게 감탄하여 임금이 대를 그리고, 거기에 시까지 지어서 써주는 영광을 얻었다.11)

임진왜란에 선조가 의주에 피란했다 함을 듣고 대사는 칼을 짚고 왕을 가서 뵈옵고 승려의 의병을 일으킬 것을 자청하여12) 왕은 곧 대사를 팔도 십육종 도총섭에 임명하였다.

---

11) 1590년(선조 23) 4월 1일자《선조수정실록》: 향산香山의 승통僧統 휴정休靜도 체포되어 국문을 당하였다. 휴정에게는 저서가 있었는데 문장이 단아하고 대부분 임금을 축복하는 내용이었으므로 상上(임금)은 즉시 석방시키도록 하고 어서御書인 당시 절구唐詩絕句와 묵죽墨竹 한 장을 하사하여 위로한 후 돌아가게 하였다.

12) 1592년(선조 25) 7월 1일자《선조수정실록》: 조정에서는 승통僧統을 설치하여 승군僧軍을 모집하였다. 묘향산에 있는 옛 승관僧官 휴정休靜을 불러 중을 모집하여 군대를 만들도록 하였다. 휴정이 여러 절에서 불러 모아 수천여 명을 얻었는데 제자 의엄義嚴을 총섭總攝으로 삼아 그들을 거느리게 하고 원수元帥에게 예속시켜 돕게 하였다. 또 휴정은 격문을 보내어 제자인 관동의 유정惟政과 호남의 처영處英을 장수로 삼아 각기 본도에서 군사를 일으키게 하여 수천 명을 얻었다. 유정은 담력과 지혜가 있어 여러 번 왜진倭陣

대사는 곧 제자인 유정, 처영과 승병을 모집하여 5,000여 명을 얻고 순안 법흥사에서 첫 모임을 갖고 중국 군대를 도와 싸워서 모란봉에서 승리를 거두고 평양과 개성을 수복하고 용사 700명을 뽑아서 왕을 호위하여 서울에 환도하였다. 이때 대사는 왕에게 '이제는 늙어서(당시 73세) 더 이상 힘을 낼 수가 없사오니 군사 사무를 유정과 처영에게 넘겨주고 신은 묘향산으로 돌아가게 해 달라.' 하고 청하였다. 왕은 이를 허락하고 국일도대선사선교도총섭종수교보제등계존자國一都大禪師禪教都總攝宗樹教普濟等階尊者의 칭호를 내렸다.

　대사는 한국의 불교를 중흥시킨 고승으로 제자가 1,000여 명이며, 그 가운데는 불교의 영수급에 해당되는 인물이 4~5명에 달하였다. 그의 저서로는 《선가귀감禪家龜鑑》 외에 몇 가지 단행본과 《청허집淸虛集》이 있다.

　그는 유언으로 자신의 유물을 해남 대둔사에 보관하라면서 '이곳은 남에 달마산, 북에 월출산, 서에 선은산이 있어 내가 마음으로 즐기던 곳이기 때문'이라고 하였다.

　대사가 세상을 떠난 후 185년인 1788년에 그의 7세손 천점天點 등이 대둔사 남쪽에 사당을 짓고 대사의 화상을 모시기 위하여 임금에게 진정을 올렸고, 호조 판서 서유린徐有隣이 왕에게 적극적으로 진언하여 나라에서 사당의 칭호를 내려주기를 청하였다.

　정조는 대사가 임진란에 세운 공적을 생각하여 특별히 표충表忠이라는 명칭을 내리고 대사의 직계를 더 높이 추증하고 이듬해 4월에는 예조의 관리를 보내어 제사를 지냈다.

　이에 앞서 경상도 밀양에 유정을 모신 사당으로 표충사表忠

에 사자로 갔는데 왜인들이 믿고 복종하였다. 승군은 제대로 접전은 하지 못했으나 경비를 잘하고, 일을 부지런히 하며, 먼저 무너져 흩어지지 않았으므로 여러 도에서 그들을 의지하였다.

> 祠가 있었는데, 이제 대사의 사당도 같은 이름을 붙인 것은 스승과 제자가 함께 나라에 충성을 바친 것을 나타내는 영예로운 특전이었다.

표충사 외삼문을 나오면 초의 대사의 동상이 바로 왼쪽에 앉아서 기다리고 있다. 몇 걸음 앞에 서산 대사의 유물이 보관되어 있는 성보 박물관이 보인다. 서산 대사 휴정의 유물(보물 1357호)을 전시하기 위하여 1978년에 문을 연 공간이다.

유물관 안에는 서산 대사가 쓰던 염주·신발 등을 비롯하여 승병을 이끌며 사용했던 승군단 표지, 소라나팔, 호패 등이 전시되어 있다. 또 서산 대사에게 내려진 선조의 교지와 친서, 금병풍 등도 감상할 수 있다. 고려 후기 양식의 탑산사 동종(보물 88호)과 조선 시대 양식의 태극무늬 동종 등은 덤이다.

이제 대흥사 답사를 모두 마쳤다고 생각하면서 돌아 나오는데, '꼭 가 보아야 할 곳이 남았어!' 하는 생각이 가슴을 스치고 지나간다. 서산 대사를 찾아 묘향산으로 가야 할 텐데! 어서 통일이 되어야 할 텐데! 1592년에는 일본 침략군들도 돌아다녔던 평안도인데, 나는 왜 못 가나? 두륜산 위에 떠 있는 저 구름은 마음이 움직이면 지금이라도 갈 수 있겠지? 멀리 산 위의 푸른 하늘을 쳐다보는 마음에 잔잔한 바람이 분다.

서산 대사 진영 표충사

광주 도원수 충장 권공 창의비
친일파들에게 좌우로 에워싸인 조선 도원수 권율

광주광역시 남구 구동 22-3 광주 공원에 가면 「都元帥도원수 忠壯충장 權公권공 倡義碑창의비」를 볼 수 있다. 광주향교와 광주 공원 사이의 산책로로 진입한 직후 오른쪽을 돌아보면 27기나 되는 탑들이 도열해 있는 광경이 눈에 들어온다. 본래 시내 곳곳에 흩어져 있던 선정비 종류의 빗돌들을 1957년 공원 입구에 모아 세웠다가 1965년 현재 위치에 옮겼다.

도원수 충장 권공 창의비라면 조선 최고 군사령관인 충장공 권율權慄(1537~1599)이 의병을 일으킨 것을 기리는 빗돌이라는 뜻이다. 도원수가 창의를 했다?

권율은 영의정을 역임한 권철의 아들이지만 46세에야 급제했다. 그러나 권율은 한산 대첩 및 진주 대첩과 더불어 임진왜란 3대 대첩으로 일컬어지는 행주산성 승리를 이끌었고, 4대 대첩으로 이야기되는 이치 대첩13)도 이룸으로써 역사에 우뚝 이름을 새겼다.

---

13) 《선조수정실록》 1592년 7월 1일자 기사에 '왜적들은 조선의 3대 전투를 말할 때稱朝鮮三大戰 이치 전투를 첫째로 쳤다梨峙爲最.'라는 대목이 있다. 1592년 7월 8일 이치 전투에서 대패한 것을 일본군은 그만큼 가슴 아파했다는 이야기이다.

권율 창의비 왼쪽은 '관찰사 윤공 웅렬 선정비'이고 오른쪽은 '관찰사 이공 근호 선정비'이다. 윤웅렬과 이근호는 1910년 조선이 망하도록 하는 데 공을 세웠다는 이유로 일본 정부로부터 남작 작위를 받은 거물 친일파들이다. 권율 창의비 앞에는 두 사람이 '대통령 소속 친일 반민족 행위 진상 규명 위원회'로부터 '친일 인사로 선정'되었다는 내용의 안내판이 세워져 있다.

임진왜란이 일어났을 때 권율은 직책이 없었다. 직전까지 의주 목사였지만 제대로 행정을 살피지 못한다는 유언비어에 휩쓸려 자리에서 쫓겨난 신세였다. 전쟁이 터지자 조정은 권율을 광주 목사에 임명했다. 직책 없던 권율을 광주 목사(정3품) 자리에 앉힌 것은 정읍 현감(종6품)에 불과하던 이순신을 전라 좌수사(정3품)로 파격 승진시킨 것만큼이나 조선의 행운이 되었다.

광주 목사 권율은 1592년 7월 8일 충남 금산군 진산면에서 전북 완주군 운주면으로 넘어가는 이치에서 일본군을 무찔러 대승리를 거두었다. 이 패전으로 일본군은 전라도를 점령하여 군량미를 확보하려던 계획을 포기할 수밖에 없었다. 같은 날 한산도 바다에서는 이순신의 수군이 일본 전함 66척을 부수는 대첩을 이루었다. 그해 10월 10일에는 김시민을 중심으로 한 조선군이 진주에서 일본군을 대파했다. 덕분에 호남 일원은 1592년 당시 일본군으로부터 피해를 입지 않았다. 권율은 이치 대첩의 공로를 인정받아 전라 감사(종2품)가 되었다.

> 장군(전라감사 권율)은 약 4,000명을 거느리고 (1592년) 9월 수원 독성(독산성)에 주둔하였다. 이때에 적들은 평양, 황해도 및 개성을 나누어 점령하였고 후방 부대들은 서울에 모여 있었다. 장군은 위험을 무릅쓰고 서울을 공격하여 적에게 큰 타격을 주고 앞에 나아간 적들의 기세를 꺾기 위해 이듬해(1593년) 2월 2,300명을 거느리고 양천강을 건너 고양의 행주산성에 주둔했다.
>
> 이때는 중국에서 파견된 대장 이여송이 평양에 있는 적을 격파한 뒤이므로 평양, 황해도, 개성 및 함경도에서 후퇴한 적들이 모두 서울에 집결해 그 세력이 강대하였다. 장군은 소수의 군대를 거느리고 서울의 목덜미를 누르고 있었으나 워낙 적은 수였기 때문에 적군은 대수롭지 않게 여기고 이달

> 12일 수 만의 군대를 동원하여 산성을 포위, 공격하였다.
> 　장군은 군중에게 동요하지 말도록 주의시키고 성 안에서 활을 쏘며 돌을 굴려서 기어오르는 적을 격파하였으며 적이 목책에 불을 지르면 물을 쏟아서 이를 방지하였다. 일부의 적이 방위가 약간 허술한 쪽으로 들어오자 장군은 칼을 뽑아 들고 앞장서 치열한 전투를 벌여 아침부터 저녁 때까지 세 차례 격전 끝에 적은 마침내 참패하여 전사자의 시체를 네 곳에 모아 불태우고 달아났다. 이것이 이른바 행주 대첩이다.
> 　그해 6월 장군은 도원수에 임명되었다.

　인용문은 행주산성의 권율 사당 충장사 앞에 1979년 세워진 '행주 대첩비' 내용 중 일부이다. 요약하면 권율은 1592년 7월 8일 이치 대첩 후 1592년 9월 독산성에서 다시 이겼고, 그 이듬해인 1593년 2월 행주 대첩을 이루었다. 행주 대첩 이후 권율은 조선군 최고 사령관인 도원수가 되었다.

　권율은 임진왜란이 일어났을 때는 광주 목사, 그로부터 네 달 뒤에는 전라 감사, 다시 다섯 달 뒤에는 도원수로 일했다. 모두 조선 관군의 주요 장군으로서 왜적과 싸웠다. 그렇다면 광주 공원의 '권율 창의비'는 무엇인가? 광주 목사, 전라 감사, 도원수가 의병장을 맡아 일본군과 싸웠다는 것인가?

권율 초상 이치 대첩지 충장사

권율이 의병을 모으지 않았다면 광주 공원에 「도원수 충장 권공 창의비」가 세워졌을 리 없다. 광주 목사, 전라 감사, 도원수를 연이어 역임한 관군 장수 권율은 언제, 왜 의병을 모았을까?

임진왜란 초기인 1592년 6월말까지 전라도에서는 전투가 벌어지지 않았다. 수군을 이끈 이순신과 경상우도(경상도 중 낙동강 서쪽 일대)를 지킨 곽재우·김면·정인홍 등 의병들의 분투 덕분이었다. 일본군은 이들을 피하느라 전라도 침공을 포기한 채 곧장 한양을 향해 북진했다. 여유가 생긴 전라 감사 이광李洸은 8,000 군사를 이끌고 당당하게 북상했다. 이광은 근왕勤王, 즉 임금을 가까이에서 모시기 위해 출정한다는 거대한 명분을 내걸었다

전라도 군이 공주에 이르렀을 때는 이미 선조가 북쪽으로 피신했고 한양이 적의 수중에 떨어진 뒤였다. 이광은 그냥 군사를 물리고 말았다. 무기력하게 후퇴한 이광을 두고 전라도 민심이 들끓었다. 군사를 8,000이나 데리고 간 감사가 왜적들의 코빼기도 안 보고 돌아왔다는 것이 말이 되느냐는 여론이었다.

이때 선조가 보낸 심대沈岱가 전라 감영에 당도했다. 《선조실록》 1592년 5월 3일자에 따르면 선조는, 이광이 병사들을 이끌고 올라오다가 공주에 이르러 경성이 벌써 함락되고 임금도 서쪽으로 피란을 갔다는 소문을 듣고 철수하여 내려갔다는 소식에 크게 실망해 있었다.

심대가 스스로 남쪽으로 내려가 이광에게 왕명을 전달하겠다고 자청했다. 그 무렵은 남쪽으로 내려가는 길이 끊긴 상황이었다. 평양 행재소行在所(임금의 임시 거처)에서 호남까지 오가는 것은 목숨을 내놓아야 하는 위험천만한 일이었으므로 모두들 두려워했다. 심대는 배를 타고 바다로 전주까지 가서 이광에게 왕명을 전하는 용기를 발휘했다. 심대에게 심한 질타를 들은 이광은 다시 출병하겠노라 맹세했고, 심대는 평양에 있는 선조에게 돌아와 복명復命(결과 보고)했다.14)

다시 군사 2만을 모은 이광은 광주 목사 권율 등을 대동하여 5월 2일 북진했다. 충청 감사 윤선각의 8,000과 경상 감사 김수金睟의 몇 백 군사들도 온양으로 집결했다. 이광의 지시에 따라 충청도 군사는 수원으로, 전라도 군사는 수원 동쪽 용인으로 올라갔다. 전라도 방어사 곽영郭嶸의 조방장 백광언白光彦이 반대했다.
　"아군이 비록 숫자는 많으나 오합지졸입니다. 이렇게 한데 모아 놓으면 크게 패할 수도 있습니다. 각 고을의 수령들로 하여금 자신의 군사를 거느리게 하여 10여 곳에 분산 주둔했다가 전투가 벌어졌을 때 서로 돕게 하면 대첩은 못할지언정 대패 또한 당하지 않을 것입니다."
　이광은 백광언의 건의를 묵살했다. 《선조실록》 1592년 6월 21일자를 쓴 사관은 '이광, 윤선각, 김수의 3만여 군사는 숫자로는 비록 대군이었지만 앞뒤 줄도 제대로 맞추지 못하는首尾不相應 오합지졸'이라고 썼다. 그래도 숫자의 위력은 잠시나마 대단했다. 용인 언저리 북두문산과 문소산에 600명을 이끌고 주둔하고 있던 일본 장수 협판좌병위脇坂左兵衛(와키자카 사헤이)는 조선군 대군이 밀려오자 겁을 먹고 서울로 후퇴할 준비에 들어갔다. 물론 무엇보다도 먼저 구원병 요청도 해두었다.

---

14) **심대**(1546~1592) : 본관은 청송. 1572년(선조 5)에 급제하여 1584년 사헌부 지평에 이르렀다. 이때 동서의 붕당이 생기려 하던 시점이었는데, 그는 언관으로서 붕당의 폐단을 논하였다. 임진왜란 때 근왕병 모집에 특별히 노력하여 선조의 큰 신임을 받았다. 우·좌 부승지를 지내며 선조를 평양에서 의주로 호종했다. 같은 해 9월 경기도 관찰사가 되어 서울 수복 작전을 계획, 삭녕에서 때를 기다리던 중 왜군의 야습을 받아 전사했다.
　왜군은 그의 수급을 서울 거리에 전시했는데 60일이 지나도 산 사람의 모습 그대로였다고 전해진다. 시호는 충장忠壯이며, 공신으로 책봉된 교서(1607년)는 보물 1175호로 지정되어 있다. 경기도 용인시 처인구 남사면 완장리 361-2에 있는 그의 묘소 또한 경기도 기념물 3호로 지정된 문화재이다.

6월 4일, 소수의 적군이 북두문산에 주둔하고 있는 광경을 본 이광은 곽영에게 즉각 공격하라고 명했다. 권율이 말렸다.
 "적들이 이미 험한 곳에 자리를 잡고 있어서 함부로 공격하기에는 우리가 불리합니다. 대군을 이끌고 온 공의 일거수일투족은 나라의 흥망과 직결되는 일인즉 부디 조심하시고 만약의 경우를 모두 대비하셔야 마땅합니다. 만약 소수의 적과 싸우다가 조금이라도 권위를 잃게 되면 나라의 큰일을 저버리게 될 것입니다. 지금 눈앞에 보이는 적들은 그냥 두고 한강을 건너 임진강을 막으시면서 행재소의 지시를 기다리는 것이 큰 전략이라 생각됩니다."
 이광의 지시로 정찰을 다녀온 선봉장 백광언도 '언덕과 숲이 서로 뒤섞여 있고 길 또한 매우 좁아 우리 군사들이 모두 나아가기에는 적절하지 않습니다.' 하고 보고했다. 이광은 이번에도 받아들이지 않았다. 뿐만 아니라 화까지 내며 전군 진격을 명령했다.
 다음날인 6월 5일 아침 6시경, 이광은 용인 현청 북쪽 문소산에 진을 치고 있는 적군을 공격하기로 했다. 권율은 여전히 '중앙군이 갈 때까지 기다렸다가 싸우라 하십시오. 이지시의 군대만으로 외롭게 전투를 하는 것은 옳지 않습니다.' 하고 즉각 공격하는 것에 반대했다. 이광은 듣지 않고 이지시에게 급히 진격하라고 명했다.
 이지시가 공격을 했지만 적은 방어만 할 뿐 밖으로 나오지 않았다. 그들은 맞붙으면 불리하다고 판단, 구원군만 기다리고 있었다. 10시 무렵, 서울에서 협판안치脇坂安治(와키자카 야스히루)의 1,000여 명이 당도했다. 기세가 오른 적병들은 오만 색깔의 깃발을 높이 치켜들고, 북을 치고 나발을 불면서 갑자기 아군 진지로 돌격했다.
 무심히 앉아있던 아군은 적의 요란한 기습에 놀라 사기가 뚝 떨어졌다. 줄도 제대로 맞추지 않은 채 어수선하게 모여 있던 군사들이 서로 먼저 도망치려고 이리 뛰고 저리 뛰는 바람에 아군 진영은 순식간에 아수라장으로 변했다. 백광언과 이지시가 고함을 지르며 막았지만 군졸의 숫자가 많은 탓에 통제가 되지 않았다. 그 와

중에 백광언, 이지시, 고부 군수 이광인李光仁, 함열 현감 정연鄭淵 등이 모두 조총에 맞아 전사했다.

1,600여 적병의 단 한 번 공격에 어이없이 괴멸을 당한 이광의 전라도 군은 겨우 도망쳐 오후 4시경 충청도 군사들이 머물고 있는 광교산(수원과 용인 경계) 아래로 갔다. 혹 야밤 기습이 있을까 불안에 떨며 잠을 설친 아군은 다음날인 6월 6일 아침 조금 안심을 한 상태에서 밥을 먹기 시작했다. 그 찰나, 적이 또 기습을 했다. 충청군이 합세했지만 여전히 이곳의 주력군이었던 이광의 전라군은 혼비백산이 되었다.

전의를 잃은 아군 군사들 눈에는 얼굴에 황금빛 가면을 쓰고, 등에 백색교룡기白色蛟龍旗(흰 용이 그려진 깃발)를 짊어진 채 백마 위에서 장검을 휘두르는 적군 선봉군들이 그저 저승사자로만 보였다. 충청 병사 신익申翌이 먼저 도망가자 아군은 저절로 무너졌다. 《선조수정실록》 1592년 6월 1일자는 이 광경을 두고 '마치 산이 무너지고 강이 터지는 듯하였다勢如山崩河決.'라고 한탄했다.

3만 아군이 1,600 적에게 참패를 당한 광교산.
보물 9호 현오국사탑비의 비각 지붕이 보인다.

이광 연합 대군의 용인 참패를 두고 이이화는 《조선과 일본의 7년전쟁》에서 '3만여 대 1,600여 명의 대결이 이렇게 허망하게 끝났다. 이들은 전라도, 충청도에서 마지막으로 모아온 군사였다. 이광은 일부 패잔병을 이끌고 맥없이 전주로 내려가고, 윤선각은 변변한 싸움 한번 못 해본 채 공주로 내려갔으며, 김수는 경상도 쪽으로 숨어들었다. 평양 행재소에서 이 패전 소식을 들은 선조는 더욱 초조해하며 평양을 버리고 의주로 갈 결심을 굳혔다. 이순신이 당항포에서 승리를 장식하고 있을 무렵이었다.'라고 평가했다.

《임진 전란사》를 쓴 이경석도 이 황당한 참패에 대해 '행재소에서는 이 싸움이 있은 지 5일 만인 6월 11일 평양을 버리고 의주로 떠나게 되었으니, 비록 해상海上에서는 당항포(6월 5일), 율포(6월 7일)의 승전이 있었고, 육상陸上에서는 (경북 고령) 무계의 (6월 6일) 개선이 있었다 할지라도 이 일전一戰(용인 참패)의 패주로 5만 군사가 다시 땅속으로 숨어들게 된 것은 매우 절통切痛한 일이 아닐 수 없다.'라고 참담해 했다.

선조는 그로부터 얼마 뒤 이광을 파직하였다가 다시 귀양을 보냈고, 윤선각도 충청 감사 자리에서 끌어내렸다. 이광의 자리는 권율이 맡았고, 충청 감사에는 윤선각 대신 공주 목사 허욱許頊이 등용됐다.

권율은 남원 일대를 다니면서 의병을 모집했다. 비록 오합지졸이기는 했지만 광교산 전투 당시까지만 해도 군대가 있었는데, 거기서 죽고 다치고 하면서 완전히 해산되어 버렸다. 적은 이제 전라도 점령을 위해 금산을 거쳐 전주로 진격할 낌새였다.

적에게 군량미의 보물 창고 호남을 그냥 내줄 수는 없는 일이다. 권율은 적을 막아야 했다. 그러나 군사가 없었다. 의병을 모았다. 권율은 직책상으로는 관군의 고위 장군이지만 실제로는 의병장인 셈이었다.

권율은 김제 군수 정담, 해남 현감 변응정, 나주 판관 이복남,

의병장 황박, 종사관 이봉, 비장 강운, 비장 박형길 등에게 군사 1,000명을 주어 웅치를 지키도록 했다. 자신은 동복(화순) 현감 황진 등 1,500여 장졸들과 함께 이치에 진을 쳤다.

일본군은 6,000명이 웅치로, 1만 명이 이치로 진격해왔다. 권율이 이치에서 왜적과 싸울 때 좌우에는 우리 의병과 관군 병사들이 함께 피를 흘렸다.

오늘날 광주 공원 '도원수 충장 권공 창의비'에 가면 친일파의 선정비가 장군을 좌우에서 에워싸고 있다. 권율 창의비 왼쪽은 '관찰사 윤공 웅렬 선정비'이고 오른쪽은 '관찰사 이공 근호 선정비'이다. 윤웅렬과 이근호는 1910년 조선이 망하도록 하는 데 공을 세웠다는 이유로 일본 정부로부터 남작 작위를 받은 거물 친일파들이다.

권율 창의비 앞에는 두 사람이 '대통령 소속 친일 반민족 행위 진상 규명 위원회(2005.5.31.~2009.11.30.까지 활동)'로부터 '친일 인사로 선정'되었다는 내용의 안내판이 세워져 있기는 하다. '철거나 단죄비 설치 등 방안을 논의 중에 있으므로 본 안내문을 존치할 예정'이라면서 '이들의 친일 행적은 QR 코드를 참조 바랍니다.'라는 보충 설명도 붙어 있다.

하지만 친일파로 선정된 지 이미 10년 안팎이나 되는 자들의 선정비 처리 문제가 아직가지 논의를 거듭해야 할 일인가 싶어 그저 가슴이 답답하다. 권율 장군께서 지금 이 자리에 나타나신다면 틀림없이 '그게 그리 어렵다면 내 창의비를 철거해버려라! 어찌 친일파 선정비 속에 내가 묻혀 지내겠느냐!' 하고 크게 호통을 치실 것이다.

이치 고개 「무민공 황진 장군 이현 대첩비」, 「황진 장군 이현 대첩비 건립기」 비, 「임란 순국 무명 사백 의병 비」, 「이치 대첩지」 표지석 등이 세워져 있는 전라북도 완주군 운주면 산북리 산15-3 일원의 가장 높은 지점 이치 고개는 대둔산을 배경으로 한 장쾌한 풍경을 보여준다. 여기서부터 산 아래까지 일대가 1592년 7월 8일 전라 감사 권율, 동복 현감 황진 등 조선 군사 1,500여 명이 1만 일본군을 제압했던 역사의 현장이다. 이곳 고개 정상부는 충청남도 금산군 진산면 묵산리 450-2 일원과 맞닿아 있다. 찾아갈 때는 충청도 주소를 활용하는 것이 낫다는 뜻이다.

전북 완주 황진 장군 이현 대첩비
일본 가서 칼 두 자루를 사가지고 귀국한 장군

　웅치와 이치의 전투 내용은 1592년 7월 1일자 《선조수정실록》에 실려 있다. 기사는 '전라 절제사 권율이 군사를 보내어 왜적을 웅치에서 물리쳤는데 김제 군수 정담이 전사하였다. 왜병이 또 이치를 침범하니倭兵又犯梨峙 동복(화순) 현감 황진이 물리쳤다同福縣監黃進敗之.'라고 시작된다. 웅치와 이치 전투의 총 지휘자는 권율이고, 이치 전투의 최고 수훈자는 황진이라는 뜻이다.

　기사는 '권율이 황진을 독려하여 동복현 군사를 거느리고 편장 위대기, 공시억 등과 함께 이치에 주둔해 크게 싸웠다. 적이 절벽을 기어오르자 황진이 나무에 몸을 의지한 채 총탄을 피하며 활을 쏘았는데 백발백중이었다. 종일 교전한 끝에 적을 대파했다. 시체가 쌓이고 피가 흘러 풀과 나무에서도 피비린내가 났다.'로 이어진다. 이치 전투가 얼마나 대단한 혈전이었는가와, 권율 통솔 하에 황진이 보여준 용맹을 증언하는 내용이다.

　기사에는 '전투 중 황진이 탄환에 맞아 군사들의 사기가 저하되었을 때 권율이 장졸들을 잘 독려했기 때문에 이길 수 있었다.'라는 부분도 있다. 근본적으로는 권율의 출중한 지휘 능력을 칭찬하는 대목이고, 부수적으로는 본인의 부상 여부가 군사들의 사기를 결정할 만큼 황진은 장졸들로부터 높은 신망을 얻고 있었다는 맥락의 글이다.

황진이 민심과 군심을 좌우했다는 기록은 1593년(선조 26) 7월 16일자 《선조실록》에도 나온다. '6월 29일 함락된 진주성 싸움의 자세한 경과'라는 제목의 이 기사 중 6월 28일 부분은 '적이 성 밑까지 바싹 다가왔다. 성 안 사람들이 모두 죽을 각오를 다해 힘껏 대항하였으므로 적은 매우 많이 죽었다. 그 중 적추賊酋(적의 장수) 하나가 탄환에 맞아 죽자 여러 적군 병사들이 그 시체를 끌고 물러갔다.'로 시작된다.

하지만 안타깝게도 황진의 전사 장면이 뒤를 잇는다. 성 안을 굽어보던 황진이 '오늘 싸움에서 적은 1,000여 명 이상 죽었을 것이다.' 하고 말할 때, 성벽 아래에 잠복해 있던 적이 위로 철환鐵丸(총알)을 쏘았다. 철환이 나무판에 비껴 맞고 튕겨 나와 황진의 왼쪽 이마에 적중했다. '성내 모든 사람들이 황진과 장윤張潤을 장수들의 으뜸으로 여기고 의지해 왔기 때문에 황진이 죽자 온 성안이 흉흉해지고 두려워했다城中洶懼.' 이치 전투에서와 마찬가지로 2차 진주성 싸움에서도 황진은 한결같이 장졸들과 일반 백성들의 진심어린 지지를 얻고 있었던 것이다.

「진주성 임진 대첩 계사 순의 단」: 경남 진주성 성내에 있다. 1592년(임진) 10월 5일 1차 진주성 싸움의 대첩과 1593년(계사) 6월 22일 2차 진주성 싸움의 패전 과정에서 '목숨을 바쳐(순의) 나라를 지킨 호국 영령들을 기리고, 그들의 역사 정신을 가슴 깊이 이어받고자 이 단을 세운다.'라는 글이 새겨져 있다.

《선조수정실록》 1592년 7월 1일자를 계속 읽는다. 기사 뒷부분에 나오는 문장의 의미가 심장하다. '왜적들은 조선의 3대 전투를 일컬을 때倭中稱朝鮮三大戰 이치 전투를 첫째로 쳤다而梨峙爲最.'라는 내용이 호기심을 자극한다.

이 기사가 기재된 날짜가 7월 1일이라는 점을 감안하여 임진왜란 발발 첫날부터 이치 전투 대첩일 사이에 조선이 일본군을 제압한 승전 사례들을 찾아본다. 국사편찬위원회의 《신편 한국사》에 따르면, 5월 7일 옥포 해전 및 합포 해전, 5월 8일 적진포 해전, 5월 18일 해유령 전투, 5월 22일 여강 전투, 5월 29일 사천 해전, 6월 2일 당포 해전, 6월 5일 당항포 해전, 6월 6일 무계 전투, 6월 7일 율포 해전, 6월 15일 예천 전투, 6월 25일 운암 전투, 6월 말 마진 전투, 그리고 이치 대첩이 그들이다.

왜적들의 평가는 이 전투들 중 이치 대첩이 조선군 최고의 승전이라는 뜻일까? 한산 대첩, 진주 대첩, 행주 대첩과 견줘서가 아니라 첫 수군 승첩인 옥포 해전, 첫 육전 승첩인 해유령 전투, 일본군의 낙동강 수로 이용을 막아낸 무계 전투 등보다 이치 전투가 임진왜란의 흐름을 바꾸는 데 더 크게 기여했다는 것일까?

그렇지는 않은 듯하다. 《선조'수정'실록》 작성이 1643년(인조 21)에 시작되어 1657년(효종 8)에 완료되었다는 데 주목할 필요가 있다. 수정실록은 임진왜란이 끝나고 50년 이상이나 지난 후에 쓰였다. 즉 수정실록 1592년 7월 1일 기사의 내용은 일본군들이 그 날짜 이전의 전투 중 이치 승전을 최고의 대첩으로 평가했다는 증거가 되지 못한다.

문화재청 누리집에도 '(이치 대첩은) 이순신의 한산도 대첩, 권율의 행주 대첩과 함께 임진왜란의 3대 대첩으로 손꼽히고 있다.'라고 규정되어 있다. 앞에서 '왜적들은 조선의 3대 전투를 일컬을 때 이치 전투를 첫째로 쳤다.'라는 문장을 두고 의미심장하다고 한 것은 그 때문이다.

《선조수정실록》과 문화재청 누리집은 우리가 흔히 아는 대로 한산 대첩, 행주 대첩, 진주 대첩이 아니라 이치 대첩, 한산 대첩, 행주 대첩을 임진왜란 3대 대첩이라고 말하고 있다. 수정실록이 임진왜란 종전 이후 50년 이상 뒤에 쓰였으므로 사관이 1차 진주성 전투에서 아군이 대승을 거두었다는 사실을 몰랐을 리는 없다.

실록에는 '이복남과 황진이 이 (웅치와 이치) 전투로 유명해졌다李福男黃進由此著名.'라는 표현도 나온다. 실제로 나주 판관에 지나지 않던 이복남은 웅치 전투 후 전라 방어사, 충청 조방장, 남원 부사, 나주 목사, 전라도 병사 등의 요직을 역임한 뒤 1597년 정유재란 때 남원성에서 왜군과 싸우다가 장렬히 전사했다. 황진도 '이치 전투에서 승리하니 체찰사 정철이 불러 익산 군수 겸 충청 조방장을 시켰고(《연려실기술》)', 그 후 충청 병사로 있을 때 멀리 2차 진주성 싸움에까지 참전했다가 마침내 순절했다.

《연려실기술》은 황진을 두고 '황희의 5대손'으로 '7세에 무과에 급제하여 벼슬이 충청 병사에까지 올랐다.'면서 '인격이 엄격하고 진중하여 기개와 절개를 숭상했다. 키가 크고 수염이 아름다웠으며 힘이 남보다 세고 빠른 동작이 나는 듯하였다.'라고 소개한다.

또 충청 병사 때 진주성이 위급하다는 말을 듣고 당장 달려가려 하자 곽재우가 '진주는 고립된 성이라 지켜낼 수도 없지만, 충청도 절도사인 공께서 진주를 지키다가 죽는 것은 맡은 바 직분도 아니오.' 하고 말렸지만, 그가 '이미 가겠다고 창의사 김천일金千鎰과 약속하였으니 비록 죽는 한이 있더라도 식언하지는 못하오.' 하며 홍의장군과 서로 술을 권하며 이별하였다는 일화도 전해준다.

이치 고개 정상에 오르니 '대둔산 숲속 웰빙 휴게소'라는 긴 이름을 가진 건물이 넓은 뜰을 뽐내며 나그네를 맞이한다. 이 휴게소 마당 대부분의 주소는 충청남도 금산군 진산면 묵산리 450-2이다. 「무민공 황진 장군 이현 대첩비」, 「무민공 황진 장군 이현 대첩비 건립기」 빗돌, 「이치 전적지」 표지석, 「임란 순국 무명 사백 의병 비」, 「이치 전적지」 안내판 등은 모두 이 마당의 끝자락에 실낱같이 걸쳐진 전라북도 땅에 세워져 있다. 전라북도 완주군 운주면 산북리 산15-3에 세워져 있는 이 비석들 곁에 서면 대둔산 878.9m 우람한 암석 정상부가 눈앞에 장엄하게 펼쳐진다.

　이 마당의 많은 조형물들 중 가장 오른쪽에 있는 것이 「이치 전적지」 표지석이다. 비문은 표지석 아래의 받침돌에 새겨져 있다. 비문은 '1993년 12월 전라북도 향토문화연구회장 이강오 찬撰(글을 지음) 완주 군수 이동구 서書(글씨를 씀)'로 끝난다. 표지석이 전라북도 땅에 서 있다는 사실이 실감난다.

> 　여기 이치는 선조 25년 임진왜란 때 수전의 한산섬, 육전의 이치, 행주를 지칭하는 3대첩의 하나인 전적지이다. 이때 왜군들의 분지分地(조선을 나누어서 점령) 책임에 전라 감사를 맡은 왜장 소조천융경은 금산성을 점거하고 호남의 수도인 전주성 침입을 도모하여 그의 부장 안국사혜경으로 하여금 웅치를 공략케 하였으나 안덕원에서 패퇴하고 자신은 정병 1,000여를 거느리고 이치를 공격하였으나 전라도 도절제사 권율이 치밀한 방어진 구축과 주장 황진, 비장 위대기魏大器, 공시억孔時億 등이 이끄는 호남 의병 1,500여 명의 장렬한 결투로써 적을 완전히 궤멸하는 대첩을 이루었다. 이 대첩으로 적에게 호남 침입을 단념케 하여 군량 조달의 곡창이 보전되고, 사기백배한 호남 의병이 행주, 수원 등 왜군을 강타하여 임란을 전승으로 이끄는 원동력이 되었다.

　표지석 왼쪽에 「이치 전적지」 안내판이 있다. 공식 안내판인 만큼 제목(이치 전적지), 문화재의 등급(전라북도 기념물 26호), 주소(전라북도 완주군 운주면 산북리), 본문의 순서를 지켜 쓰인 안내문이 나그네에게 제공된다.

> 이곳은 1592년(선조 25) 임진왜란 때 전라도 절제사 권율의 독전 하에 동북 현감 황진 장군 등이 왜적을 격파한 전적지이다. 왜장 소조천융경은 금산에서 웅치 방어선을 뚫고 호남의 수도 전주를 침공하려 했다. 이 소식을 들은 황진 장군은 남원진에서 급히 철수해와 안덕원까지 침입한 적을 물리치고, 바로 이치로 달려가 휘하의 비장 공시억, 위대기, 의병장 황박 등과 함께 사력을 다해 싸우다가 한때 부상도 입었으나, 마침내 적을 대파하니 적의 시체가 수십 리에 즐비하였으며 아군의 피해는 적었다. 이에 왜적은 전주 침공의 야욕을 버렸으니 이 대첩을 임진왜란 3대첩(이치, 한산, 행주)의 첫째로 손꼽기도 한다.

안내판의 내용은 문화재청 누리집에 실려 있는 「이치 전적지」의 것과 대동소이하다. 문화재청 누리집의 글을 읽어본다.

> 이치는 완주와 금산의 경계를 이루는 고개로, 선조 25년(1592) 임진왜란 때 광주 목사 권율과 동복 현감 황진이 관군 1,500명과 함께 적장 소조천융경이 이끄는 부대를 격퇴함으로써 임진왜란의 첫 승리를 장식한 전적지이다. 이치 전투는 이순신의 한산도 대첩, 권율의 행주 대첩과 함께 임진왜란의 3대 대첩으로 손꼽히고 있다.
> 이른 아침부터 시작되어 해질 무렵까지 계속된 치열한 전투에서 우리보

'이치전 유허지' 비와 「이치 대첩 유허비」

> 다 우세한 적을 대항하여 승리로 이끌 수 있었던 것은 장수들의 성실한 진두 지휘와 향토병들의 불굴의 투지, 험한 지세를 이용한 철저한 대비, 차질 없이 진행된 군수품 보급에 있었다. 이치 전투는 거의 같은 시기에 벌어진 웅치 전투와 더불어 왜적의 기세를 꺾어 전라도 땅을 침범하지 못하게 함으로써, 정유재란(1597) 때까지 7년 동안 군량 보급과 병력 보충에 지대한 공헌을 했다.

안내판 왼쪽에 「임란 순국 무명 사백 의병비」가 세워져 있다. 황진만이 아니라 이름 없는 병사들까지 잊지 않고 이렇게 기리는 것은 당연한 일이다. 부산 충렬사, 울산 충의사, 금산 종용사, 합천 창의사, 의령 충익사 등 전국 주요 임진왜란 사당들이 한결같이 무명 의사들의 위패를 공손히 모시고 있는 것도 다 그 때문이다.

경내에서 가장 큰 조형물은 「무민공 황진 장군 이현 대첩비」이다. 이 대첩비에 대해서는 그 옆에 세워져 있는 「무민공 황진 장군 이현 대첩비 건립기」 빗돌이 친절하게 설명해 준다.

경남 진주성 안 '김시민 장군 전공비(유형문화재 1호)'와 나란히 서 있는 '촉석 정충단 비(유형문화재 2호)'의 모습. 비각 옆 안내판에는 '1593년 6월 19일-29일 사이에 있었던 제2차 진주성 싸움에서 장렬하게 순국한 (중략) 김천일, 황진, 최경회 및 군·관·민들의 영령을 제사하기 위해 세운 정충단旌忠壇의 비석'이라고 소개되어 있다.

빗돌은 '이 (대첩)비는 황진 장군께서 순국하신 지 400주년이 되는 1993년 8월, 전북향토문화연구회 이강오 회장과 전라일보 이치백 사장의 발의로 장군의 위업을 기리기 위하여 이현 전승지에 대첩비 건립을 추진하기로' 뜻을 모은 데서 건립의 첫 삽을 떴다고 말한다.

그 이후 '무민공 황진 장군 이현 대첩비 건립 추진 위원회'가 구성되었고, '정부와 전라북도, 완주군의 지원과 함께 연차적으로 추진하면서 6년여 기간 동안 많은 노력을 기울여 1999년 5월 25일 대첩비 건립을 완성하여 준공'을 보았다. 부지 확장은 금산군 의회 유승열 의원의 임야 희사로 가능했고, 전북향토문화연구회 8대 양

무민공 황진 장군 이현 대첩비

만정 회장과 전북대학교 장명수 총장이 많은 활동을 했다. 건립기 빗돌은 사단법인 전라북도향토문화연구회 이치백 회장 명의로 세워졌다.

여러 분들의 노고에 감사하며, 이런 분들이 계시기에 우리의 역사가 흐트러지지 않고 온전히 이어질 수 있다는 사실을 새삼 깨닫는다. 일면 어수선하지만 그래도 좋은 사람들이 많은 나라, '나라다운 나라'가 되어가고 있는 나라, 우리의 조국 대한민국이다.

그 정점은 통일이다. 통신사로 현해탄을 건너갔다가 풍신수길의 전쟁 도발을 예감하고 일본칼 두 자루를 사서 귀국하면서 '내가 이 칼로 왜적들을 모두 죽이리라.' 하셨던 황진 장군이시다. 문득 대둔산 높은 암벽 정상 위 푸른 하늘에 장군의 말씀이 떠도는 듯하다. 만약 장군께서 오늘의 분단 시대를 보신다면 그냥 넘어가지 않으시리라.

"내가 이 칼로 통일을 방해하는 세력을 모두 처단하리라!"

웅치 전적비
완주군 소양면 신촌리 산18-1에 있지만 그 주소는 마을 뒤쪽 만덕산(763m) 북서 비탈 전체를 가리키므로 찾기가 어렵다. 완주군 신촌리 산24와 진안군 부귀면 신정리 914-2의 중간 지점 고개 정상부에 있는 전적비에 누군가가 노란 리본을 달아 놓은 모습.

전북 완주 **웅치 전적비**
노란 리본, 400년도 더 지났지만 계속 달아야 한다

　임진왜란 초, 일본군은 전라도로 들어가려 했다. 넓은 평야의 곡창 지대를 차지함으로써 군량미 걱정을 해소하겠다는 계획이었다. 그러나 바다에서는 이순신을 중심으로 한 수군, 육지에서는 곽재우 등 의병들의 분전과 진주성 패전으로 뜻을 이룰 수 없었다.
　일본군 7군사령관 소조천융경小早川隆景(고바야카와 다카카게)은 당시 한성(서울)에 있던 안국사혜경安國寺惠瓊(안코쿠지 에케이)을 남쪽으로 내려 보내어 재차 전라도 점령을 시도했다. 안국사혜경은 먼저 남원을 점령한 다음 전주로 올라가려 했다. 그래서 창원에 주둔 중이던 별군을 북상시켰지만 의령에서 곽재우 군에게 막혔다.
　진로를 바꾼 안국사혜경의 별군은 군대를 나누어 1군은 성주로 진격했다가, 이어서 지례와 거창을 쳤다. 2군은 황간과 순양(영동군 양산면)을 거쳐 무주로 침입했다. 이들은 모두 금산으로 몰려들었고, 청주를 거쳐 남하한 안국사혜경도 금산으로 왔다.
　6월 22일 안국사혜경의 대군을 맞이한 금산 군수 권종權悰은 이틀에 걸쳐 혈전을 벌였지만 끝내 아들 준晙과 함께 순절했다. 이제 금산은 적의 출발지가 되었고, 목적지는 여전히 전주였다. 안국사혜경은 군대를 다시 둘로 나누어 1군은 용담과 진안을 거쳐 웅치를 넘어 전주로, 2군은 진산을 친 다음 이치를 넘어 전주로 진입할 작전을 짰다.

권종, 이극경, 권준 권종權悰(?~ 1592)은 임진왜란이 일어난 1592년 3월 금산 군수로 부임하였다. 당시 광주 목사는 그의 사촌동생인 권율이었다. 권종은 권율과 수시로 연락을 하면서 국난에 대처할 것을 다짐했다.

일본군이 한성에서 남하하여 전라도로 진격하고 있다는 속보를 들은 권종은 군사를 이끌고 전주에 갔다. 그런데 관찰사는 그가 고령에 무장 경험이 없다는 이유로 군사를 빼앗고, 군량 관리의 임무를 맡겼다. 이때 일본군이 옥천을 점령했다는 소식이 들려오자 조선군은 저절로 무너졌다.

곡식을 나르던 권종은 '왜적이 본도本道(전라도)를 침범하려고 하는데 감사와 장수들이 모두 도망가 여러 고을이 텅 비어 사람이 없다. 나는 공무로 여기(전주)에 있으므로 본군本郡(금산군)이 왜적에게 함락되더라도 할 말이 있다. 그러나 의리상 본군을 버리고 존망存亡(살고죽음)을 같이하지 않을 수 없으니, 나에게는 죽음만 있을 뿐이다.(《국조인물고》)'라고 결의를 나타낸 후 금산으로 돌아와 황급히 군사를 모집했다. 모인 군사들은 200명도 채 되지 않았고, 그나마 병약하고 나약한 사람들뿐이었다.

6월 22일 일본군이 금산으로 쳐들어왔다. 권종은 약간의 역졸을 거느리고 있던 제원 찰방濟源察訪 이극경李克絅과 합세하여 적과 싸웠다. 하루 종일 혈전을 벌였지만 워낙 중과부적 상태였으므로 불가항력이었다. 이튿날 권종은 아들 준晙과 함께 순국하였다.

권종은 사후 이조 판서에 추증되었고, 1832년 '충민忠愍'이라는 시호諡號를 받았다. 시호는 국왕이 업적이나 학문 등을 참작하여 죽은 이에게 내리는 칭호로, 서경署經(신하들의 의견을 구함)을 거쳐 결정된다.

1592년 7월 8일과 9일, 이틀 동안 '임진 전란사에 손꼽히는 대혈전'이 웅치에서 벌어졌다. '임진 전란사에 손꼽히는 대혈전'은 웅치 정상에 세워져 있는 「웅치 전적비」 비문의 표현이다. 하지만 이는 1969년에 이 전적비를 건립한 전라북도 측의 '팔은 안으로 굽는다'식 과장일지도 모른다. 웅치 전투에 대한 객관적 평가를 알아보기 위해 믿을 만한 여러 자료들을 읽어본다.

 이경석은 《임진 전란사》에서 '이 (웅치) 전투는 이치와 같이 완전히 적을 물리치지는 못하였다고 볼 수 있으나, 뒤에 일본군이 전주성을 역공力攻(힘껏 공격)하여 함성陷城(성을 함락)할 생각을 버리게 된 것은 이 일전一戰(한 번의 큰 전투)에서 조선군의 저항력이 얼마나 강하였고, 사수死守(죽음으로써 지킴) 관념이 얼마나 굳었던가 하는 것을 여실히 보았기 때문에 (전주) 읍성 공위攻圍(포위하여 공격)를 주저한 것으로 판단'된다면서, '이 일전의 공이 얼마나 컸던가를 시인하지 않을 수 없다.'라고 말한다.

 한국학중앙연구원의 《한국 향토문화 전자대전》도 '웅치에서 안덕원까지 이어진 일련의 전투는 후일에 벌어진 이치 전투와 함께 임진왜란 초기 호남 방어에 결정적인 분수령이 되었다. 웅치 전투를 통해 조선의 관군과 의병은 시간적 여유를 갖고 전열을 가다듬어 왜군의 호남 점령 시도를 무산시켰다. 호남 지역의 곡창을 보존함으로써 조선은 임진왜란을 극복할 수 있는 인적·물적 기반을 유지할 수 있게 되었다.'라고 평가한다.

 국사편찬위원회의 《신편 한국사》도 '웅치, 이치, 금산에서의 전투에 의하여 일본군은 열기가 꺾여 전라도 침입을 단념하게 되었고, 전라도는 전화를 면하게 되었다.'면서 '(1592) 8, 9월 중에 전개된 공방전에서 가장 큰 성과는 전라도에 쳐들어 온 일본군을 격퇴하여 곡창 호남 지방을 지킨 일이었다. 이치 전투와 거의 동시에 진안의 웅치에서는 김제 군수 정담, 의병장 황박 등이 합세하여 사력을 다해 전투를 하였다.'라고 평한다.

임진왜란 전사에서 빼놓을 수 없는 의미를 지닌 웅치 전투의 전적지, 국사에 관심과 애정을 가진 사람이라면 한 번은 꼭 찾아볼 곳이다. 웅치가 전라북도 진안군 부귀면과 완주군 소양면을 잇는 고개라는 배경지식만 믿고 길을 나선다. 잘 닦여진 대도로를 따라 오르막 정점에 오른다. 소태정 휴게소가 있고, '더 밝은 미소로 다시 만나요! 진안'과 '홍삼 한방의 고장, 진안'을 앞뒤로 커다랗게 써 붙인 대형 아치가 나그네를 맞이한다. 아치 아래 좌우에는 '진안군 부귀면'과 '완주군 소양면' 표지판이 각각 설치되어 있다. 웅치 전적비는 없다.

결론부터 말하면 이곳은 웅치가 아니다. 진안군 부귀면과 완주군 소양면의 경계 지점인 것은 사실이지만 웅치, 즉 임진왜란 당시

우리 군사와 일본군이 격전을 벌인 현장은 아니다. 아득한 옛날부터 오늘날에 이르기까지 걸어서 넘은 이가 단 한 명도 없는 곳이니 고개도 아니다. 당연히 '○○재'식의 고개 이름도 없고, 그저 '전진로'의 일부일 따름이다. 이 대도로는 1997년에 개통되었다. 전진로가 개통되기 이전까지는 이곳에서 1km 가량 서쪽에 있는 모래재가 산맥을 넘나드는 통로였다.

웅치 전적비 아래를 터널로 뚫고 지나가는 익산포항고속도로 만덕교가 완주군 소양면 신촌리 월상마을과 만덕산 사이에 건설되고 있다. 임란 당시 일본군들이 밟고 지나갔던 비포장길을 따라 올라가노라면 터널 입구 인근에 닿았을 때 만덕교와 조선 시대 옛길이 겹치는 구간을 만날 수 있다. 사진을 찍은 지점에서 웅치 전적비까지는 약 4km 거리로, 차량 통행이 거의 없기 때문에 산길을 걷는 여유를 완벽하게 만끽할 수 있다.

소태정 휴게소를 넘는 전진로와 모래재 휴게소를 넘는 모래재길이 얼마나 가까운 이웃사촌인가는 그 두 길이 모두 부귀면 신정리와 소양면 신촌리를 이어주는 연결로라는 사실이 증명해준다. 하지만 모래재길도 1972년에 개통된 터널까지 거느린 신작로일 뿐 전통적 의미의 고개는 아니다. 일본군들이 전주성으로 진격하기 위해 터널 안을 통과하는 광경은 결코 가능한 상상이 못 된다.

진안군 부귀면 신정리 914-2에서 만덕산을 바라보고 섰을 때, 왼쪽길(곰티로)로 가면 웅치 전적비에 닿고 오른쪽길(모래재길)로 가면 모래재 휴게소에 닿는다. 곰티로를 달리면 산 바로 아래에 있는 신정 저수지를 보게 된다. 산들이 그림자를 물속에 깨끗하게 드리우고 있는 풍경이 정말 일품이다. 사진에서는 정면이 만덕산 정상이고, 웅치 전적비로 가는 곰티로는 저수지 오른쪽으로 이어진다.

검색으로 웅치 전적비를 찾는 것은 거의 불가능하다. 웅치 전적비의 주소로 알려지는 '완주군 소양면 신촌리 18-1'이 너무나 넓은데다 깊은 산 속에 숨어 있기 때문이다. 차라리 서울 가서 김 서방을 찾는 편이 쉬울 것이다.

검색으로 전적비를 답사하려는 분을 위해 주소 둘을 소개한다. 완주군 신촌리 산24와 진안군 부귀면 신정리 914-2(장승초등학교 뒤편)이다. 둘 중 어느 쪽에서 출발하든 오르막이 끝나는 지점에 가면 웅치 전적비 안내판과 만나게 된다. 물론 그 곳에는 부귀면과 소양면의 경계 표지판도 세워져 있다.

완주군 신촌리 산24에서 출발하여 산길을 오른다. 여기서 전적비까지는 약 4km가량 된다. 이 길은 차량이 거의 다니지 않는다.

완주군 소양면 신촌리에서 본 웅치 전적비 방면의 풍경(다리 왼쪽 끝 지점)

지금은 너무나 한적하지만 이 길은 임진왜란 당시 일본군이 지나갔던 길이다. 침략군 6,000여 명이 조총을 쏘고 칼을 휘두르며 짓밟았던 전쟁길이다. 그 사실조차 깜빡 잊었는지 지금 내 마음은 너무나 평화롭다. 장승초등학교에서 올라오는 4km길이 대부분 땡볕에 노출되어 있는 것과 달리 이 길은 줄곧 숲길이다. 게다가 조금도 숨이 가빠지지 않을 만큼 평평한 오르막이다. 임진왜란 전쟁사에서 중요한 의미를 지닌 전투 장소였다는 역사적 사실과 연결짓지 않더라도 이 길은 많은 사람들이 찾을 수 있도록 널리 알려 마땅한 '상품'이다.

전적비까지 가려면 이제 1/3가량 왔을까? 문득 온몸이 서늘해지는 느낌을 받는다. 이 길은 일본군들이 함성을 내지르며 달렸던 살육의 현장이다. 나는 지금 그 길을 걷고 있다. 머리 위로는 전북 익산과 경북 포항을 잇는 고속도로의 만덕교가 가설되고 있다. 아마

고개 정상 진안군 부귀면과 완주군 소양면 경계의 웅치 전적비 안내판

어마한 교각들 때문에 하늘이 갈라져 있다.

  날카롭게 찢어진 하늘이 마치 우리 겨레의 역사를 고스란히 상징하는 듯 느껴졌다. 임진왜란을 겪고도 우리는 다른 세력도 아닌 바로 그들에게 나라를 온통 빼앗기는 최대의 치욕을 당했다. 동족상잔의 전쟁까지 겪었고, 지금도 세계 유일의 분단국가로 남아 있다. 이곳 웅치 전적지에 찾아오는 사람도 드물고, 웅치 전투의 의의를 되새겨주는 기념관도 없다.

  고개 꼭대기에 닿으니, 진안군 부귀면과 완주군 소양면의 경계 지점임을 알리는 표지판이 서 있다. 그 표지판의 20배쯤 되는 '웅치 전적지熊峙戰蹟地' 안내판도 있다. 제목(웅치 전적지) 아래에는 '전라북도 기념물 25호'가 명기되어 있다. 전적비가 아니라 전적지가 문화재라는 설명이다. 소재지는 '전라북도 완주군 소양면 신촌리'로만 적고 지번은 생략했다. 어차피 신촌리 18-1로는 전적비를 찾을 수 없기 때문인 듯하다.

>   이곳은 임진왜란 때 우리의 조상들이 왜적에 맞서 전투를 벌인 현장이다. 왜군은 해로를 통해 곡창 지대인 전라도를 장악하려고 했으나 이순신의 활약으로 해로가 막히자 육로로 침공할 계획을 세웠다. 왜적은 무주, 금산, 진안 등지에 근대를 집결시키고 선조 25년(1592) 7월 8, 9일에 웅치로 쳐들어 왔다.
>
>   김제 군수 정담鄭湛, 나주 판관 이복남李福男, 의병장 황박黃璞 등이 왜적에 맞서 치열한 전투를 벌였으나 중과부적으로 패하였다. 왜군은 우리 군의 충성심과 용맹함에 감탄하여, 우리 병사의 시신을 묻고 추모하는 뜻을 담아 '弔조 朝鮮國조선국 忠肝충간 義膽의담'이라고 쓴 푯말을 세워 두었다. 나라를 지키기 위해 목숨을 아끼지 않았던 선열들의 혼이 가슴 깊이 느껴지는 곳이다.

'조 조선국 충간 의담'은 조선국의 충신들을 위로한다는 정도의 뜻이다. 충간은 충성스러운 간, 의담은 의로운 쓸개이므로 충간의 담은 곧 충신과 의사를 의미한다. 《임진 전란사》의 이경석은 적들이 조선군 전사자들의 시신을 땅에 묻고 푯말까지 세운 것을 두고 '적장 안국사(寺는 사찰)혜경이 승려 출신인 까닭도 있겠으나, 싸우는 마당에서도 이같이 마음의 여유가 있어서 좋고, 또 오죽 격전을 하였으면 그랬으랴 하는 생각이 들기도 한다. 피차 무슨 원수가 있어서 서로 죽이고 죽는 것이 아니라, 다만 나라와 겨레의 영광을 위하는 지성至誠(지극한 정성)으로서 그러는 것이 아니겠는가. 이로써 보면 항자불살降者不殺(항복한 사람은 죽이지 않는다)은 전쟁도戰爭道(전쟁 원칙)의 기본 윤리라 할 것이다.' 하고 해석한다.

  안내판의 글을 읽은 뒤 곰티로 왼쪽으로 난 포장길을 오른다. 200m가량 걸어가니 찾아온 나그네가 그토록 반가운지 웅치 전적비가 환한 표정을 지으며 마중해준다. 높은 지대에 우뚝 서서 저 아래 신촌리 들판을 바라보고 있는 전적비 뒤로는 온통 푸른 하늘이 해맑다. 얼른 뛰어서 비 앞으로 달려가려다가, 출입문 쪽만 제외하고 사방으로 둘러쳐진 철책에 노란 나비들이 가득 앉아 있는 정경에 사로잡혀 문득 발걸음을 멈춘다. 초등학교 아이들이 단체로 찾아왔던 모양이다. 노란 리본에는 '웅치 전투, 잊지 않겠습니다!' 등이 고불고불한 글씨로 적혀 있다.

  아이들은 전적비의 비문을 제대로 읽어보지 못한 채 돌아갔으리라. 이곳까지 올라와 '웅치 전투, 잊지 않겠습니다!' 하고 글을 남기고 간 아이들인데 비문도 마음에 넣지 못한 채 산을 내려갔다고 생각하니 어쩐지 미안했다. 그래서 사진으로 담아온 비문을 컴퓨터에 크게 띄워 해독(?)한 다음, 오늘 이 글 속에 전문을 공개(?)한다. 사실 나도 전적비 앞에서는 비문의 글자들을 읽을 수 없었다. 나의 이 하찮은 수고도 웅치 전투 순절 선열들을 기리는 작은 현창이 되리라 스스로 믿을 뿐이다.

> 임진왜란은 미리 대비책을 마련하지 못한 채 당하게 된 왜군의 침략 전쟁이다. 개전 초부터 적의 침략 공격에 밀리어 국운이 위급한 지경에 이르고 국토와 백성은 적의 만행에 유린되는 처참한 국난을 겪었다.
>
> 그러나 7년의 긴 전쟁 와중에서도 적에게 굴하지 않고 끝까지 나라를 지키겠다는 온 겨레의 호국 의지는 노도와 같이 불타올라 전국 각처에서 봉기한 의병과 관군은 줄기찬 항전을 계속하여 마침내 침략 왜군을 이 땅에서 몰아내고 국가를 보존케 하였으니 임란의 참된 민족사적 의의는 온 겨레가 살신보국의 충의로 굳게 뭉쳐 국난을 극복하였던 호국정신에서 찾아야 할 것이다.
>
> 이곳 웅치는 임진년에 우리 용감한 관군과 의병이 장렬 무비無比한(비교할 데 없는) 혈전을 전개한 호국의 전적지이다. 임란 개전 초년에 전라도 침략을 맡은 왜군은 의령에서 곽재우 장군에게 진로가 차단되자 금산에 집결한 다음, 2진으로 나누어 이치와 웅치를 넘어 전주성을 공격하려고 하였다. 이 적정을 탐지한 광주 목사 권율 장군은 전라도 도절제사가 되어 이치를 막고 김제 군수 정담에게 웅치를 방어케 하였다.

전투 초기의 경과에 대해 《한국 향토문화 전자대전》은 '당시 권율은 전라 감사 이광의 지시에 따라 남원에서 영호嶺湖의 경계를 지키고 있었고, 황진은 남원에서 돌아오는 중이었으므로 웅치에서는 김제 군수 정담, 나주 판관 이복남, 의병장 황박 등이 왜군과 싸우게 되었다. 전장에서는 의병장 황박이 최전방을, 나주 판관 이복남이 제2선을, 김제 군수 정담이 정상에서 최후 방어를 담당하였다.'라고 기술하고 있다.

이리하여 이치와 웅치 수비군은 호남 사수의 중대한 임무를 지고 적의 대군을 맞아 장렬한 대 공방전을 전개하게 되었으니 이 싸움은 실로 임진 전란사에 손꼽히는 대 혈전이었다. 이치에서 권율 장군은 적을 무찔러 승전하였으나 웅치전에서는 3일간의 대혈전이 전개되어 김제 군수 정담, 나주 판관 이복남, 의병장 황박이 사력을 다해 싸웠으나 중과부적으로 마지막 고지까지 밀리게 되었다.

이때 정담은 일시 후퇴 권유를 물리치고 차라리 왜적을 더 죽이고 죽을지언정 단 일보도 후퇴할 수 없다는 비장한 각오로 끝까지 싸워 화살이 떨어지자 백병전으로 적을 무찌르다 장렬하게 전몰하였다. 이때 종사관 이봉과 비장 강운, 박형길 두 사람도 전사하였으며 해남 현감 변응정은 중상을 입고 후송되었다. 왜군도 웅치 수비군의 용전상에 감복하고 전몰 용사의 영을 조상하였다.

웅치 수비는 비록 무너졌지만 적도 큰 타격을 받아 그들의 목표였던 전주성은 직접 공격하지 못하고 물러가 호남이 보존되는 큰 전과를 거양했으니 웅치 수비군은 실로 죽음으로써 그 소임을 다하였던 것이다.

《한국 향토문화 전자대전》은 '전라도 관군과 의병의 격렬한 저항으로 왜군은 전력이 크게 약화되었다. 왜군은 안덕원까지 진출하였으나, 동복 현감 황진이 이를 격퇴하고 전주 부성과 전라도 방어에 성공했다.'라고 기술하고 있다. 현지 안내판의 다짐을 읽는다.

웅치 싸움에서 혁혁한 전공을 세우고 산화한 호국 의사들의 위업을 드높이고자 옛 전적지에 이 비석을 세우니 우리 모두 웅치 준령에 깃들어 있는 호국 정신을 계승하여 국토 방위의 결의를 다짐하자. 1969년 12월 전라북도 세움

정담 정려 경북 영덕군 창수면 인량리 170-12, 문화재자료 380호

정담은 경북 영양군 일월면 가곡리 263 장열공 사당(莊烈公祠堂)에 모셔지고 있으며, 영덕군 창수면 인량리 170-12에 정려도 세워져 있다. 전북 김제시 용지면 구암리 381에는 '황박 정려'가 세워졌고, 뒷날 정유재란 남원성 전투 때 장렬히 전사한 이복남은 전북 남원시 향교동 636 '남원 충렬사'에 제향되었다.

웅치 전적비 비문에 중상을 입고 후송된 것으로 기록되어 있는 변응정은 칠백의총 종용사에도 모셔져 있지만, 1930년대에 충장사 忠壯祠(세종시 전동면 청람리 201-1), 1988년에 추모비(전동면 청람리 산16-12 개미고개)가 세워졌다.

충장사 앞 안내판에는 변응정이 웅치 전투에서 순절한 것으로 적혀 있다. 안내판은 '변응정은 (웅치 전투) 출전에 앞서 동생을 통해 홀로 남으실 노모에게 작별의 뜻으로 입던 옷과 머리카락, 손톱을 함께 보내드리고, 죽으면 이것으로 장례를 치르도록 부탁하였다. 전투에 앞선 그의 비장한 각오를 엿볼 수 있다.'면서 '웅령(웅치)에서 전사'했다고 말한다. 웅치 전적비의 내용과 전혀 다르다.

119

문중에서는 안내판의 내용을 왜 이렇게 웅치 전적비와 다르게 밝혀두었을까? 물론 중상이 아니라 전사로 적은 것은 문중이 임의로 그렇게 한 일은 아니다. 류성룡의 《징비록》, 송시열이 쓴 묘표 墓表(변응정 묘소 앞의 비문)에서부터 최근의 한국학중앙연구원 《한국민족문화 대백과》 등에 이르기까지 변응정은 웅치 전투에서 전사한 인물로 기술되어 있다.

《선조실록》 1594년(선조 27) 4월 3일자 기사에도 변응정은 웅치

세종시 전동면 청람리 201-1을 찾아가면 충장사(변응정 사당)를 만날 수 있다. 현지 안내판은 주소를 세종시 청남리 산39로 밝혀 두었고, 어떤 백과사전은 청남리 245로 적어 두었지만 그런 주소로는 충장사를 찾을 수 없다.

전투에서 전사한 것으로 나온다. 실록은 '웅치 싸움에서 김제 군수 정담이 온종일 힘을 다하여 적을 무수히 죽였으나 결국 화살이 떨어져 군대는 패하고 자신은 죽었습니다. 전주를 지킬 수 있었던 것은 정담이 힘껏 싸워 적을 꺾은 공이 큽니다. 해남 현감 변응정도 강개한 마음으로 죽기를 맹세하고 싸우다가 역시 웅치 싸움에서 전사하였으므로 지금까지도 많은 사람들이 못내 마음 아프게 여기고 있습니다.'라고 증언하고 있다.

충장사 안내판에 '세종시 전동면 청남리 산18-1 속칭 개미고개'로 주소가 안내되어 있는 변응정 추모비. 하지만 그 주소로는 비를 찾을 수 없다. 청람리 산16-12에 가면 식당 한 곳이 있고, 식당에서 도로 건너 맞은편 길가에 추모비가 있다.

그런데 같은 《선조실록》 1596년(선조 29) 4월 6일 기사에는 변응정이 금산에서 죽은 것으로 나오고, 《선조수정실록》 1592년(선조 25) 8월 1일 기사에도 '해남 현감 변응정이 (중략) 조헌과 함께 금산을 공격하기로 약속한 바 있었는데, 관군과 함께 기일에 늦게 되었다. 변응정이 조헌의 패사 소식을 듣고 탄식하기를 "어찌 의병장과 약속을 하고서도 지키지 못해 함께 죽지 못했단 말인가." 하며 즉시 군사를 이끌고 단독으로 진군하여 성 아래에서 격투하다가 전사하였다. 변응정의 부친 변협邊協은 대장으로서 위엄과 명망이 있었는데 왜난倭難이 있기 전에 사망하였다. 변응정은 강개하고 지조가 있었지만 벼슬한 지 오래 되지 않아 순국하였으므로 조야朝野에서 애석하게 여겼다.'라고 되어 있다. 웅치가 아니라 금산에서 전사했다는 내용이다.

이경석은 '우리의 전사戰史 기록이 대개 이 정도이니 한심한 노릇이다.' 하고 한탄했다. 그렇다. 그래서 오늘 나는 임진왜란 주요 전투 장소 중 한 곳인 웅치 전적지의 기념비, 변응성 장군 사당과 추모비를 누구나 쉽게 찾아갈 수 있도록 길안내를 하느라 하루를 보냈다. 요약하면 '오늘도 보람 있는 하루였다.'

풍남문
전주성 남문

1592년 7월 8일 웅치를 넘은 일본군이 전주성으로 진격했다. 전라 감사 이광이 먼저 도망치자 군대는 저절로 무너졌다. 벼슬에서 은퇴한 후 성 안에 살고 있던 선비 이정난이 관리와 백성들에게 성을 사수하자고 호소했다. 이정난은 남고산성 일대에 복병을 배치하는 한편 성 밖에는 의병疑兵(가짜 병사)도 줄지어 세웠다. 낮에는 깃발을 많이 세워 허장성세를 뽐내고, 밤에는 횃불을 태워놓고 군사들을 요란하게 오가게 하여 적의 경계심을 높였다. 적은 성 주위를 맴돌다가 마침내 물러갔다.

풍남문 전주시 완산구 전동 83-4, 보물 308호
충경사(이정난 사당), 남고재(재실) 완산구 동서학동 840-19
남고산성 동서학동 산153-1. 충경사에서 700m가량 산으로 들어감.
관성묘 동서학동 611, 관운장 사당

전북 전주 **충경사**, **풍남문**, **남고산성**
64세 선비, 칼 높이 들어 전주성을 지켰다

전주시 완산구 동서학동 840-19 산성천 도랑가에 작은 안내판 하나가 담에 등을 붙인 채 읽어줄 사람을 기다리고 있다. 산성천 건너편 산비탈을 따라 아기자기하게 쌓아놓은 성곽이 앙증맞게 예쁘다. 등산객의 허리 정도밖에 안 될 높이의 성곽이지만 요철 모양의 성가퀴까지 갖췄다. 산성으로 가는 길이 이곳만큼 정감 있게 가꾸어진 곳은 처음 본다. 성가퀴를 따라 오가는 이들을 하염없이 바라보다가 이윽고 몸을 돌린다. 작은 안내판의 해설을 읽는다.

> 충경사는 임진왜란 때 의병장 이정난의 공적을 기려 세운 사당이다. 이정난은 관직에서 물러나 있다가 임진왜란이 일어나자 의병을 모았다. 64세의 나이로 말을 타고 전장에 나아가 300여 명의 왜군을 무찔렀고 그 공훈으로 전주성을 지킬 수 있었다. 이러한 공의 용기와 충정을 기리고 추모하기 위하여 순조 때 충경공의 시호를 나라에서 내렸다. 오늘날 전주시를 동서로 가로지른 도로를 '충경로'로 명명한 것은 충경공의 정신을 기리기 위한 것이다.

마당 안으로 들어서면 왼쪽에 재실인 남고재가 있고, 오른쪽에 관리사가 있다. 뜰이 끝나는 정면에 사당으로 올라가는 계단이 가파르게 눈에 들어온다. 계단 위의 외삼문이 공연히 위태롭게 느껴진다. 잠시 호흡도 고를 겸 본 안내판의 설명을 읽는다.

> **이정난**李廷鸞 **선생**先生 **사당**祠堂
>
> 충경공忠景公 이정난은 중종 24년(1529)에 전주에서 태어났다. 선조 원년(1568) 문과에 급제하여 관직에 나아갔다.
>
> 공은 임진왜란이 일어났을 때에는 이미 관직에서 물러나 있었으나, 전주에서 700여 명의 의병을 모집하여 전주성의 4대문을 수비하는 한편 남고산성南固山城과 만경대萬鏡臺(남고산성 서문 옆) 등에 복병을 배치하여 침입해 오는 소조천융경小早川隆景의 왜군을 막았다.
>
> 정유재란(1597) 때에는 전주 부윤 겸 오늘날의 징병관이라 할 수 있는 삼도 소모사三道召募使로 있으면서 민심을 수습하고 백성의 어려움을 돕는 일에 힘썼다.
>
> 선조 33년(1600) 72세로 세상을 떠났고, 순조 7년(1807) 조정에서 충경공이라는 시호를 내려 공의 우국충절을 기렸다.

충경사 재실 남고재와 외삼문

남고산성은 사적 294호로 지정된 문화재이다. 충경사에서 남고산을 향해 500m가량 들어가면 곳곳에 남아 있는 성곽을 볼 수 있다. 후백제의 견훤이 도성인 전주를 방어할 시설로 축성했다고 하여 견훤성이라 불리기도 했다. 그렇지만 현재 남아 있는 남고산성의 성벽은 견훤이 쌓은 것이 아니다.

남고산성은 임진왜란 유적이다. 남고산성은 이정난이 의병들을 매복시켜 왜군의 진입을 막은 곳으로, 성곽 자체가 임진왜란 때 축성되었다. 그 후 1813년(순조 13) 고쳐 쌓았는데, 이때부터 성에 남고산성이라는 이름이 붙었다. 성의 전체 둘레는 3km가량 되지만 많이 허물어진 지경이다.

충경사 이정난 사당

집터 흔적을 보면 남고산성 안에는 많은 사람들이 거주했던 듯하다. 군사 시설도 많아서 동문과 서문, 지휘소인 남장대와 북장대, 관아, 화약고, 군기고, 창고가 있었던 자리도 확인된다.

지금도 성 안에는 지난 역사를 말해주는 흔적들이 남아 있다. 여전히 자리를 지키고 있는 남고사를 보면 임진왜란 때 승병들의 활약에 대해 다시 한번 생각하게 된다. 남고사의 승려들도 임진왜란 당시 산성을 지키는 병사였다.

성의 시설, 규모, 연혁 등을 기록한 '남고진 사적비'도 있다. 특이한 유적은 관성묘이다. 완산구 동서학동 611을 주소로 가진 관성묘는 촉 황제 유비의 의형제 관운장을 모시는 사당이다. 관운장

관성묘 가는 길에서 보는 남고산성의 성곽

을 모시는 사당을 곳곳에 세운 것은 임진왜란을 겪으면서 우리나라 사람들의 마음에 강성한 국방력을 바라는 염원이 굳건하게 자라났기 때문일 것이다.15)

15) 산성천을 따라 계곡 안으로 점점 들어간다. 700m가량 물소리를 들으며 호젓한 길을 걸으면 문득 산성천 건너편에 성벽이 나타난다. 성벽이 높은 곳에서 물가로 떨어질 듯이 쌓여 있다. 남고산성 안내판에서 100m만 더 길을 따라 들어가면 관성묘를 볼 수 있다. 관성묘 안내판을 읽는다.

관성묘關聖廟

이 사당은 《삼국지》로 우리에게 낯익은 관우關羽 장군을 무신武神으로 받들어 제사 지내는 곳으로, 주왕묘周王廟 또는 관제묘關帝廟라고도 부른다. 우리나라에서 관우를 신봉하는 신당이 널리 전파된 것은 임진왜란 때 명나라 장군이 서울의 남묘에 관우를 조각한 신상을 안치한 데서 비롯된다.

전주의 관성묘는 고종 32년(1895) 전라도 관찰사 김성근金聲根과 남고산성을 책임지던 무관 이신문李信文이 제안하여 각 지역 유지의 도움을 받아 건립했다. 사당 안에는 관우의 상이 있고, 그 양쪽 벽에는 《삼국지연의》의 내용을 그린 벽화가 있다. 관우의 신성을 믿는 사람들은 매년 초 이곳을 찾아 한 해의 행운을 점치기도 한다.

관성묘 외삼문

64세나 되는 고령에도 불구하고 분연히 칼을 세워 왜적을 물리친 이정난 선비가 역사에 남긴 또 다른 유적은 '전주 풍남문'이다. 이정난 선비는 전라 감사가 도망가 버려 관군이 무너진 상황에도 절망하지 않고 의병을 일으켜 전주성을 수호했다.

 전주성은 정유재란 때 파괴된다. 1388년(고려 공양왕 1) 처음 지어진 전주성의 남문은 1734년(영조 10)에 이르러 크게 다시 지어졌는데, 1767년 화재로 불타는 바람에 1768년(영조 44) 관찰사 홍낙인이 다시 새로 지었다. 풍남문豐南門이라는 이름은 1768년부터 쓰였다.

풍남문은 1층에 견줘 2층이 현격히 좁아 보인다. 특히 옆면에서 보면 더욱 그렇다. 1층 안쪽 기둥을 그대로 올려서 2층 모서리기둥으로 썼기 때문이다.

풍남문은 앞면은 1층과 2층이 모두 3칸 규모이지만 옆면은 1층은 3칸, 2층은 1칸으로 되어 있다. 2층 너비가 줄어든 것은 1층 안쪽에 있는 기둥을 그대로 2층까지 올려 모서리기둥으로 사용한 결과이다. 문화재청은 '이 같은 수법은 우리나라 문루門樓 건축에서는 보기 드문 방식이다. 부재에 사용된 조각 모양과 1층 가운데칸 기둥 위에 용머리를 조각해 놓은 점들은 장식과 기교를 많이 사용한 조선 후기 건축의 특징이라고 할 수 있다. 옛 문루 건축 연구에 중요한 자료가 되는 문화재'라고 설명한다.

풍남문은 (임진왜란 초 이성계 초상을 피란시킨 일을 떠올려주는) 경기전 출입문에서 불과 200m 거리에 있다. 경충사도 풍남문에서 대략 1,200m 떨어져 있다. 전주 읍성의 정문이자 남문이었던 풍남문은 오늘도 전주의 중심지 역할을 하고 있다.

경기전 어진 박물관에 가면 명견루 현판을 볼 수 있다. 유리 속에 갇혀 있는 현판 아래에 '명견루 현판'이라는 제목의 작은 설명이 놓여 있는 것은 당연한 일이다. 명견루 현판의 크기는 325×105cm이다. '1734년(영조 10) 전라 감사 조현명이 전주부성을 수축하면서 성문 위 3층 문루를 "明見樓명견루"라 이름 하였다. 조현명이 전주성을 수축할 때 백성들이 이를 반대하고 불평하자 조정에서 논란이 일어 공사가 중단되었는데,

축성 재원의 출처와 농민들의 유료 사역(노동)을 자세히 적어 보고함으로써 영조의 특명으로 공사가 지속될 수 있었다. 그래서 현군賢君인 영조의 명견(밝은 생각)이 있었기에 축성 공사가 가능했다는 뜻으로 "명견루"라 이름 하였다고 한다.'

풍남문에는 어떤 뜻이 담겨 있을까? 중국을 통일한 한 고조 유방의 고향이 풍패였다. 조선은 이성계 조상의 고향인 전주를 '풍패향'이라 불렀다. 풍남문은 '풍'패향 전주성의 '남문'이라는 뜻이다. 홍낙인은 중국을 통일한 한나라처럼 조선이 강하고 큰 나라가 되기를 염원하는 마음에서 전주성 정문에 풍남문이라는 현판을 달았을 것이다.

하지만 홍낙인의 염원과 달리 풍남문은 1910년 일본에 나라를 빼앗기기 전에도 조선 왕실 아닌 다른 주인을 섬겼다. 조선은 임진왜란을 겪고도 나라가 일신되지 못했다. 권력의 집중은 심해지고 부정부패가 날로 심해졌다. 이정난과 같은 참된 선비는 드물었다. 조선 중·후기의 국가 최고 기관이었던 비변사의 활동을 일기체로 기록한 정부 공식 문서 《비변사 등록》조차도 1892년 1월 27일자에 '요즘 수령들은 관직을 여관처럼 여겨 장부는 모두 서리에게 맡겨 놓고 오직 뇌물 받는 짓만 일삼는다.'라고 기록했을 정도이다.

1893년 한 해 동안만 해도 전국에서 60여 차례 민란이 일어났다. 1894년 1월 고부 농민들이 봉기했다. 이어 전국 각지에서 농민들이 떨치고 일어났다. 전봉준, 손화중, 김개남 등의 지휘부는 대규모 농민군을 조직했다. 이들은 '왜놈을 몰아내고 나라의 정치를 바로잡는다. 군사를 몰아 서울로 쳐들어가 권세를 누려온 무리를 없앤다.' 등의 행동 강령도 발표했다.

1894년 4월 7일, 농민군은 고부 황토재에서 관군과 싸워 크게 이겼다. 그 후 5월 31일(《한국 민족문화 대백과》)에는 전주성까지 점령했다. 조선 조정은 동학군 진압을 위해 청에 군대 파견을 요청했고, 일본도 뒤질세라 군대를 조선 땅에 들여보냈다.

조선 땅이 외세의 전쟁터가 될 위기에 놓였다. 동학군도 정부도 원하지 않았고 예상하지 못했던 상황 전개였다. 양측은 풍남문에서 만나 군사 행동을 중지하고 대개혁을 추진한다는 내용의 '전주 화약'을 맺었다.

더 큰 문제는 그 뒤에 불거졌다. 1894년 6월 21일 서울에 주둔 하고 일본군이 궁궐을 점령한 후 친일파 정권을 세우고, 8월 17일 조선에 있던 청군을 몰아낸 다음 농민군을 공격하고 나섰다.

농민군은 9월 2일 두 번째 봉기에 나섰다. 이번에는 전라도만이 아니라 충청도, 경상도, 황해도 농민들도 대거 참여했다. 하지만 농민군은 일본군과 정부군에 이기지 못했다. 무수한 농민들이 싸우다가 죽고 체포되어 죽었다. 12월에는 전봉준도 체포되었다.

임진왜란 때에도 동학혁명 때에도 선조들은 일본군을 몰아내기 위해 목숨과 재산을 내놓았다. 1910년 이후 일제 강점기 시대에도 마찬가지였다. 그 광경들을 모두 지켜본 전주성 풍남문 앞에서 우리의 역사를 생각한다. 많은 국민들이 이정난 선비와 같은 마음가짐을 가졌더라면 임진왜란, 농민 봉기, 경술국치 등이 일어나지 않았을 것이다. 공동체 정신, 자주 정신, 올바른 역사의식을 가져야한다. 오늘은 충경로를 한번 걸어보아야겠다.

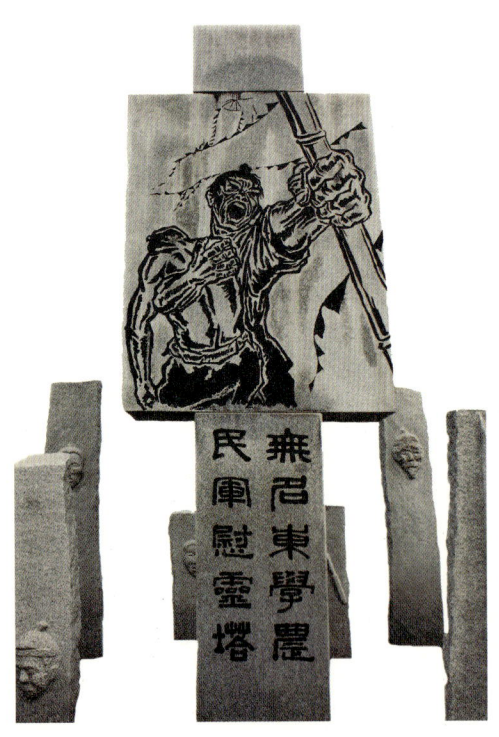

동학혁명 100주년을 기념하여 1994년 '무명 동학 농민군 위령탑'이 정읍시 고부면 신중리 주산마을에 세워졌다. 높이 5m 주탑과 23개 보조탑으로 된 이 조형물은 전봉준 등이 봉기를 계획하면서 참가자들에게 사발통문을 돌렸던 에 자리를 잡았다.

광주 포충사, 고씨 삼강문
말도 못 타면서 의병장 맡아 순국한 '참 선비'

광주시 기념물 7호인 포충사는 임진왜란 때 호남 의병을 이끌고 (1592년 7월 10일) 금산 싸움에서 순국한 고경명高敬命(1533~1592), (2차 진주성 전투 때 순절한) 고종후高從厚(1554~1593), 고인후高因厚 (1561~1592) 3부자와 유팽로柳彭老(1554~1592), 안영安瑛(1564~1592)을 모신 곳이다. 대원군의 서원 철폐 때에도 장성의 필암 서원과 더불어 헐리지 않았던 전남 지역 2대 서원 중 하나이다.

이 건물은 왜란 후 호남 유생들이 충의로운 인물을 기리고자 세웠는데 1603년 고경명의 후손과 제자인 박지효朴之孝 등이 임금에게 청하여 '褒忠포충'이라는 이름을 받았다.

1980년에 새로운 사당과 유물 전시관 정기관正氣館, 내·외삼문, 정화비, 관리사무소 등을 세웠다. 이때 옛 사당을 보수하면서 충효당忠孝堂, 청사 영당晴沙影堂, 전사청典祀廳, 고직사庫直舍 등을 철거하였다. 다만 옛 사당과 동서재는 본래의 위치에 비교적 원형이 잘 보존된 채로 남아 있다. 포충사에 소장되어 있는 문적文籍 4종 9점은 광주시 유형문화재 제 21호로 지정되어 있다.

포충사 참배를 왔으니 응당 정기관을 둘러볼 일이다. 정기관에는 고경명의 충절을 기려 토지에 대한 요역(무상 노동 동원)을 면제해 준다는 1594년 증명서 「입안立案」 복제품, 어머니의 뜻에 따라 고경명의 아들이 1610년 포충사 관리를 위해 논을 기증한 문서 「명문明文」 복제품, 고경명의 아들이 1618년 포충사 관리를 위해 노비를 기증한 「명문明文」 복제품, 고종의 아들 이강이 고경명 집안을 칭송하여 내린 '一門忠孝萬古綱常일문충효만고강상('일문의 충효는 만고에 변하지 않는 근본'이라는 뜻) 글씨로 만든 현판, 각종 기록화 등 볼 만한 것들이 많다.

일반 시민이 고경명을 기리는 묘소, 신도비 등을 두루 찾아보기는 어렵다. 정기관은 답사자들을 위해 많은 사진과 탁본도 준비했다. 전남 장성군 장성읍 오동리 소재 '고경명 선생 묘' 사진, 신도비 사진, 신도비 탁본, 모표비 탁본, 충남 금산군 금성면 양전리 소재 '고경명 선생 순절비각' 탁본 등이 그들이다. 고경명의 시문 등을 모아 1617년에 목판으로 간행한 《제봉집霽峯集》도 있다.

고종의 아들 이강이 고경명 가문에 내린 글로 만든 현판 외삼문을 지나 경내로 들어서면 포충사 답사 길은 두 갈래로 나뉜다. 오른쪽에 유물 전시관인 정기관이 있고, 정면으로 저 멀리 사당 내삼문이 보인다.

정기관 관람을 마친 뒤에도 길은 또 다시 두 갈래 나뉜다. 직진을 하면 사당으로 가게 된다. 왼쪽으로 가도 역시 사당으로 가게 된다. 사당으로 가는 길이 두 갈래 나 있다는 말 같지만 그런 뜻은 아니다. 정면으로 가면 새로 지은 사당에 가고, 왼쪽으로 가면 옛 날부터 있던 사당에 간다. 이정표에는 '사당'과 '옛 사당'으로 표현되어 있다.

옛 사당이 더 궁금하다. 왼쪽으로 접어든다. 작은 동산 아래에서 새 이정표와 만난다. 새 이정표가 있다는 것은 길이 또 나뉜다는 예고이다. 동산으로 곧장 올라가는 계단이 오른쪽에 있고, 평평한 길이 왼쪽으로 나 있다. 두 길 모두 끝은 옛 사당 외삼문이다.

이정표 바로 뒤에 빗돌 하나가 있다. 이름이 '忠奴충노 鳳伊봉이 貴仁之碑귀인지비'인 자연석 빗돌이다. 충성스러운 두 사람의 노비 봉이와 귀인을 기려 세운 비석이라는 말이다.

충노 봉이 귀인지비

봉이와 귀인은 고경명 집의 가노 家奴(집의 하인)로, 금산 전투에 선생과 함께 참전했다. 두 가노는 '고경명 선생과 차남 인후의 시신을 거두어 정성껏 장사 지냈고, 이듬해 다시 고경명 선생의 장남 종후를 따라 진주성 전투에 참가해 왜적과 싸우다가 주인과 함께 순절하였다.' 안내판은 '국난을 당해 신분을 초월한 자기희생을 기리기 위해 자연석에 새긴 비'를 건립했다고 밝히고 있다.

문과에 급제하여 벼슬을 살던 류팽로는 전쟁이 나자 고향 옥과(곡성)에 와서 의병을 일으켰다. 그 후 고경명 군에 합세하여 참모장 격인 종사관 임무를 수행했다. 그는 고경명, 양대박과 더불어 전라도에서 가장 먼저 창의했다고 해서 '삼창의三倡義'로 불렸다.

일본군은 대군이자 정규군이고, 아군은 훈련 안 된 소수였다. 맞붙으면 일방적으로 불리했다. 류팽로는 험한 곳에 나누어 진을 치고 있다가 적이 허술해지면 그때 공격하자고 제안했다. 고경명은 '오직 죽음이 있을 뿐'이라며 받아들이지 않았다. 그는 패전이 눈앞일 때 탈출했으나 고경명이 아직 적진에 있다는 사실을 알고 되돌아갔다. 그는 잠시 대장을 구했으나 결국 함께 전사했다.

안영도 후퇴했다가 군대를 재건해서 싸우자고 건의했다. 역시 받아들여지지 않았다. 안영은 고경명을 억지로 말에 태우지만 승마가 서툰 고경명은 낙마했고, 말은 달아나버렸다. 안영은 자신의 말에 고경명을 태운 뒤 걸어서 수행했으나 몰려드는 일본군을 감당할 수 없어 대장, 류팽로, 고인후와 함께 순절했다. (고경명에 대해서는 이 총서 중 《충청남도 임진왜란 유적》에도 자세히 소개합니다.)

포충사 옛 사당의 내삼문과 좌우 재실

《선조수정실록》 1592년(선조 25) 6월 1일자 기사는 임진왜란 초기에 조선이 일방적으로 밀린 이유를 '삼도三道(경상도, 전라도, 충청도)의 장수와 수령들이 모두 인심을 잃은 데다 난리가 일어난 뒤 군사와 식량을 징발하자 사람들이 모두 밉게 보아 적을 만나기만 하면 모두 패하여 달아났다.'라고 진단한다.

기사는 또 의병이 일어난 까닭을 '큰 가문과 이름난 인사들이 조정의 명을 받들어 창의하자 사람들이 호응하여 멀리서 가까이서 모여들었다.'라고 매우 단순하게 설명한다. 이 기술은 국사편찬위원회의 《신편 한국사》로부터 즉각 비판을 받는다.

《신편 한국사》는 '(《선조수정실록》은) 모든 의병들이 조정의 명을 받고 일어난 것 같이 기술하고 있으나 관군도 조정의 명령에 잘 따르지 않고 있는 상황에서 의병장이나 의병들이 조정의 명령에 의하여 봉기하였다고 보기에는 무리가 있다.'라고 말한다. 관군도 제대로 통제하지 못한 조정이 어떻게 일반 민간인들에게 전쟁 참전을 명령할 수 있었겠느냐는 반문이다.

정기전 포충사의 유물관

《신편 한국사》는 '경상도에서는 일본군의 직접적인 침략 하에 있었기 때문에 자발적으로 의병이 봉기하였다. 전라도와 충청도 등지에서는 조정의 명령에 따라서 의병이 조직되기도 하였으나 거의 자발적인 의병의 봉기로 보아야 할 것'이라고 강조한다. 그런데도 실록의 기사는 '(의병이) 크게 이룬 것은 없지만 인심을 얻었기 때문에 국가의 명맥이 그들 덕분에 유지되었다.' 식으로 앞뒤가 완전히 모순되는 표현을 하고 있다. 별로 한 것도 없는 의병들 덕분에 나라가 망하지 않고 살아남았다?

수정실록은 '호남의 고경명, 김천일, 영남의 곽재우, 정인홍, 호서湖西(충청도)의 조헌이 가장 먼저 의병을 일으켰다.'라고 기술한다.16) 그런가 하면, 《선조수정실록》 1592년(선조 25) 6월 1일자는 고경명의 창의에 대해 비교적 상세하게 증언해준다. 이날 기사에 따르면, 광주에 살던 전 동래 부사 고경명은 '적이 경성(한양)에 침입했다는 사실을 듣고, 류팽로柳彭老와 함께 군사를 일으켜 적을 토벌할 일을 도모'한다. 그는 말에 탄 채 격문을 써서 전라도 백성들에게 배포한다.

> 우리 본도(전라도)는 예로부터 군사와 말이 날래고 굳세다고 일컬어져 왔다. 성조聖祖(이성계)께서는 황산黃山(남원시 운봉읍 화수리)에서 왜구를 크게 무찔러 삼한三韓을 다시 일으키셨고, 선조先朝(명종)의 낭주朗州(전남 영암) 전투에서는 한 척의 배도 되돌아가지 못했다. (이런 일들은) 지금까지도 사람들의 이목耳目에 빛나게 비춰지고 있다. (그렇게) 유사시에 용맹을 뽐내며 적의 성벽에 먼저 오른 자는 이 도의 사람들이었다.

---

16) 이경석의 《임진 전란사》는 고경명이 군사들을 모으고, 의병장으로 추대된 때를 1592년 5월 29일로 기술하고 있고, 칠백의총 기념관의 「금산 지역 전투도」에는 6월에 담양에서 창의했다고 표시되어 있다.

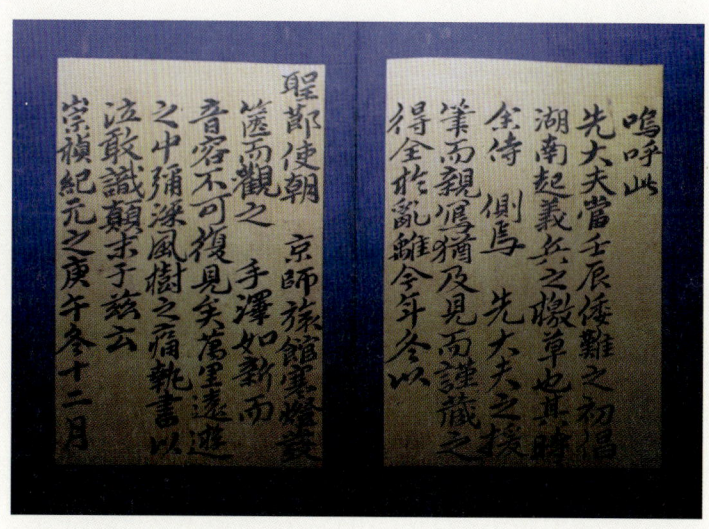

마상격문 마상격문馬上檄文은 1592년 6월 담양에서 창의한 고경명 호남 의병장이 군사를 모아 출전하던 중 각 도의 관원, 군인, 백성들에게 나라를 구해야 한다는 생각을 일깨우고 북돋우기檄 위해 말馬 위上에서 작성하여 발표한 글文이다.

추성 창의 기념관 고경명과 류팽로는 추성관(현 담양동초등학교)에서 왜적 퇴치 방안을 논의하고 의병을 일으켰다. 담양읍 운교리 100에는 두 분의 호를 딴 제봉관(사진 왼쪽), 월파관(오른쪽), 본전 추성관 등으로 이루어진 기념관이 2012년 건립되었다. 가운데 사진은 외삼문인 창의문이다.

(중략) 그런데 오늘날에 이르러 의로운 소문은 사라져버렸고, 두려워한 나머지 스스로 무너져 한 사람도 적과 교전하는 이 없이 모두들 제 몸만 보전하고 처자를 보호할 계획만 하고 있다. 혹시 (남에게) 뒤질세라 머리를 움켜쥐고 쥐처럼 도망을 가고 있다. 이는 본도의 사람으로서 나라의 은혜를 저버리는 짓이 될 뿐만 아니라 또한 선조를 욕되게 하는 것이다. 지금은 적의 형세가 크게 꺾이고 왕의 위엄이 날로 확장되니 이야말로 대장부가 공명을 세울 기회이고 군부君父(임금)의 은혜를 보답할 때이다.

경명은 장구章句(글)나 외는 오활한(세상 경험이 부족한) 선비로서 병법에는 문외한인데 이렇게 단壇에 올라 망령되이 대장으로 추대되니 이미 흩어진 사졸의 마음을 수습하고 여러 동지의 기대에 부응할 수 없을까 두렵다. 그러나 오직 마땅히 피를 뿌리고 진군한다면 조금이나마 임금의 은혜에 보답할 수 있을 것 같아 금월 11일 군사를 일으키기로 하였다. 우리 도내의 모든 사람들은 아비는 그 자식을 깨우치고 형은 그 동생을 도와 의병을 규합하여 함께 일어나자. 원컨대 속히 결정하여 착한 일을 따르고 미혹된 나머지 스스로를 그르치지 말라.

당시 고경명은 이미 60세의 고령이었는데도 '많은 사람들이 맹주盟主로 추대하자 사양하지 않았다. 이에 (고경명이 의병장을 맡자) 선비와 서민들이 많이 응모하여 군사 6,000여 명을 얻었다. 뿐만 아니라, 격문을 여러 도에 전하였는데 문사文辭(문장)가 격렬하고 절실하였으므로 온 나라 사람들이 외며 전하였다.'

그런데 불과 한 달 뒤인 7월 1일 실록에는 '의병장 고경명이 금산의 적을 토벌하다가 패하여 전사하였다.'라는 내용의 기사가 실려 있다.

본문은 고경명이 '의병군 6,000~7,000을 이끌고 (임금이 계시는 쪽을 향해) 북상하여 여산礪山(전북 익산)에 주둔'했는데 왜적이 호남 지역을 침입한다는 소식을 들은 '휘하 장사들이 본도(전라도)를 염려하여 먼저 도내의 적을 토벌한 뒤에 북쪽으로 정벌할 것을 다투어 청하자 경명이 여러 사람의 의논을 따라 군사를 진산珍山(금산군 진산면)으로 옮겼다.'라는 사실을 말해준다.

이 무렵, 이치 전투에서 권율 군에게 대패한 왜적은 '금산으로 퇴각하여 진을 두터이 치고 견고하게 하고 있었다. 경명이 방어사 곽영郭嶸과 함께 재를 넘어 험한 곳으로 들어가 곧장 금산성 밖에 육박하였는데 곽영이 먼저 날랜 장사 수백 명을 보내어 적을 시험하다가 적에게 패하여 물러났다. 경명이 북을 울리며 전투를 독려하여 도로 적병을 성 밖에서 위축시키고 성 안에서는 화포를 쏘아 적이 주둔하던 관사를 불태우니 적이 감히 나오지 못하였다.'

고경명은 이튿날 동틀녘에 다시 방어사 곽영과 함께 성 밖으로 군사를 진격시켰다. 관군은 북문을 공격하고 고경명은 서문을 쳤다. 왜적은 조선 관군이 약한 것을 알고 군사를 총동원해서 성 밖으로 나와 기습적으로 공격했다. 관군 선봉장인 영암 군수가 말을 채찍질하여 먼저 도망쳤다. 그 바람에 관군은 크게 패하였다.

고경명은 군사들과 함께 일제히 시위를 당긴 채 서문 앞에서 대기하고 있었다. 그때 군사가 달려오며 '관군이 도망치고 있다.' 하고 황급히 외쳤다. 이어 왜적들이 밀려왔다. 놀란 의병군은 대오가 삽시간에 무너졌다.

그 와중에 고경명이 사람들에게 밀려 낙마했고, 말은 달아나 버렸다. 안영安瑛이 자기가 타고 있던 말을 고경명에게 타게 한 다음 자신은 걸어서 뒤를 따랐다. 윤근수가 쓴 「고경명 비명碑銘」의 '공은 일찍이 "나는 말타기에 익숙하지 못하니 불행히 싸우다 패하는 날에는 오직 죽음이 있을 뿐"이라고 말했다.'라는 대목이 눈물겹게 실감나는 대목이다.

건장한 말을 타고 있던 종사관(참모장) 류팽로가 의병장이 보이지 않자 급히 말을 채찍질하여 어지러운 전투 지점 속으로 되돌아갔다. 류팽로를 본 고경명이 외쳤다.

"나는 여기서 죽을 수밖에 없으니 그대는 빠져나가시오!"

류팽로가 큰 목소리로 고경명에게 답변했다.

"어찌 대장을 버리고 살기를 바라겠소."

류팽로와 안영은 끝까지 고경명을 보호하다가 모두 전사했다. 조헌의 제자로 스승의 명을 받고 이날 전투에 참전했던 의병장 김세근(164쪽 참조)과, 고경명의 둘째아들 고인후高因厚도 이날 순국했다.

실록은 '경명은 문학에 종사하여 무예를 익히지 않았으며 나이 또한 노쇠하였다. 그는 맨 먼저 의병을 일으켰는데 충의심만으로 많은 군사들을 격려하여 위험한 곳으로 깊이 들어가 솔선하여 적과 맞서다가 전사했다. 공은 성취하지 못했어도 의로운 소문이 사람을 감동시켜 계속 의병을 일으킨 자가 많았다. 나라 사람들이 그의 충렬忠烈을 칭송하면서 오래도록 잊지 않았다.'라면서 '(고경명의) 풍류와 문채는 세상에서 부러워하는 바였다. 중년에는 벼슬길이 막혔으나 조용한 생활을 하면서 마음을 변하지 않았다. 난리에 임해 절개를 드러내었으므로 조정에서는 그를 일찍 기용하지 못했음을 한스럽게 여겼다.'라고 기록하고 있다.

고경명의 장남 고종후高從厚는 어떻게 되었을까? 1593년(선조 26) 6월 1일자 《선조수정실록》은 '글 잘하고, 아버지의 면모가 있었으며, 과거 급제 후 임피臨陂(군산) 현령으로 있었던' 고종후의 일을 전한다. 고종후는 고경명이 죽을 때 '말이 넘어지는 바람에 (고경명이 전사한 곳에서) 뒤로 멀리 처져 있어서 아버지를 따라 죽을 수 없었음을 한스러워 했다.' 그는 '아버지와 아우의 시체를 거두어 장사지낸 뒤 죽기로 맹세'하였는데 다른 사람에게 준 서신에 '어버이의 원수를 갚지 못하고 나라의 수치를 씻지 못했으니 어찌 살겠는가. 분명하게 죽기를 바랄 뿐'이라며 굳은 의지를 밝혔다.

남강 고경명 의병장의 장남 고종후가 투신한 진주 촉석루 아래

아버지 고경명 의병장과 동생 고인후가 금산에서 전사한 후 장남 고종후는 상복을 입은 채 의병으로 종군했다. 그도 1593년 6월 2차 진주성 싸움 때 진중에서 세상을 떠났다. 1592년 10월 1차 진주성 싸움에서 패전해 전라도를 점령하지 못한 것이(군량미를 확보하지 못한 것이) 임진왜란 전체를 운영하는 데 큰 문제점이 되었다고 생각한 풍신수길은 1593년 1월 평양성을 내준 이후 일본군 장군들에게 진주성 보복을 명령했다. 일본군들은 극소수 병력만 부산에 남겨 본부를 지키게 한 후 전군을 이끌고 진주로 몰려왔고, 마침내 대혈전이 벌어졌다. 끝내 진주성은 함락되었고, 이치 전투의 영웅 황진이 총탄에 맞아 순절하고, 의병장 김천일·최경회·고종후 등은 남강에 투신하여 스스로 죽고 말았다.

고경명 가족을 기리는 '고씨 삼강문' 광주시 남구 압촌동 산14

고종후는 '상복을 입은 채 종군했다(《선조수정실록》1592년 10월 1일).' 그의 마지막 전투 장소는 진주성이었다. 진주성이 곧 왜적의 포위망에 갇히려는 즈음, 김천일은 '고종후의 온가족이 모두 죽게 되는 것을 안타깝게 여긴 나머지 밖에 나가기를 권했다. 고종후는 김천일의 말을 따르지 않았다. 이때 고경명의 얼제孼弟(배다른 동생) 고경형高敬兄도 끝까지 고종후의 곁을 떠나지 않고 왜적과 싸우다가 끝내 촉석루 아래 남강에 뛰어들어 죽었다.'

고경형 증직(죽은 후 벼슬을 높임) 기사는 《숙종실록》 17 13년(숙종 39) 5월 25일자에 실려 있다. '진주에서 전사한 사람들이 모두 포상의 은전을 입었는데, 유독 고경형만이 측미側微(미천)한 사람이라 하여 상을 못 받았다. 박희진朴熙晉이 이 문제를 거론하자 임금이 고경형에게 증직을 하라.'는 분부를 내렸다는 내용이다.17)

---

17) 《정조실록》 1796년(정조 20) 8월 9일자에도 '사후 포상하는 은전이 베풀어지지 못했으니, 증직을 해야 마땅합니다.' 하고 임금에게 건의하는 내

고경명과 함께 금산 전투에서 순절한 사람 중에는 의병장 김덕령의 형 김덕홍金德弘도 있다. 《정조실록》 1785년(정조 9) 9월 5일자를 보면 '김덕홍이 임진란을 맞이하여 김덕령과 함께 맨 먼저 의병을 일으켰는데, 군병을 거느리고 전주에 이르렀을 때 김덕령에게 "노모가 집에 계시고 막내아우(김덕보)는 아직 어리니 너는 집으로 돌아가야겠다." 하며 집으로 돌려보냈다. 그리고는 의병을 거느리고 싸움터에 나아가 고경명과 함께 죽었다.'라는 기록이 나온다.

그 후 김덕령은 '의병을 일으켜 이름을 크게 떨쳤다. (중략) 불행히도 시기하는 자가 무고하여 죄가 없는데도 죽임을 당하였다. (중략) 김덕보는 두 형이 비명에 죽은 것을 애통히 여겨 세상일에 뜻이 없었지만, 정묘년 (1627년, 인조 5) 건주위 建州衛(만주 남쪽 여진족 거주 지역) 오랑캐의 난리 때 안방준安邦俊과 합심하여 의병을 일으켰는데, 마침내 노병老病으로 일어나지 못하였다.'

새로 지은 포충사

용이 실려 있다. 그 중 윤시동이 '의병장 양대박梁大樸과 그 아들 양경우梁慶遇에게 증직이 내려져야 마땅합니다.' 하고 아뢰었을 때 정조의 답변이 놀랍다. 정조는 '이 사람(양대박)이 의를 부르짖은 것은 증 영상 고경명보다 앞서고, 그 용단은 충무공 이순신보다도 뛰어났으며, 자기 몸을 던져 충성을 바친 것은 이 두 사람과 같았다.'라며 최고의 찬사를 양대박에게 헌사한다. 이어 정조는 또, '(양대박이 남긴) 문집을 보니 빼어난 바가 특출하여 마치 말을 올라타서는 적을 토벌하고, 말에서 내려서는 격문을 짓던 그 모습을 보는 듯하였다.'면서, 양대박과 양경우의 문집을 인쇄하여 올리라는 명까지 내린다. 양대박은 금산 전투를 앞두고 진중에서 병으로 타계했다. * 양대박에 대해서는 154쪽 참조

고경명 선생 순절비 충남 금산군 금성면 양전리 522-14

> (고경명) 선생은 1588년(명종 13)에 문과에 장원 급제[18]한 후 중요한 직책을 두루 거쳐 동래 부사에 이르렀는데 서인이 몰락할 때 벼슬을 버리고 고향으로 돌아왔다.
> 임진왜란이 일어나자 광주에서 모집한 의병 6,000여 명을 이끌고 1592년 7월 10일 금산에 침입한 일본군과 싸우다 눈벌臥殷坪에서 전사하였다.

충남 금산 '고경명 선생 비' 앞 안내판은 고경명의 일생을 아주

---

18) 《중종실록》 1558년 11월 2일자 기사에 '문과에 고경명 등 35인을 뽑고, 무과는 남언순 등 28인을 뽑았다.'라는 내용이 실려 있다. '

간결하게 묘사했다. '고경명을 동래 부사로 삼았다.'라는 내용은 《선조수정실록》 1589년 10월 1일자에 나온다. 고경명이 동래 부사를 그만두지 않고 계속 맡고 있었더라면 어찌 되었을까? 전쟁 발발 당시 동래 부사는 '싸워서 죽기는 쉬워도 길을 빌려 주기는 어렵다'라는 명언을 남기고 장렬하게 순절한 송상현이다. 만약 고경명이 동래 부사로 계속 있었다면 임진왜란의 역사는 어느 부분에서 얼마만큼 바뀌었을까? 적어도 '호남 의병장 고경명'은 볼 수 없었으리라.

1649년(효종 1) 금산 군수 여필관은 고경명이 전사한 눈벌 건너편 산기슭에 '고경명 선생 비'를 세웠다. 그로부터 291년 뒤인 1940년 일본 경찰은 이 비를 부수었다. 다시 77년이 흐른 오늘날도 일본은 우리나라 곳곳에 세워져 있는 '평화의 소녀상'을 부수지 못해 안달이다.

　　보면 싫어지거나 못 보면 잊혀지거나
　　제가 태어나지 말았거나 내가 저를 모르거나
　　차리라 내 먼저 죽어 날 그리워하게 하리라[19]

차라리 내가 먼저 죽어 그로 하여금 나를 그리워하게 하리라! 선생이 이토록 애절히 사랑했던 대상은 누구였을까? 부인, 순절한 두 아들, 함께 전사한 의병들, 조국……

고경명은 먼저 이 세상을 떠났다. 우리는 과연 그를 진심으로 그리워하고 있는 것일까? 아직도 일제 강점기 때의 친일 문제를 슬기롭게 청산해내지 못하고 있는 우리 스스로를 돌이켜보지 않을 수 없다.

---

19) 고경명 시조의 원문 : 보거던 슬뮈거나 못 보거던 닛치거나 / 제 낳지 말거나 내 저를 모르거나 / 찰하로 내 먼저 칙여서 글이게 하리라

고원희 가옥 : 고경명의 옛집 터에 1917년 건축되었다. 사당에는 고경명, 고종후, 고인후의 부조묘를 모시고 있다. 문화재자료 8호로, 현재 고경명 선생의 후손이 거주 중이므로 함부로 출입하면 안 된다. 남구 압촌동 산14 고씨삼강문 뒤

전남 곡성 류팽로 유적, 남원·전북 임실 양대박 유적
고경명의 좌부장 류팽로, 우부장 양대박

1588년(선조 21) 문과에 급제해 관직 생활을 하던 류팽로柳彭老(1554~1592)는 1592년 임진왜란이 일어나자 고향으로 내려와 양대박梁大樸, 안영安瑛 등과 함께 의병을 일으켰다. 가동家僮(집의 종) 100여 명과 피란민 500여 명을 이끌고 고경명高敬命 의병 부대에 합세한 그는 종사관從事官(대략 참모장) 역할을 맡았다.

창의를 결심한 후 한양에서 전라도 옥과현을 향해 떠날 때 류팽로에게는 말이 없었다. 류팽로는 712리(《신증동국여지승람》, 약 285km)를 끝까지 걸을 각오로 발걸음을 내디뎠다. 그가 말도 없이 그 먼 길을 도보로 걷겠노라 시도한 데에는 기가 막히는 사연이 깔려 있다. 사연은 《영조실록》 1756년(영조 32) 4월 14일자에 전한다.

옥과 현감玉果縣監 송명흠宋明欽은 '신이 다스리는 현縣에 영귀 서원詠歸書院이 있으니, 곧 선정신先正臣(작고한 큰 선비) 김인후金麟厚를 제사 지내는 곳이며, 절사신節死臣(절의를 지켜 죽은 신하) 유팽로와 집의執義 이흥발李興浡을 함께 모시는 곳입니다. 사당을 건립한 지 이미 오래되었으나, 아직도 사액賜額(임금이 현판을 내림)을 하지 아니하였고 묘우廟宇(사당)는 퇴락되었으니, 선비들이 쓸쓸한 마음을 갖게 되었습니다.'라고 상서上書(임금에게 건의서를 올림)했다.

이어 송명흠의 상서는 '류팽로는 본현本縣(옥과) 사람으로 임진년(1592) 난리 때 (중략) 집정 재신執政宰臣(2품 이상의 고관)이 말을 빼앗자, 도보로 고향에 돌아와 이웃고을(남원)의 의사義士 안영, 양대박 등과 함께 의병을 일으키고, 고경명을 대장으로 추대해 문열공文烈公 조헌趙憲과 함께 금산에서 죽었으니, 선묘宣廟(선조)께서 들으시고 불쌍히 여겨 좌승지를 추증하고 정려旌閭하였으며, 광주의 포충사褒忠祠에 사액하였습니다.' 하고 말한다.

　높은 관리가 말을 빼앗는 바람에 어쩔 수 없이 약 285km 원거리를 걸어서 당도하려 했다는 뜻이다. 정말 기가 막히는 일이다. 그런데 중간쯤 내려와 공주에 닿은 4월 20일 류팽로는 오리마烏驪馬라는 이름의 준마 한 필을 얻는다. 오리마는 그를 순식간에 옥과로 데려주었다. 하루라도 빨리 의병을 일으키려는 류팽로의 마음을 아는 듯 말은 화살처럼, 바람처럼 달려주었다.

　약 80일 뒤인 7월 10일에도 오리마는 금산~옥과 길을 단숨에 달렸다. 하지만 말에는 류팽로가 아니라 그의 머리만 실려 있었다.

영귀 서원 전남 곡성군 겸면 현정리 391

류팽로 의마총 전남 곡성군 입면 송전리 365-2

금산 전투에서 고경명, 안영 등과 함께 류팽로가 순절했을 때 부하 한 사람이 그의 머리를 말안장에 묶었다. 오리마는 300리 길을 달려 옥과면 합강리 류팽로의 생가에 닿았다. 말은 주인의 머리를 부인의 치마폭에 내려놓았다. 그 후 9일 동안 말은 울기만 하고 여물을 먹지 않더니 마침내 굶어죽었다. 말이 죽은 곳에 사람들은 무덤을 쓰고 의마총義馬塚이라 불렀다.

류팽로 (부부) 정렬각 문화재자료 25호, 곡성군 옥과면 합강리 48

부인은 남편의 대상大祥(죽은 후 두 돌을 맞아 지내는 제사)을 맞아 스스로 죽음을 선택했다. 1604년(선조 37) '충신 류팽로지려'와 '열녀 숙부인 김씨지려'를 모시는 정렬각旌烈閣이 마을 뒤에 세워졌다.

마을 입구에 「임진왜란 최초의 의병장 월파 류팽로 장군 탄생지」 비석이 서 있다. 그만큼 마을 사람들의 자부심이 강하다는 뜻이다. 담장의 벽화도 자부심 과시에 큰 몫을 하고 있다.

용장 서원 문화재자료 53호, 전남 남원시 주생면 상동리 644

양대박梁大樸(1543~1592)은 임진왜란이 일어난 1592년 향교 학관學官(종6품)으로 있었다. 왜적의 침입 소식을 들은 그는 5월 6일 장남 양경우梁慶遇, 차남 양형우梁亨遇, 집의 종 등 100여 명을 데리고 창의했다. 사재를 털어 남원에 의병청義兵廳(의병 본부)을 설치한 후 격문을 뿌렸고, 직접 마을과 산을 돌아다니며 의병 참여를 호소했다. 진심으로 노력한 결과 3,000명이나 되는 큰 군사를 모았다.

양대박은 5월 23일 이종사촌 류팽로와 함께 고경명을 찾아가 창의를 권유했다. 29일에는 담양 추성관(지금의 담양 동초등학교)에서 고경명과 회동하여 왜적 퇴치 방안에 대해 논의했다.

6월 11일 고경명을 대장으로 하는 의병군은 근왕勤王(임금을 가까이서 모심)을 위해 북쪽으로 길을 떠났다. 양대박의 3,000 군사는 양경우의 지휘 아래 북진에 합세하고, 양대박과 양형우는 의병을 더 모은 후 뒤따르기로 했다.

6월 24일 오전, 양대박은 그 동안 모집한 1,000여 의병을 이끌고 남원을 출발했다. 전주를 향한 진군이었다. 임실 갈담역(강진면 갈담리)에 당도했을 때 날이 저물었다. 이곳에서 하룻밤을 지내기로 하고 군사들과 함께 숙소를 만들기 시작했다. 그 때 한 촌로가 달려와 '운암과 강진 사이의 고개 율치栗峙 아래 섬진강 골짜기에 왜놈 1만여 명이 진을 치고 있소.' 하고 전했다.

전투를 하기 위해서는 적의 동태부터 정확하게 파악하는 것이 급선무였다. 양형우가 날랜 군사 10명을 선발하여 밤재栗峙를 넘었다. 금기리를 지나 여시등과 배알등까지 접근하니 암흑 속에 왜적의 움직임이 흐릿하게 보였다. 대오가 질서정연하지 못하고 흐트러져 있는 것으로 보아 먼 행군에 지친 기색이 뚜렷했다.

더 확실한 정보를 얻기 위해 의병들은 마을 안까지 잠입했다. 적병들은 목욕을 하는 놈, 술에 취해 곯아떨어진 놈, 아직도 고기를 뜯고 있는 놈 등 가지각색이었다. 우리 의병이 골목을 돌아다니는 데도 눈치를 채지 못했다.

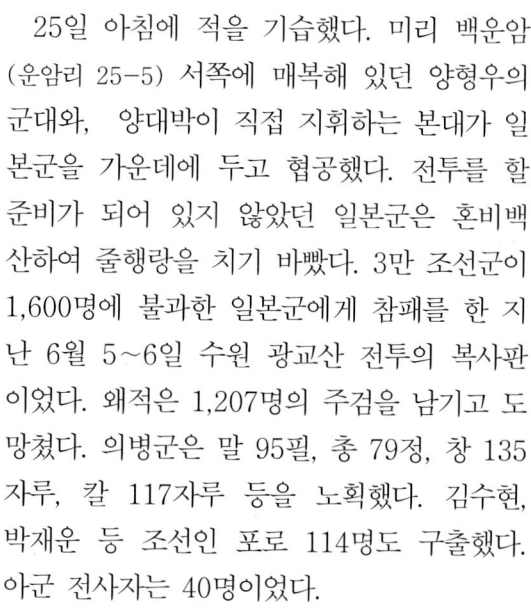

25일 아침에 적을 기습했다. 미리 백운암(운암리 25-5) 서쪽에 매복해 있던 양형우의 군대와, 양대박이 직접 지휘하는 본대가 일본군을 가운데에 두고 협공했다. 전투를 할 준비가 되어 있지 않았던 일본군은 혼비백산하여 줄행랑을 치기 바빴다. 3만 조선군이 1,600명에 불과한 일본군에게 참패를 한 지난 6월 5~6일 수원 광교산 전투의 복사판이었다. 왜적은 1,207명의 주검을 남기고 도망쳤다. 의병군은 말 95필, 총 79정, 창 135자루, 칼 117자루 등을 노획했다. 김수현, 박재운 등 조선인 포로 114명도 구출했다. 아군 전사자는 40명이었다.

충장공 양대박 장군 운암 승전비 전북 임실군 운암면 입석리 760-3

1592년 6월 25일, 양대박은 1,000 의병을 이끌고 왜적 1만 명과 맞대결하여 1,207명을 죽였다. 운암 대첩이다. 왜적들이 도주한 다음날 양대박은 나무에 글자를 새겨 승리를 기념하는 비를 세웠다. 세월이 흘러 비가 삭자 사람들은 돌로「충장공 양대박 장군 운암 승전비」를 건립했다. 1910~1945년 강점기 때 일제는 승전비를 부수었다.

1965년 운암댐을 건설하면서 대첩의 현장과 승전비의 잔해와 유허가 수몰되었다. 우리 스스로도 역사를 묻은 것이다. 2006년 지역 향토회(회장 최종춘)가 대첩 현장을 굽어보는 지점에 다시 승전비를 세웠다. 사진은 양대박 의병군 대첩의 현장인 섬진강 계곡 운암호의 일부로 '국사봉 전망대' 아래에서 굽어본 풍경이다.

다음날인 26일 아침 양대박은 승전 소식을 의병대장 고경명에게 알리고, 고개에 '임진 6월 25일 장군 양대박이 왜노를 여기서 대파하다'라고 새긴 나무 비를 세웠다. 호남 의병군의 출진 이후 첫 승리를 거둔 양대박과 장졸들은 의기양양하게 전주로 북진했다. 감히 앞을 가로막는 왜군은 없었다. 27일 전주에 닿으니 전라도 도사都事(관찰사 보좌관, 종5품) 최철견崔鐵堅이 소를 잡고 술을 장만하여 운암 대첩을 이룬 공로를 치하하고 위로하는 잔치를 열었다.

28일 아침 슬픈 소식이 들려왔다. 황간을 넘어 쳐들어오는 적을 막던 금산 군수 권종, 그의 아들 권준, 제원 찰방 이극경 등이 며칠 전에 전사했다는 소식이었다(122쪽 참조). 애통함과 분함을 이기지 못해 모두들 눈물을 짓던 중 어느덧 해가 저물어갔다. 그때 큰 변고가 생겼다. 대장 양대박이 하혈下血(항문으로 피가 쏟아지는 현상)을 일으키며 쓰러진 것이었다.

고경명 의병군 본대가 금산의 왜적을 치기 위해 출발한 뒤에도 양대박은 병석에서 일어나지 못했다. 7월 1일에는 임금이 이미 의주로 피란을 갔고 평양이 6월 15일 적의 손에 넘어갔다는 사실도 알게 되었다. 양대박은 하늘을 바라보며 대성통곡하고 땅을 치며 울부짖다가 더욱 하혈이 심해져 몇 동이나 되는 피를 흘렸다. 전쟁이 시작된 이래 줄곧 굶주림과 피로 속에서 호남 일대를 순회하며 의병을 모으고, 운암에서 적과 혈전을 치른 격무가 몸을 무참히 손상시켜 병을 얻었는데, 나라가 망해가는 소식까지 들려와 그를 아주 망가뜨린 것이었다. 결국 7월 7일 양대박은 숨을 거두었다. 고경명 부대가 금산 전투에서 왜적과 싸운 끝에 순절하는 7월 10일보다 사흘 전에 벌어진 원통한 일이었다(144~145쪽 각주 참조).

「양대박 장군 승전비」 앞에 서서 묵념을 하고, 이어 그 옆에 세워져 있는 한글 비석을 읽는다. 이곳을 찾은 현대인들에게 양대박 장군의 생애와 임란에 대해 한 번 더 생각할 기회를 갖도록 하려는 비석 설립자들의 진심이 느껴지는 비석이다.

「충장공 양대박 장군 운암 승전비」와 오른쪽의 한글 해설비

나는 한글 비석의 전문을 다시 이곳에 옮긴다. 현장을 답사했더라도 찬찬하게 읽을 시간이 없었던 분들과, 미처 양대박 장군 승전비 앞에 가볼 기회가 없었던 독자들을 위한 나의 진심이다.

> 「충장공 양대박 장군 임진왜란 운암 승전비」 한글 해설 비문
> 산천이 험하고 저습지대라 말들은 서로 달리지 못하고, 군사들은 무술을 펴지 못한 곳에 나는 가고 적은 와서, 적음으로 많음을 대적하고, 약함으로 강함을 항복 받으니, 군병을 선용善用한 자 뜻을 얻은 땅이요, 제승制勝의 기회를 운용運用한 곳이다.

그러므로 효 땅에 이릉二陵이 있어 맹명孟明이 패하고, 고 땅에 정경이 있어 한신이 이기니, 이는 어찌 양 장군이 운암에서 왜를 격파한 바가 아니랴. 옛날 임진년 왜노의 난에 의병을 일으키고 가산을 기울여 호남의 자제들을 규합하고 격문을 각 고을에 보내어 바람을 일으키니 군대의 소리 드디어 일어나다. 둘째 아들 형우와 함께 장사 1,000여 명을 거느리고 남원으로부터 전주로 갈 적에 갈담역에 이르러 앞서 간 자가 위급함을 아뢴지라, 당초에 장군에게는 오룡烏龍이란 말이 있어 능히 하루에 500리를 달리더라.

보건대 왜노 군사 1만여가 운암 장곡 가운데에 진을 쳤으므로 장수들이 군을 멈추고 그 예봉을 피할 것을 청하니 장군이 칼을 만지며 웃어 말씀하시기를, '대열을 이루지 못할 적에 나아가 한 번 싸우면 공을 거둘 것이니라.' 군을 2대로 나누어 일대는 형우를 장수로 산 서쪽에 복병하고, 일대는 장군이 직접 율치 아래로 다가가니 이때를 당하야 왜노가 취사도구를 벌려 놓고 밥을 지어 미처 먹지 못한지라. 장군이 칼을 빼들고 크게 호령하여 장사들을 지휘하며 사력을 다하여 싸우고 형우는 산 서쪽에서 바로 가운데를 뚫어 북을 치며 같이 공격하고 장군은 손수 50명의 적을 사로잡고 살상한 자 천명이 넘으니 왜노가 크게 패하여 달아났다.

장군이 대수大樹(큰 나무)를 깎아 글을 쓰되 '만력 임진 6월 25일 장군 양대박이 왜노를 여기서 대파하다' 하니 대박은 곧 장군의 이름이다. 세상에 전하기를 장군이 죽기 전 꿈에 하늘에 올라가 신병神兵으로 어려움을 구원할 것을 청하여 어려움을 이겨낸 고로 사람들이 신이라 하더라. 아! 구지지법(손자병법)을 밝히고 만부萬夫의 용맹을 사서, 마을의 농사꾼을 모아 바위 험하고 위급한 장소에 배치하여 적으로 하여금 앞뒤를 서로 구원치 못하게 하고, 위·아래를 서로 수습치 못하게 하여 예봉을 꺾고 정병을 소멸하여 감히 다시는 완산을 엿보지 못하게 하고, 작은 한 몸으로 동남을 막아 호위하여 높게 군사상 중요지를 지키니, 나라가 의지하여 중히 여기고 백성이 믿고 두려움이 없게 한 것은 바다로 둘러싸인 우리 동토東土, 삼三 수백 년에 오직 장군 한 사람이다.

나 일찍 호남에 이르러 운암을 보니 비록 벽촌이지만 늙은이들이 왕왕 그 사실을 전하며 울먹인 자 있더라. 이제야 그 공렬功烈이 만물에 많이 미쳤음을 믿고 충성과 의리, 사람을 감동함이 깊었도다. 나 이에 수레에서 내려 서성거리며 오래도록 가지 못하였다. 이른바 벌정伐亭은 곧 대수大樹의 빈 터였다. 대수는 바람 비로 없어지고 돌에 새겨 장차 그 나무를 대신하다.

전남 남원시 주생명 상동리 530의 양대박과 그의 아들들을 기려 세워진 '부자 충의문'은 문화재자료 170호로, 앞면에 팔각 돌기둥이 세워져 있는 것이 특징이다.

끊겼도다. 마을마다 기쁜 웃음 송별送別도 없어지고 봄기운 무성하여 상마桑麻밭 싹이 트네. 섬 오랑캐 부질없이 노략질 하지 마라. 푸른 하늘 우뚝하게 운암비雲巖碑가 서 있도다.

비가 완성되니 임금께서 유고를 보시고 교시하시기를, '그 글을 보고 그 사람을 알았도다. 어려움을 당하였을 때 용단勇斷은 이순신보다 낫고, 변란을 처음 듣고 의병을 일으킴은 고경명보다 우선하도다.'

드디어 판중추부사와 겸하여 병조 판서를 내리시고 시호까지 내리시니 사람들이 감격하여 눈물을 흘리지 아니함이 없더라. 미천한 신도 칭찬함이 만의 하나라도 능하지 못함에 송구스러워 어찌할 바를 모르겠다.

그러나 왜란의 뒤에 중국의 장수들은 모두 돌을 깎아 공을 실어 높게 서로 바라보니 양호의 비는 한사에, 진린의 비는 청도에, 오종도의 비는 심부에, 풍중영은 양산에 새기고, 만세덕은 내해의 섬에 새기어 지금 200여 년에 사람들이 더욱 애석하거늘 하물며 우리 성상聖上께서는 떳떳한 가르침에 나가시고 풍속의 소리를 세워 거록(항우가 진을 무찌른 곳)의 남은 생각으로 회양(당나라 장수 장순이 안녹산과의 싸움에서 웅거한 곳)의 고충孤忠을 나타내시어 비로소 장군의 이름이 높은 산과 북두성같이 빛을 다투니 운암의 비는 하늘과 땅같이 그침이 없고 신의 이름도 어찌 영광이 있지 아니하리오.

원임직각原任直閣 윤행임尹行恁 찬撰
2006년 7월

해설
愼思範, 南大熙, 高南奎(고창), 柳正桓, 李秉瑢(남원), 李炯南, 崔宗春(임실), 후손 鎭煥(종손), 奇煥, 在圭

후기

이 비는 원래 임실군 운암면 벌정마을(임진왜란 당시 승전지)에 있었습니다마는 1917년~1944년 왜정 시 파멸되었고 도한 1965년 섬진댐이 완공되어 수몰 지역으로 마을과 당시 전적지가 수장水葬되어 호수로 변하였음은 참으로 안타까운 일입니다. 인멸湮滅되어 가는 역사의 사실을 복원하여 후세에 전하고 우리 임실이 충효의 고장임을 재조명하고자 우리 향토회가 주선하고 임실군이 지원하여 여기에 다시 세웁니다.

2006년 8월 15일

향토회장 崔宗春

회원 : 김교만, 김규섭, 김상만, 김영식, 김종진, 김판쇠, 김형기, 박정근, 박주태, 박찬동, 빙판석, 손완주, 안상선, 이강돈, 이기택, 이도연, 이동락, 이두철, 이종술, 이홍열, 임해택, 임화섭, 최종선, 최흥필, 한달식, 홍순칠, 홍종인, 황경택(독자가 찾기 쉽도록 하기 위해 옮긴이가 임의로 가나다 순에 맞춰 재배치했음.)

임실 군수 김진억, **용암 면장** 최휘성

학산사 강당 광주시 서구 서창동 1, 강당 우측 뒤로 묘정비와 사당이 보인다.

학산사 광주 학산사는 금산 전투에서 순절한(142쪽 참조) 삽봉挿峰 김세근金世斤을 모신 사당이다. '광주직할시 서부교육구청장 김흥남金興南'이 쓴 외삼문 앞 검은 빗돌의 안내문을 읽어본다.

'선생은 김해인金海人으로 1550년 태어나 28세 때 문과에 합격하여 홍문관의 여러 벼슬을 거친 후 35세 때 종부사宗簿司(왕족의 일을 관리하는 기관) 주부主簿(종6품)에 오르셨다. 1592년 4월 42세 때 임진왜란이 일어나자 그해 6월 20일 호서湖西(충청도) 의병장이신 스승 중봉重峰 조헌趙憲 선생의 격문을 받으시고 의병 300여 명을 이끌고 전주에 이르러 그곳에 흩어져 있는 관군 200여 명까지 규합, 영동 부근의 적을 크게 무찌르고 고경명 선생의 의병과 합세하여 금산 전투에서 7월 10일 순국하셨다.

선조대왕께서 가선대부(종2품) 병조 참판(국방부 차관)의 벼슬을 내리셨고 선무원종훈의 특전을 주셨다. 1958년 광주 유림들의 발의에 의해 이 사우가 건립되었고, 사우祠宇(사당) 안에 하사받은 특

전과 출전 시 부인께서 주신 요도腰刀(허리에 차는 칼)가 유품으로 함께 소장되어 있다.'

외삼문 밖에는 흔히 보는 게시판 형태의 큰 안내판이 또 있다. 이 안내판에는 빗돌에 없는 내용도 적혀 있다. 김세근은 '율곡 이이 선생과 같이 왜침에 대비하기 위한 양병론을 주장하였지만 용납되지 않자 벼슬을 버리고 고향으로 돌아와 (중략) 뜻있는 젊은 장정들을 모아 마을 뒤 백마산 수련골에서 병법을 가르쳐 무술을 연마하던 중 임진왜란이 나자 담양군 추성관에서 의병 모집에 나아가 혈서까지 마치고' 출전했다. 고경명의 호남 의병이 담양 추성관에서 출병의 결의를 다졌다는 사실을 알게 해주는 대목이다.

학산사鶴山祠는 강당의 한문 주련柱聯(기둥에 붙인 시)에 한글 풀이를 첨부해 두었다. '夫死忠妻死烈人부사충처사렬인' 아래에 '지아비가 충성으로 죽으면 아내는 열의로 죽는 것이 사람의 도리' 식의 해설을 붙여두는 방식이다. 이 주련은 김세근 의병장 순절 이후 부인이 스스로 목숨을 버렸다는 사실을 말해준다.

'忠孝傳家與孫代충효전가여손대'는 '충효가 집안에 전하니 자손 대대로 가네.'라는 뜻이다. '부잣집 뒷동산 봄에 꽃이 붉게 빛나네'라는 의미의 '富貴春花後紅色부귀춘화후홍색' 주련이 특별히 눈길을 끈다. 도로에서 이곳 학산사까지 들어오는 길은 정말 아름다웠다. 꽃이 붉게 빛난다고 한 주련의 묘사처럼 진입로는 붉은 배롱나무로 가득 차 있었다. 변영로의 「논개」가 '석류 속 같은 입술'이라 했듯 붉은 빛은 충절을 표상한다. 학산사 가는 길은 그렇게 붉었다.

학산사 사당

전남 보성 **죽천정, 용산서원, 장윤 정려,** 순천 **정충사**
금산 전투 이후 봉기한 전라 좌의병

　박광전朴光前(1526~1597)은 67세의 고령에 군사를 일으킨 임진왜란 의병장이다. 조선 시대의 평균 수명이 30대 초반이었다는 사실을 생각하면 당시의 67세는 평균 수명이 88세 안팎에 이르는 오늘날의 67세와 전혀 다르다.

　박광전이 의병을 일으킨 때는 1592년 7월 20일이었다. 고경명 의병군이 금산 전투에서 전몰한 7월 10일보다 열흘 뒤였다. 의병군에는 전 진보 현감 임계영任啓英(1597년 병사), 능성 현령 김익복金益福(1598년 예교 싸움에서 전사), 박광전의 처남 문위세文緯世(1600년 병사), 제자 안방준安邦俊, 제자 정사제鄭思悌(1592년 남원 싸움에서 전사) 등이 참가했다.

　의병장은 임계영이 맡았다. 당시 박광전은 고령이기도 했지만 투병 중이어서 전투 참가가 불가능했다. 다만 의병 모집 등 일상적 활동은 가능했다. 당시 의병을 모집하기 위해 띄웠던 격문의 첫머리도 그 점을 증언해준다. 격문은 '임진년 7월 모일에 전 현감 박광전과 임계영 등은 능성 현령 김익복과 함께 삼가 재배하고 여러 고을의 선비와 벗들께 글을 드립니다.'로 시작한다.

죽천정 박광전의 강학 장소, 보성군 노동면 광곡리 209-4

　국가가 망하지 않은 것은 하삼도下三道(경상, 전라, 충청)가 있었기 때문인데, 경상도와 충청도는 이미 궤멸되어 왜적의 소굴이 되었고 호남만이 겨우 한 모퉁이를 보전하여 군량 수송과 정예병의 모집이 모두 이 한 도에 의지하고 있으니, 국가를 일으켜 세울 기틀이 실로 여기에 달려 있습니다.
　요즘 왕성王城이 위급하다 하여 순찰사는 정예병을 이끌고 바닷길을 따라 올라갈 계획을 세웠고, 병사는 수 만 병사를 이끌고 이미 금강을 넘었으며, 양도(전라 좌·우도)의 의병도 각각 근왕勤王을 위해 본도를 떠났습니다.

격문은 당시 전라도 장졸들이 어떤 행보를 취하고 있었는지 증언해준다. 관군이 이미 금강을 넘었다는 대목은 전라 감사 이광이 2만여 군대를 이끌고 한양을 향해 북진한 것을 가리킨다.

6월 5일과 6일에 걸친 수원 광교산 일원 전투에서 이광 군은 일본군에게 무참하게 부서졌다. 일본군은 1,600명에 지나지 않았는데도 충청도와 경상도 지원군까지 합해 3만을 헤아리던 이광 군은 제대로 싸움 한번 못한 채 죽거나 흩어졌다. 선조는 이 소식을 듣고 평양을 떠나 의주로 더 멀리 떠났다.

전라 좌도와 우도의 의병이 각각 근왕(임금을 지킴)을 위해 본도를 떠났다는 대목도 당시의 사정을 짐작하게 해준다. 경상도와 달리 전라도는 1592년 4~5월 일본군의 침입이 없었으므로 이곳 의병들은 향토를 지키는 데 골몰할 까닭이 없었다.

1593년 1월 당시 나주 지역을 대표하는 의병장 김천일이 3,000 군사를 이끌고 강화도에 있었다는 사실은 그 단적인 사례이다. 이는 '조선의 현재 병력과 주둔지를 보고하라'는 명나라 군대의 요구에 따라 그해 1월 11일 조선 정부가 명에 보고한 내용이다(국사편

가운데에 방이 있고 좌우로 마루가 있는 특이한 구조의 죽천정

찬위원회 《신편 한국사》). 그 무렵 곽재우는 경남 의령에, 김면은 경남 거창에, 성안의는 경남 창녕에, 정인홍은 경남 창녕에 주둔하고 있었다. 나주의 김천일이 강화도에 머무른 것과는 대조적이다.

먼저 창의한 나주의 김천일 의병군이 벌써 도성 인근의 경기도까지 진격한 데 비해 그보다 약간 늦게 일어난 담양의 고경명 의병군은 그 대신 6,000에 이르는 많은 의병을 모아 북진을 시작했다. 고경명 의병군은 6월 27일 은진(논산군 은진면)에 당도했다.

그때 왜적이 금산을 점령한 후 전주를 거쳐 호남 전역을 침탈하려 든다는 정보가 입수되었다. 고경명 군은 이미 평양까지 피란한 조정을 뒤따라 가 근왕을 하는 일보다 곡창 호남을 지키는 것이 시급하다고 판단하였다.

고경명 군은 7월 1일 은진에서 약 20리(8km) 떨어진 연산으로 회군했다. 6월 22일 군수 권종의 군대를 제압한 일본군이 진을 치고 있는 금산으로 좀 더 가까이 다가간 것이었다.

고경명은 충청도 의병장 조헌에게 형강(대청호 쪽 상류)을 건너와 7월 10일 금산의 왜적을 함께 치자는 서신을 보냈다. 조헌은 그 날까지 의병을 제대로 모으지 못해 전투에 참전하지 못했고, 고경명 의병군은 전라도 방어사 곽영의 관군과 더불어 일본군을 공격했다. 하지만 세력이 약하고 전투 능력에서도 떨어진 고경명 의병군은 일본군을 제압하지 못했고, 오히려 고경명, 류팽로, 안영, 고경명의 차남 고인후 등 장졸들이 장렬한 죽음을 맞았다.

이후 전라도 의병군은 재기를 모색했다. 고경명의 지시에 따라 모병 활동을 하느라 금산 전투에 참전하지 않아 삶을 유지한 문홍헌文弘獻이 앞장을 섰다. 2차 진주성 싸움 때 순절하는 문홍헌은 화순의 최경회崔慶會를 의병장으로 추대하여 7월 26일 광주에서 800여 명과 함께 창의했다. 이를 흔히 '전라 우의병'이라 부른다.

박광전, 임계영 등 전라 좌의병 수뇌부가 창의를 하면서 지역 선비들에게 배포한 격문을 계속해서 읽어본다.

지금이 바로 의로운 선비들이 분발해야 할 때입니다. 왜적이 성 아래에 이르러 장정들을 무참히 죽이면 불쌍한 우리 백성들은 어디에 몸을 두며 가족들은 어느 곳에 둔단 말입니까? 영남이 이미 그렇게 당한 사실을 귀로 듣고 눈으로 보았으니 숲속으로 도망쳐 숨으려는 계획도 옳지 않고, 구차하게 목숨을 보전하려는 계획도 잘못된 것입니다. 죽는 것이 매한가지라면 어찌 나라를 위해 죽지 않겠습니까? 만에 하나라도 요충지를 잘 막아 왜적의 기세를 차단한다면 사지에서 살 길을 구하는 것도 이 기회에 이루어지고, 치욕을 씻고 나라를 수복하는 것도 이 시기에 이루어질 것입니다.

우리 도내에는 필시 누락된 장정과 도망친 군졸들이 있을 것이니, 만약 식견 있는 선비들을 시켜 서로 불러 모아 권장하고 격려하며 힘을 합해 떨쳐 일어나 스스로 군대를 만들어 왜적이 향하는 곳을 감시하여 요충지를 굳게 지키게 한다면, 위로 왕의 군사를 성원할 수 있을 것이요, 아래로는 한 지역 백성들의 목숨을 보호할 수 있을 것입니다. 이 기회에 힘껏 도모하여 영남 사람처럼 되지 맙시다.

영남 사람들은 왜적과 맞선 초기에 한마음으로 막아낼 생각은 않고 머리를 싸매고 도망쳤으니 이것이 비록 황급한 나머지 어찌할 바를 몰라 그랬을지라도 오늘날 다시 생각해보면 후회가 될 것입니다. 적의 기세가 창궐하여 집이 불에 타고 처자가 능욕을 당한 뒤에야 선비들이 떨쳐 일어나 많은 적을 베고 잡으니 조금 마음이 든든하지만 또한 이미 늦었습니다. (하략)

전라 좌[20] 의병은 앞에서 언급한 것처럼 7월 20일 보성에서 기

---

20) 1018년(현종 9) 이전까지 지금의 전북은 강남도江南道, 전남은 해양도海洋道로 불렸다. 1013년부터 합쳐서 전라도라 했다. 1407년(태종 7) 전라

장윤 정려 전남 기념물 75호, 순천시 승주읍 서평리 400-7

병했다. 부장으로는 문위세 휘하에 이충량李忠良, 김익복 휘하에 유여환俞汝琥이 활동했다. 특히 무과에 급제한 경력의 전 사천 현감 장윤張潤이 임계영 의병장에 합류하면서 전라 좌의병의 기세는 한결 치솟았다.

또 전라 좌의병은 '남원에 진을 치고 있을 때 부사 윤안성尹安性으로부터 상당한 군량과 병력을 지원받아 이후의 의병 활동에 적지 않은 활력소를 얻기도 했다(조원래 논문 「문위세」).'

도와 경상도를 좌·우도로 나누었다. 전라도는 동쪽 산악 지대를 좌도, 서쪽 평야 지대를 우도라 했고, 경상도는 낙동강을 경계선으로 하였다. 임금이 있는 왕성을 좌우의 기준으로 삼았으므로 남원·담양·순창·용담·창평·임실·장수·곡성·옥과·운봉·진안·무주·광주 등 24개 고을이 전라좌도에 들었다. 관찰사는 별도로 두지 않았고 군사 책임자인 병사兵使와 수사水使만 각각 배치했다. 1892년(고종 33) 남·북도 체제로 바뀌었다.

'의병의 전략이나 전술은 고경명과 같이 대부대로 정규전을 펼치는 경우가 있었으나 이는 예외에 속하고 일반적으로 지리와 지세를 이용한 유격전을 펼쳤다. 이는 의병군의 희생을 최소화하고 적에게 막대한 타격을 주었을 뿐 아니라 그들의 후방을 교란하여 전의를 상실케 하는 데 효과가 있었다(국사편찬위원회 《신편 한국사》).'

전라 좌의병도 '일정한 지역에 주둔하면서 훈련된 소수 병력을 수시로 운용하여 주로 기습에 의한 유격 전술을 펴 전과를 거두었다. (중략) 야간에 볏 짚단으로 병사로 위장하여 적의 시환矢丸(화살과 총탄)을 무수히 허비하게 하는 의병술疑兵術(가짜 병사를 활용하는 전술)을 구사하기도 하고, 지형에 따라 장사진長蛇陣(가로로 군사를 길게 늘여 숫자가 많아 보이게 하는 한편 공격을 당했을 때 적을 포위하기 쉽게 하는 전술), 어관진魚貫陣(에워싸서 징을 치고 불을 밝혀 물고기를 놀라게 하여 잡듯이 적과 싸우는 전술) 등 다양한 전법을 구사하여 왜군에 적지 않은 피해를 주었다(문강공 박죽천 선생 기념 사업회「박광전」).'

용산 서원 유허비 박광전을 기려 보성군 미력면 덕림 교차로에 세워졌다.

전라도 의병은 경상우도 감사 김성일 등의 요청을 받아 1차 진주성 전투, 성주성 회복 전투, 개령(김천) 전투 등에도 참전했다. 좌의병은 특히 성주성 수복과 개령 전투 승리에 큰 힘을 보탰다.

박광천의 마지막 활동은 1597년에 이루어졌다. 72세의 고령에 병이 깊었지만 박광천은 정유재란 때에도 의병으로 나섰다. 그해 8월 중순 남원성과 진주성이 함락된 후 천봉산에 피란해 있던 그는 전 판관 송홍렬宋弘烈을 부장, 차남 박근제朴根悌를 종사관, 박사길朴士吉과 박훈朴勳 등을 선봉장으로 삼아 동복(전남 화순)의 적진을 기습했고, 적벽(화순군 장항리 이서면 동복댐 일원)에서 적을 격파했다.

박광전은 그해 11월 18일 노령과 병환, 의병 활동으로 쌓인 육체적 소모를 이기지 못하고 별세했다. 정유재란 의병 활동을 재개한 직후 아내를 먼저 저 세상으로 보낸 그였다. 사람들은 1607년 그를 기려 대룡산 기슭에 용산 서원을 창건했다. 1841년(헌종 7)에는 문강文康이라는 시호도 내려졌다.

용산 서원 2016년 중건, 보성군 노동면 광곡리 343-3 옆

박광전의 강학 장소 죽천정은 찾기가 어렵다. 주소가 보성군 노동면 광곡리 209-4이고, 노동역 바로 가까이에 있다는 정보를 듣고도 혼자서는 웬만해서 찾을 수가 없다. 김성일과 영남 의병 도대장 김면 등은 전라 의병의 도움을 받아 일본군을 성공리에 물리쳤지만, 나는 누구에게 지원을 요청할 것인가?

역장님에게 물으면 될 성 싶지만 실현 불가능한 상상에 지나지 않는다. 역장은 없다. 근무 중에 자리를 비우고 어디론가 사라진 것이 아니라 역이 폐쇄되는 바람에 영원히 존재를 감추어버렸다.

주소를 길찾기 프로그램에 띄우고 물어보면 '목적지에 도착했습니다.' 하는 답변은 반복되는데 건물이 없다. 죽천정은 여름에는 모습을 감춘다고 한다. 겨울이 되어 나뭇가지들이 나목으로 변하면 철길 건너 산비탈에 숨겨두었던 몸을 가까스로 드러내고, 여름이 가까운 때일수록 오롯이 숨어버린다는 것이다. 사람과 반대다.

문득 머리를 스치고 지나가는 생각이 철길 건너 죽천정을 향해 달려간다. 후대인들이 김익복, 문위세, 박광전, 박근제, 박사길, 박훈, 송홍렬, 안방준, 유여환, 이충량, 임계영, 장윤, 정사제 등 전라 좌의병 선조들을 거의 기억하지 않고 있으니 정자조차도 지금처럼 숨어버리는 것이 아닐까? 역사 의식을 잃은 채 물질 숭배 사상에 사로잡혀 살아가는 후손들의 풍조를 한탄하여 저렇듯 모습을 감추려는 것은 아닐까? 나라와 공동체를 위해 목숨과 재산을 내놓았던 선조들에 비해 우리는 그 반대로 살아가는 것은 아닐까?

방이 가운데에 있고 마루가 그 좌우로 배치되어 있는 특이한 구조의 죽천정을 둘러본 후 '장윤 정려'로 간다. 전라 좌의병 최고의 무장 장윤은 1593년 2차 진주성 싸움 때 순절했다. 기념물 75호인 장윤 정려는 순천시 승주읍 서평리 400-7 도로변에 있어 찾기가 쉽다. 나는 표지석 앞에 서서 눈에 힘을 준다. 한 글자도 빠짐없이 옮겨 독자들에게 전달하리라.

'조선 시대에는 유교적 가치관을 중심으로 하고, 그 대표되는 덕목으로 충, 효, 열을 강조하였다. 그리하여 충신과 효자, 열녀에게는 나라에서 특별히 관작을 주거나 정려를 세우면서 크게 포상하였다. 정려문, 충렬비, 삼강문, 충효문 등이 바로 그것이다.

  이 정려는 임진왜란 때 활약한 장윤 장군의 업적을 추모하기 위해 인조 27년(1649)에 세운 것이다. 장윤 장군은 조선의 무신으로 선조 15년(1582) 무과에 급제하여 사천 현감을 지냈고, 임진왜란 때 의병을 이끌고 함양, 개령, 성주 등지에서 활동하였으며, 선조 26년(1593) 진주성에서 김천일, 황진, 최경회 등과 함께 싸우다 전사하였다. 시호는 충의忠義로 형조 참판에 추증(죽은 뒤에 벼슬을 높여줌)되었다.'

정충사 전남 순천시 저전동 276에 있다. 기념물 232호인 이 사당은 장윤을 기려 1682년(숙종 8)에 세워졌고 1686년 사액을 받았다. 대원군의 서원 철폐령 때 훼철되었다가 1907년 다시 지어졌다. 배롱나무가 활짝 피고 하늘이 쾌청한 날 찾아가면 아래 사진처럼 아름다운 모습을 보여준다.

전북 익산 은천사, 충신 정려
선비들이 충신 책봉을 요구, 증직과 정려를 받다

　전북 익산시 은기동 237에 은천사隱泉祠가 있다. 임란 의병장 이보李寶(1544~1592)를 기리는 은천사는 1801년(순조 원년)에 창건되었다. 1868년(고종 5) 서원 철폐령을 맞아 훼철되었다가 1894년 단 설치를 거쳐 1982년 복원되었다. 은천사 입구에는 1741년(영조 17)에 내려진 '충신 증 통선랑 사헌부 지평 이보 지려'도 있다.

(전략) 이보는 인조반정을 주모한 1등공신 충정공(휘 귀貴)의 맏형이다. 1592년(선조 25) 왜적이 침략하자 선조 임금께서는 파천하시고 금산에 침략한 왜적이 곡창인 호남 지방을 총공격하려고 이치로 진격할 때 이보는 익산에서 모은 의병 400여 명과 함께 출전, 일부 관군 패잔병과 혼합 부대를 편성하며 왜적과 구국일념의 치열한 전투를 벌였다.

의병장 이보는 조총으로 무장한 왜적에 중과부적이 되어 8월 27일(음력) 의병들과 함께 전사하였다. 전란 후 조정은 (1605년 아들 이시달李時達에게 노동 동원을 면제하는 복호復戶는 내렸지만) 이보를 공신으로 책봉하는 포상에서 빠뜨렸다. 이에 전라도 각 지역 유림들이 상소하여 1712년(숙종 38) 통선랑 사헌부 지평으로 증직 받고, 1741년(영조 17) 충신 정려를 받았다. 후대에 충절과 숭고한 희생 정신의 교훈을 덕목으로 잇기 위해 이곳에 정려각을 세운다.

정려 앞 안내판을 읽어본다. 이보는 인조반정을 주도한 이귀李貴(1577~1633)의 맏형으로, 고경명 의병군이 전몰한 후 일본군이 익산으로 내려오려 하자 400여 의병을 이끌고 이치에서 맞섰다. 금산 전투에서 흩어졌던 관군 패잔병들도 일부 합류했다. 하지만 군사 수와 무기에서 중과부적이었던 이보 의병군은 8월 27일 모두 전사했다.

이보는 이치로 나아갈 때 실로 웃옷과 갓에 이름을 새겼다. 이미 죽음을 각오했던 것이다. 가족들이 출전을 말리자 칼로 옷깃을 자르고 분연히 전장으로 갔다. 전투 마지막 순간에도 병사들이 퇴각을 요청했지만 한 손으로 북을 치고 다른 한 손으로 칼을 휘두르며 싸웠다. 전라 감사 민성징은 1620년(인조 4) '초야의 선비가 충의로 항전하여 죽음을 달갑게 여겼으니 참된 장부가 아니고서야 이렇게 할 수 있겠습니까?'라며 증직과 정려를 요청하였다.

전남 장흥 강성 서원
일문창의 一門倡義의 전형을 보여주는 문위세 집안

　강성 서원은 전남 장흥군 유치면 조양리 677-5에 있다. 장흥읍에서 나주시로 이어지는 23번 국도를 따라 40리(12km)쯤 올라가면 도로 오른쪽에 유치면 소재지가 나온다. 국도에서 오른쪽으로 내려 옛날 도로로 들어서면 길가에 유치 면사무소, 유치 파출소, 유치 우체국, 유치 중학교, 유치 다목적 복지센터가 줄을 짓고 있다. 복지센터 옆이 강성 서원이다.
　서원은 조선 시대에 사립 교육 기관이었다. 그러므로 현대 사회의 강성 서원이 관공서들과 나란히 세워져 있다고 해서 어색하게 느껴질 일은 없다. 다만 서원이 일반적으로 번잡한 읍내가 아니라 인적이 드문 곳에 세워졌다는 사실은 상기할 필요가 있다. 강성 서원도 본래 이곳에 건립된 것이 아니라는 말이다.
　강성 서원은 유치면 능용리 665에 있었다. 능용리 665는 현재의 서원 위치에서 10리(4km)가량 떨어진 동남쪽 지점이다. 주소를 검색해보면 거대한 호수에 점이 찍힌다. 서원은 탐진 호가 만들어지면서 2004년 현재 위치로 옮겨졌다. 서원이 있던 땅은 수몰 지역이 되었다. 서원이 제자리를 잃은 것이다.

강성 서원 전남 장흥군 유치면 조양리 677-5

　원래의 터를 잃었다고 해서 강성 서원이 그 이름까지 잃은 것은 아니다. 강성江城 서원의 '江城'은 문익점文益漸의 호이다. 문익점은 원나라에 사신으로 갔다가 외국인이 가져가지 못하게 금지되어 있는 목화씨를 몰래 국내로 들여와 우리나라 사람들의 의복 생활에 획기적 전기를 마련한 선비로 알려진 인물이다. 서원의 이름에 문익점의 호가 포함된 것은 서원 안에 강성, 곧 문익점을 제사 지내는 사당이 설치되어 있다는 사실을 말해준다.
　이 서원이 처음부터 문익점을 모셨던 것은 아니다. 1644년(인조 22) 월천사라는 이름으로 사당이 최초로 세워졌을 때에는 임진왜란 의병장 문위세文緯世(1534~1600)만 제향 하였다.

강성 서원의 강당

    문익점을 추가로 모시게 되는 것은 1734년(영조 10) 이후부터이다. 문위세가 문익점의 9대손이라는 사실을 감안하면 뛰어난 선조를 배제한 채 후손만 제사 지내는 부담감이 작용을 했을 법하다. 뛰어난 선조를 서원에 모심으로써 가문의 명예를 더욱 빛낼 수 있으리라는 생각도 한몫을 했을 것이다. '강성'이라는 이름은 정조가 1785년(정조 9)에 붙여주었다.

    문위세는 임진왜란 당시 전라 좌의병의 양향관糧餉官(군량미 모집 책임자)으로 활동했다. 조정은 1592년 임진왜란과 1597년 정유재란 사이의 공백기인 1595년 문위세를 용담(전북 진안) 현령에 임명했다. 이는 조정이 그의 공로를 공식적으로 인정했다는 증거이다.

강성 서원 외삼문과 그 앞의 신도비

 도원수 권율의 《만취당 실기》에도 '문위세가 공을 세움으로써 그(권율)가 조정에 보고하여 (문위세가) 현감이 되었다는 기록을 찾아볼 수 있다(조원래 논문 「문위세」).' 조원래는 '임진왜란 시 문위세 일가의 의병 운동은 자신을 주축으로 장흥 남평 문씨 가의 부자, 형제, 숙질(아저씨와 조카), 옹서(장인과 사위) 간은 물론 문중의 재종질(7촌)들까지 한 덩어리가 되어 일어난 전형적인 일문창의一門倡義 라는 점에서 주목된다.'라고 평가한다. 일문창의는 한 집안 사람들이 대거 의병에 동참했다는 뜻이다.

 문위세 집안 사람들의 개인별 의병 활동을 알아본다. 그들 사이의 친인척 관계도 살펴봄으로써 일문창의의 뜻도 헤아려 본다.

문위세는 앞에서 언급했지만 임진왜란 당시 전라 좌의병의 군량미를 책임졌던 인물이다. 그의 장남 문원개文元凱(1562~1636)는 1592년 7월 20일 보성에서 전라 좌의병의 창의 행사에 참여한 뒤 아버지 문위세의 명에 따라 고향에 머물러 가묘家廟(집에 설치된 조상의 사당)를 지키면서 문위세의 활동을 뒷받침했다. 아버지가 용담 현령으로 5년 동안 재직할 때에도 아우들과 함께 주변을 지켜 지역 주민들의 안전을 지켜내었다.

차남 문영개文英凱(1565~1640)는 성주와 개령 전투에도 참전했다. 정유재란 때는 동생 형개, 홍개, 여개와 함께 이순신 진영에 군량을 조달하는 한편 어부들의 배를 동원하여 명량 해전을 돕기도 했다. 문영개는 선무 원종 3등 공신에 책록되었다.

문홍개(문위세의 4남) 유허비

문위세 유허비

3남 문형개文亨凱(1568~1627)도 보성 창의에 동참했고, 성주성 회복 전투에 참전했으며, 무주와 장수 일대의 유격전에도 참전했다. 아버지의 관할인 용담 주변을 수비하여 왜적의 침입을 막았고, 명량 해전에도 참전하여 공을 세웠다. 그는 형 영개와 두 동생 홍개 및 여개와 더불어 종전 이후 종7품 벼슬을 받았다.

4남 문홍개文弘凱(1571~1638)도 보성 봉기, 성주성 전투, 명량 대첩에 참전했다. 1604년 선무 원종 3등 공신에 책록되었다. 임진왜란 발발 당시 갓 20세밖에 되지 않았던 5남 문여개文汝凱(1573~1634)도 보성 봉기, 용담 읍성 방위, 명량 해전 등에 빠지지 않고 참가했다. 그는 1624년 이괄의 난 때에도 형 홍개와 함께 창의하여 가문의 충의 정신을 빛내었다.

문위세의 사위 백민수白民秀도 보성 창의에 함께했고, 남원, 무주, 성주, 개령 등지 전투에 빠짐없이 참전하였으며, 용담을 지켜내는 데에도 공을 세웠다. 백민수는 선무 원종 3등 공신에 책록되었다.

문위세의 큰조카 문희개文希凱(1550~1610)도 임란 발발 즉시 창의했고, 정읍 현감으로 있던 정유재란 때에 두 아들 익명益明, 익화益華와 함께 무사히 읍성을 지켜내었다.

문위세의 자형 박광전朴光前(1526~1597)은 전라 좌의병의 지도자였다(166쪽 참조). 67세라는 고령과 신병 때문에 직접 전투에 참전하지는 못했지만 전라 좌의병을 일으키고 사람을 모으는 일에 핵심 역할을 하였다. 그는 정유재란 때에도 72세의 나이마저 잊은 채 의병장 역할에 최선을 다했다. 박광전의 두 아들도 모두 의병군으로 참전하여 활약하였다.

문위세의 7촌 문기방文紀房(1547~1597)은 무과에 급제한 장수로서, 임진왜란 내내 여러 전투에서 활약하였는데 1597년 8월 16일 남원성 전투 때 순절하였다. 또 다른 7촌 문명회文明會(1560~1597) 또한 무과 출신으로 문기방과 더불어 선무 원종 2등 공신에 책록되었다.

　개인별 의병 활동을 살펴보니 과연 문위세 집안은 '일문창의'의 칭송을 들을 만한 가문으로 여겨진다. 나라와 백성들을 위해 목숨을 걸고 목화씨를 가져온 문익점의 후손다운 풍모가 뚜렷하다. '윗물이 맑아야 아랫물이 맑다'라고 하지 않았던가! 가풍家風이 있고 국민성國民性이 있다는 말이 허황된 관념이 아닌 줄 알겠다. '밥상머리 교육'을 하네 뭐를 하네 하며 작위作爲(억지로 만듦)로 가정교육의 중요성을 강조할 일이 아니라 강성 서원 같은 곳을 부모와 자녀가, 교사와 학생이 손잡고 답사하는 풍토만 조성되면 만사형통이 아닐까……. 강성 서원, 좋은 곳이다.

오른쪽 뒤로 강당이 보이는 재실 영모재永慕齋

전남 고흥 **쌍충사**, 해남 **충신각**
'부산 진격' 주장한 정운, 부산포 해전에서 순절

전남 고흥군 도양읍 봉암리 2202 일대의 조그마한 바닷가 봉우리는 조선 시대에 녹도진 성이 설치되었던 곳이다. 이곳에 쌍충사가 있다. 쌍충사라는 이름은 두 사람의 충신을 섬기는 사당이라는 뜻이다. 전라남도 기념물 제 128호인 이 사당의 주인공은 이대원과 정운, 두 장군이다. 사당으로 올라가는 계단 입구에 세워져 있는 안내판을 읽는다.

> 쌍충사는 임진왜란 이전 남해안에 침입한 왜적을 막다가 손죽도에서 전사한 충렬공 이대원(1566~1587)과 임진왜란 중에 큰 공을 세우고 전사한 충장공 정운(1543~1592)을 배향한 사우(사당)이다. 원래 선조 20년(1587) 2월 20일 녹도 만호를 역임한 이대원을 추모하기 위해 세웠으나 임진왜란 때 불타버렸다. 그 뒤 임진왜란 때 녹도 만호로 있다가 순직한 정운과 함께 초가집을 마련하여 제사 지내오다가 숙종 때 와서 사우를 세우고 쌍충사라는 사액을 받았다. 1946년 현 사당을 세우고 1957년에 강당이 세워졌다.

> 1969년과 1970년에 건물 일부를 신축, 보수하여 현재 사당, 강당, 내삼문, 관리사 등 4동의 건물이 있으며, 4월에 제사를 지내고 있다.
> 이대원은 1587년(선조 20) 녹도 만호로서 남해안에 출몰하는 왜적을 맞아 전과를 올렸고, 손죽도 해상에서 순절한 인물이다. 이에 선조는 사당을 지어 인근 주민에게 향사토록 했는데 이것이 쌍충사의 전신인 이대원 묘당이다.
> 정운은 서애 류성룡의 천거로 1591년 녹도 만호로 부임하였는데 임진왜란 때에 충무공 이순신과 함께 옥포, 당포, 한산 해전 등에서 선봉장으로 전과를 올리고 몰운대에서 순절하였다. 이에 전라 좌수사 이순신이 청하여 1592년 그 위패를 합향(함께 제사 지냄)하였다.

손죽도는 이순신이 처음 수군 장수가 되어 근무했던 발포진에서 남쪽으로 직선 40리(12km) 거리에 있는 섬이다. 손죽도와 관련되는 어이없는 실화가 1587년(선조 20) 2월 1일자 《선조수정실록》에 기록되어 있다.

'왜적이 흥양(고흥)에 침범하였는데, 녹도를 지키는 장수 이대원이 막아서 싸우다가 패하여 죽었다. 이보다 앞서 왜선 수 척이 녹도 근처에 침범했을 때 이대원이 미처 주장主將(수사)에게 보고하지 않은 채 그들을 쳐서 수급을 벤 일이 있었는데, 수사水使 심암沈巖은 그가 자기의 공으로 삼은 것을 미워하였다(심암은 그 공을 자기가 세운 것으로 하자고 이대원에게 말했다가 거절당했음).

얼마 안 되어 왜선이 손죽도를 침범하자, 심암이 이대원을 선봉으로 삼고 뒤이어 응원하지 않았다. 적은 많고 아군은 적어 대적이 되지 않았으므로 이대원이 전사했다. 조정에서 그 사정을 알고 심암을 잡아 신문한 다음 효수梟首(목을 베어 거리에 내걺)하여 대중을 경계하였다.'

쌍충사 전남 고흥군 도양읍 봉암리 2202, 기념물 128호

이대원이 전사한 바로 그해(1587년) 녹도진 성 안에 그를 기리는 사당이 세워졌다. 1592년 임진왜란이 일어나고 그해 12월 정운이 다대포에서 전사하자 이순신이 조정에 건의하여 그를 이대원 사당에 함께 모셨다. 임금이 '상충사'라는 편액을 내린 때는 1683년(숙종 9)이다. 문화재청 누리집의 쌍충사 해설을 더 읽어본다.

쌍충사는 '충열공 이대원(1566~1587)과 충장공 정운(1543~1592)을 모신 사당이다. 이대원은 선조 20년(1587) 녹도 만호가 되어 남해안에 출몰하는 왜구를 대파하였고, 다시 흥양에 왜구가 침입하자 맞서 싸우다가 손죽도 해상에서 순절하였다. 이에 선조는 사당을 지어 모시게 했는데 이것이 쌍충사의 전신이다.

정운은 선조 24년(1591) 녹도 만호로 부임하여 임진왜란이 일어나자 이순신 장군과 함께 목포·당포·한산 해전 등에서 용감히 싸우다 부산 몰운대에서 순절하였다. 선조 25년(1592) 이순신 장군의 청으로 이대원과 함께 사당에 모시게 되었다.

바다를 바라보고 있는 쌍충사 외삼문

 정유재란으로 불타 버린 것을 숙종 7년(1681) 새로 짓고, 2년 뒤 쌍충사로 사액되었다. 영조 11년(1735)에 보수하였고 고종 5년(1868) 흥선대원군의 서원 철폐령으로 폐쇄되었다가 1922년 고흥 향교 선비들이 다시 지었다. 지금 있는 건물은 1942년 일본인들이 폐허로 만든 것을 1957년 다시 고쳐 지은 것이다.
 건물 배치는 맨 위쪽에 앞면 2칸, 옆면 1칸 반의 사당이 있고 아래쪽과 왼쪽에는 앞면 5칸, 옆면 3칸 규모의 강당이 있다. 오른쪽 밑으로는 강당과 마주보게 관리사를 배치하였다.'
 계단 입구 안내판 옆에 지도가 첨부된 또 다른 안내판이 세워져 있다. 역사 유적지를 찾았을 때는 이런 종류의 안내판을 성심껏 읽어야 한다. 가장 압축된 해설이기 때문이다. 이 안내판은 제목이 「1관 4포」로, 고흥의 군사상 중요성을 강조하고 녹도진의 역사를 말해주고 있다.
 '흥양현은 고려 말·조선 초 왜구가 창궐하면서 연해 방어의 거점으로서 부각되었다. 그 예로 전라 좌수군이 관할하는 5관(순천 도호부, 낙안군, 보성군, 광양현, 흥양현) 5포(방답진, 사도진, 여도진, 발포진, 녹도진) 중 1관(흥양현) 4포(사도진, 여도진, 발포진, 녹도진)가 이곳에 설치되어 있었다. 임진왜란 기간 동안 흥양의 1관 4포는 중요한 수군 거점으로 활용되었다.

수군의 지휘 체계는 수군 절도사(약칭 수사, 정3품)- 첨절제사(첨사, 종3품)- 만호(종4품)로 이루어졌는데 사도진에는 첨사(종3품)가, 여도진, 녹도진, 발포진에는 만호가 주둔하였다.

녹도진은 만호가 배치된 수군진으로, 조선 초기부터 있었던 것으로 추정된다. 성곽은 성종 21년(1490)에 2020척, 높이 13척 규모로 축조되었으나 현재 일부 잔존 석렬(돌의 줄)만 남아 있는 상황이다. (척= 자= 약 30.3cm, 2,020척= 약 6,666cm, 13척= 약 393.9cm)

임진왜란 당시 녹도진은 전라 좌수영 소속의 수군진으로 녹도 만호 정운과 송여종이 이순신 막하에서 활약하였다. 정운은 돌격장으로서 많은 해전에 참여하였지만 안타깝게 부산포 해전에서 순절하였다. 그의 후임인 송여종도 이순신과 함께 많은 전공을 세웠으며, 특히 절이도(현 고흥군 거금도) 해전과 노량 해전에서 크게 기여하였다.

'녹도진 성 안에는 녹도 만호로 순절한 이대원과 정운을 배향한 쌍충사가 있었으나 서원 철폐령에 따라 19세기에 훼철되었다가 1957년에 복원되었다.'

안내판 옆에는 빗돌도 네 개 놓여 있다. 대략 '충의 군관 박면朴勉 박란朴蘭 신위지단', '만호 안기용安起容 영세 불망대', '가의대부 민형식閔炯植 몰세(영세) 불망비' 등이 새겨져 있다. 모두들 한자로 내용을 채우고 있는데다 그 중 하나는 마모가 심해서 도저히 읽을 수가 없다.

정운 동상 사당 쌍충사 뒤

(왼쪽 사진) 내삼문, 묘정비, 관리사가 보이는 쌍충사의 풍경
(오른쪽 위) 이대원 초상 (아래) 정운 초상

 계단을 올라 외삼문 안으로 들어서면 정면에 내삼문이 있고, 오른쪽으로 묘정비(역사를 새긴 빗돌)와 관리사가 있다. 관리인에게 참배를 하고 싶다고 하면 내삼문과 사당 문을 '반갑게' 열어준다. 참배객이 별로 없어서 그런 것은 아니리라. 관리 사무소가 없는 역사 유적지를 찾았을 때 관리인과 직접 만나게 되는 경우는 흔하지 않다. 관리인에게 고마움을 느끼면서 사당에 들어 참배를 한다. 두 장군의 초상화가 조금 품위가 없어 보여 그것이 안타깝다.
 사당 뒤로 들면 두 장군의 동상이 있고, 병사들이 무기를 들고 서 있는 조각들도 보게 된다. 성 아래로 포구에는 사람들이 오가고 있다. 저들도 임란 때라면 모두 병사가 되거나 난민이 되었으리라, 생각하니 전쟁의 참혹함에 새삼 가슴이 서늘해진다.

이대원, 정운 두 장군의 동상에서 내려 본 녹도 바다

정운 충신각 전남 해남군 옥천면 대산리 534-1. 기념물 76호

정운 충신각(정운을 모시는 정려)은 전남 해남군 옥천면 대산리 534-1에 있다. 전라남도 기념물 76호인 이곳 정려의 공식 이름은 '정운 충신각'이다. 현지 안내판의 내용이 문화재청 누리집의 것보다 조금 더 상세하다.

'이 충신각은 임진왜란 당시 충신 충장공 정운의 전공을 기리기 위하여 조선 숙종 7년(1681)에 세운 것을 1985년 10월 현 위치로 옮긴 것이다. 정운 장군은 28세 때에 무과에 급제한 후 웅천 현감과 삭녕 군수를 지냈으며, 녹도 만호로 부임하여 용맹을 떨치다가 부산 동래의 몰운대 싸움에서 전사하였다. 조정에서는 공의 전공을 기리어 병마절도사를 제수하고 녹도에 사당을 세웠다.

이후 조선 숙종 때 충절사라 사액하였으며 정조 임금 때에는 충장의 시호를 내렸다. 건물은 정면 3칸, 측면 1칸의 맞배지붕(옆에서 볼 때 '人'자 모양)이다.'

전라도가 아닌 부산 다대포에도 정운을 기리는 유적이 있다. 정운은 1592년 9월 1일 부산포 해전 때 적탄에 순절했다. 이날 부산포 전투는 적선 400여 척 중 100여 척을 격파하고, 수를 셀 수 없는 적군들을 바다에 수장시킨 대첩이었다. 아군 피해는 녹도 만호 정운과 병사 5명의 전사, 26명의 부상이 전부였다.

1798년(정조 22), 다대포 첨사로 부임한 그의 8대손 정혁鄭爀이 몰운대에 공을 추모하는 높이 172㎝, 넓이 69㎝, 두께 22㎝ 규모의 순의비를 세웠다. 순의비의 본문은 이조 판서 민종현閔鍾顯이 지었고, 글씨는 훈련대장 서유대徐有大가 썼다. 비면에는 '忠臣충신 鄭運公정운공 殉義碑순의비' 여덟 자가 새겨져 있고, 비음碑陰(비의 뒷면)에는 정운 공의 순절 사적事蹟이 18행에 걸쳐 소상하게 밝혀져 있다. 1972년 부산시 기념물 20호로 지정되었다.

충신 정운공 순의비 부산시 사하구 다대동 산145, 기념물 20호

1594년(선조 27) 8월 12일자 《선조실록》을 읽는다. 선조가 '임진년(1592) 이후 우리 군대가 크게 위축된 것은 무엇 때문인가退縮何也?' 하고 묻는다. 류성룡이 '정운이 죽은 후 수군의 사기가 꺾인 탓에舟師退挫 교활한 적들에게 습격을 받을까 두려워 쉽게 나서지 못하고 있습니다.' 하고 대답한다.

정운이 죽은 후 조선 수군의 사기가 크게 꺾여 후퇴만 한다? 정운에 대한 조선 수군들의 신망이 아주 대단했다는 사실을 단적으로 증언해주는 기록이다.

《선조실록》 1594년(선조 27) 11월 12일자에는 이보다 더 놀라운 이야기가 실려 있다. 정곤수는 '정운이 이순신에게 "장수(이순신)가 만일 (왜적을 섬멸하기 위해 경상도 바다로) 가지 않으면 전라도는 반드시 수습할 수 없게 될 것"이라고 협박하였으므로以此迫脅 이순신이 할 수 없이 가서 (적을) 격파했다 합니다不得已往擊云矣.' 하고 선조에게 말한다. 녹도 만호 정운이 직속 상관인 전라 좌수사 이순신(1545~1598)을 협박(!)했다는 믿기 힘든 기록이다.

> 왜란이 일어나자 전라 좌수사 이순신 공이 전함을 이끌고 좌수영(전남 여수)의 앞바다에 주둔하였지만 나아가 싸우려 들지 않았다.
> 정운 공이 칼을 뽑아들고 앞으로 나아가 눈을 부릅뜨고 이순신에게 말하기를, '적병이 이미 영남을 격파하고 전승의 기세를 타고 한없이 밀어붙이고 있으니, 그 형세가 반드시 한꺼번에 수륙水陸 양쪽으로 전진할 것입니다. 공은 어찌하여 이처럼 망설이며 출전할 뜻이 없습니까?' 하면서 말소리와 안색이 모두 상기되니, 이순신이 기가 질려 감히 어기지 못하였다.
> 공이 이내 선봉을 자청하여 곧바로 바깥 바다로 나아가 전투에 임하였다.

위의 인용문은 《국조 인물고》(조선 건국 이래 숙종 조까지 2,065명의 전기가 수록된 책)에 수록되어 있는 안방준安邦俊(1573~1654)의 글이다. 임진왜란 당시 의병장으로 활약했던 안방준은 정운의 「유사遺事(남긴 자취)」에 그렇게 썼다.

물론 《난중일기》 1592년 5월 1일자 기록은 《선조실록》 1594년 11월 12일자 및 《국조 인물고》의 표현과 다르다. 말 그대로 '아 다르고 어 다르다'이다. 이순신은 '수군이 일제히 앞바다에 모였다. 이날은 흐리되 비는 오지 않고 마파람만 세게 불었다. 진해루(진남관의 전신)에 앉아서 방답 첨사, 녹도 만호 등을 불러들이니, 모두 분격하여 제 한 몸을 잊어버리는 모습이 실로 의사들이라 할 만하다.'라고 썼다.

충신 정운공 순의비의 뒷면에는 어떤 내용이 새겨져 있을까, 부산시 발간 《부산의 문화재》에 한글로 번역되어 있는 비음의 글을 가다듬어가며 읽어본다. 비문은 《선조실록》, 《국조 인물고》, 《난중일기》의 내용을 적절히 절충한 듯한 문맥을 보여준다.

'왜적이 온 나라의 병력을 동원하여 침략하여 먼저 영남 일대를 함몰시키니 임금이 위급한 소식을 듣고는 서쪽으로 용만龍灣(의주)으로 피란하시었다. 이때 충무공이 전라 좌수사가 되어 수하 장수들을 소집, (왜적이 이미 부산을 함락했으니) 장차 어떻게 할 것인가 논의하였다. 사람들의 의견이 분분하였다. 다만 녹도 만호 정운만이 홀로 의연하게 말했다.'

'정운이 이순신에게 "지금 적병이 영남을 함몰했는데今敵陷嶺南 앉아서 보기만 하고 구원하지 않으면坐視不救 이는 적을 자초하는 일입니다. 적병이 호남에 이르기 전에敵未至吾境 나아가 치면 군사들의 사기를 왕성하게 할 수 있고, 우리의 수비를 튼튼히 하는 데에도 도움이 됩니다. 더욱이 지금은 임금께서 난리를 맞아 피란을 하고 계시는 지경이니君父蒙塵 군주가 치욕을 겪고 있는 지금이야말로 신하가 목숨을 바쳐야 할 때입니다臣死之秋. 내가 마땅히 한번 죽음으로써我當以一死 여러 장수들의 선봉이 되겠습니다爲諸將先." 하고 말하였다. 충무공이 그의 말을 장하게 여겨 공의 (적을 공격하러 영남으로 진격하자는) 계책을 따랐다而從其策. 충무공은 여러 군대에 명령을 내려 배를 타고 (5월 4일) 영남으로 출발하였다乘船向嶺南.

정운이 칼을 뽑아 들고서 영남 진격을 망설이는 이순신을 재촉했다는 표현은 없다. 다만 앉아서 왜적을 기다릴 것이 아니라 영남으로 진격하여 선제 공격을 해야 한다는 정운의 주장을 이순신이 따른 것만은 분명해 보인다. 당시 수군이 공격적 전략을 채택하게 된 데에는 정운의 판단이 크게 작용하였다는 말이다.

이순신은 4월 15일 저녁에 경상 우수사 원균으로부터 왜적이 절영도에 침입했다는 통첩을 받았다. 4월 20일에는 경상 감사 김수로부터 왜적이 부산을 함락했으니 지원군을 보내달라는 요청도 받았다. 하지만 바로 출전하지는 못했다. 전라도 수군의 경상도 바다 진격은 5월 3일 정운 등 모든 장수들이 모인 연석 회의에서 토론 끝에 결정되었다.

정운이 전사한 다대포 바다 왼쪽 몰운대 끝에 정운 순의비가 있다.

정운을 기려 세워진 몰운대의 정운공 순의비를 보노라면 1592년 9월 1일에 벌어진 부산포 해전이 궁금해진다. 부산포 해전은 이순신이 전투 이후 조정에 장계「부산釜山파왜병破倭兵장狀」을 보내면서 '지금까지 네 번 출전해서 열 번 싸워 모두 이겼지만 이번보다 더 큰 승리는 없었다.'라고 스스로 만족해했던 승전이다. 또한 '변란(임진왜란)이 생긴 이후 충의심으로 불타올라 적과 함께 죽기를 원한다고 맹세하면서 늘 앞장서서 싸웠는데 이번 싸움에서도 죽음을 무릅쓰고 돌진하다가 적의 큰 철환이 이마를 꿰뚫는 바람에 전사하였으니 지극히 참담하고 비통합니다.'라고 정운의 죽음을 슬퍼했던 전투이기도 하다.

장계는 8월 24일에 있었던 일부터 기록한다. 이순신은 전라 좌·우도의 전선 74척과 협선 92척을 예전보다 배나 엄격하게 정비했다고 보고한다. 이때 전선은 거북선이 아니라 판옥선을 말하며, 협선은 정탐용 등 전투선이 아닌 작은 배를 가리킨다.

그동안 전라도 수군은 8월 1일 이래 본영 앞바다에 도착하여 진을 쳐 왔다. 본영은 삼도수군통제사가 근무하는 한산도의 통제영이 아니라 여수의 전라 좌수영이다. 이순신은 초대 삼도

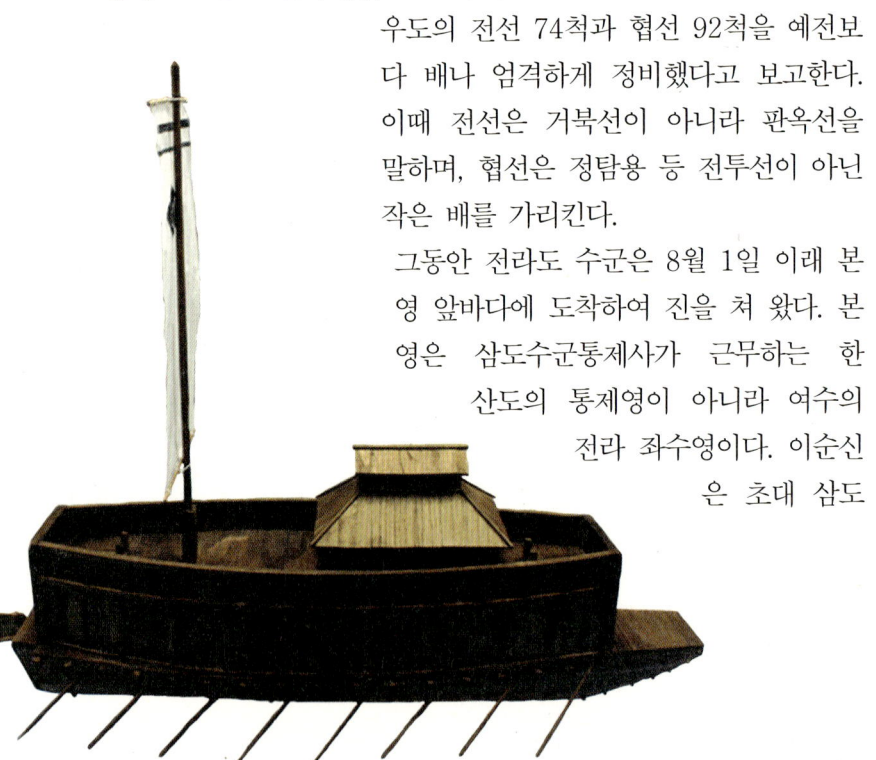

조선 수군의 주력 함선은 판옥선이었다. 그림은 판옥선 모형

수군통제사가 되지만 그것은 지금으로부터 1년 뒤인 1593년 8월 이후의 일이고, 현재는 전라 좌수사이기 때문이다.

8월 24일, 이순신은 전라 우수사 이억기 등과 함께 배를 띄워 경상도 수역으로 들어간다. 조방장 정걸丁傑도 동행한다. 전라도 수군은 남해 땅 관음포(남해군 고현면)에서 밤을 지낸다.

8월 25일, 사전에 만나기로 약속한 사량도 바다에서 경상 우수사 원균과 회동한다. 이순신은 원균으로부터 적의 동태에 대해 듣는다. 사량도 서쪽에는 남해군 창선도와 남해도가 있고, 동쪽에는 통영시 미륵도와 한산도가 있다.

이 섬들은 모두 경상 우수사 관할이다. 전라도에서 온 이순신이 경상 우수사 원균으로부터 적의 동태에 대해 설명을 듣는 것은 당연한 일이다. 경상 좌수사는 없다. 임진왜란이 시작된 4월 14일 다음날 경상 좌수사 박홍은 도주했고, 그날 이후 부산 일대가 적의 주둔지가 되어버렸으므로 경상 좌수영은 존재할 수가 없게 된 까닭이다.

임진왜란 7년 내내 일본군의 주둔지였던 부산과 그 앞바다 오륙도의 등대

8월 25일 밤을 당포에서 보낸 이순신, 원균 등 조선 수군은 다음날인 26일에는 비바람에 발이 묶여 바다로 나아가지 못한다. 비가 불고 바람이 몰아치는 날씨는 하루 내내 지속되다가 날이 저물어서야 잠잠해진다. 수군은 어둠을 틈타 거제도로 옮겨가고, 27일에는 웅천(진해) 제포(제덕동)와 서원포(원포동)에서 밤을 샌다.

28일에는 경상도의 육군 탐색병이 와서 '고성, 진해, 창원 등지에 진을 치고 있던 왜적들이 이달 24일과 25일 밤에 모두 도망갔습니다.' 하고 보고한다. 높은 산에 올라 망을 보고 있던 왜적들이 아군 수군의 위세에 겁을 먹고 도망친 것이다.

우리 수군은 아침 일찍 서원포를 출발해서 양산과 김해 옆을 흐르는 서낙동강 앞바다까지 전진한다. 창원 구곡포에서 미역이나 조개 등을 채취해서 생활하는 정말석丁末石이라는 보자기가 포로가 되었다가 사흘 만에 서낙동강으로 도망쳐 나왔다면서 수군 군영으로 찾아왔다. 정말석은 '김해강에 정박해 있던 왜적의 전함들이 사나흘 내내 떼를 지어 몰운대 바깥 바다로 나갔는데 도망치는 것이 분명했습니다. 소인은 어수선한 틈을 타 탈출했습니다.' 하고 말했다.

이순신은 가덕도 북쪽에 배들을 감추어 둔 채, 방답 첨사 이순신과 광양 현감 어영담에게 양산 쪽 적선을 살펴보게 했다. 두 사람이 하루 종일 망을 보았으나 왜적의 움직임은 미미했다. 작은 배 네 척이 강에서 나와 몰운대 앞을 지나 부산 쪽으로 간 것이 전부였다. 걱정할 일이 없었으므로 조선 수군은 가덕도로 들어가 밤을 보냈다.

8월 29일 수군은 닭이 울 때 출발하여 날이 샐 무렵에 두 강 앞바다에 도착했다. 여기서 두 강은 서낙동강과 동낙동강을 말한다. 두 강 사이에 김해 공항을 거느린 부산 강서구가 있고, 동낙동강 끝부분에 을숙도가 있다.

이순신은 장계에 '낙오된 왜적들이 큰 배 4척과 작은 배 2척에 나누어 타고 동래 장림포 앞바다로 나오다가 우리 군사를 보고는 배를 버리고 뭍으로 올라가므로 경상 우수사의 수군이 나서서 적선들을 깨뜨리고 왜적의 머리 한 개를 베었습니다.'라고 적었다.

장계 속의 동래는 현재의 동래구가 아니라 부산시 자체를 가리킨다. 따라서 장림포도 오늘날의 동래구 소속이 아니라 사하구 장림동이다. 동낙동강 하류와 다대포 해수욕장 사이에서 원균의 경상 우수영 수군이 왜적 전함들을 격파한 것이다.

이순신은 '군사를 좌우로 나누어 두 강으로 들어가고 싶었지만 강어귀가 좁고 얕아 판옥선 같은 큰 배는 들어가서 싸울 수가 없겠다.'[21] 싶어, 하는 수 없이 어두워지기 시작할 무렵 가덕도 북쪽으로 철수했다. 이날 밤 이순신, 원균, 이억기 등은 밤새도록 작전을 상의하였다.

9월 1일 조선 수군은 화준구미(몰운대와 쥐섬 사이 추정)에서 왜적의 큰 배 5척, 다대포 앞바다에서 왜적의 큰 배 8척, 서평포(부산 구평포) 앞바다에서 왜적의 큰 배 9척, 절영도(영도)에서 왜적의 큰 배 2척을 격침시킨다.

---

21) 이순신에 이어 2대 삼도수군통제사가 된 원균은 1597년 7월 16일 칠천량에서 왜군의 야습에 당해 조선 수군이 보유했던 대부분의 판옥선을 잃고, 3만여 장졸들의 목숨을 바다에 버리게 된다. 원균이 이날(1592년 8월 29일) 동낙동강 앞에서 왜적을 추격하려다 멈춘 교훈만 기억했더라도 조선 수군 최대, 최초의 대패는 없었을 것이다. 칠천량 역시 물이 얕고 좁아 판옥선 같은 거대 전함이 전투를 수행하기 어려운 지역이기 때문이다. 그래서 경상 우수사 배설, 전라 우수사 이억기 등이 칠천량 정박을 반대했는데, 원균의 고집을 꺾지 못했고, 결국 처참한 참패로 이어졌다. 《선조실록》 1597년 7월 22일자 기사를 보면 선조는 칠천량 참패와 관련하여 "배설은 '비록 군법에 의하여 나 홀로 죽음을 당할지언정 군졸들을 어떻게 사지에 들여보내겠는가?'라고 했다고 한다. (중략) 이번 일은 도원수가 원균을 (부산 앞바다로 빨리 진격하라고) 독촉했기 때문에 (빨리 출발하기 좋은 칠천량에 정박하게 되었고, 그래서) 이와 같은 패배가 있게 된 것"이라고 말한다.

왜적은 아군의 위세에 눌려 산으로 도망쳤다. 아군은 절영도 안팎을 샅샅이 뒤졌으나 적병들은 종적이 묘연했다. 작은 배들을 부산 앞바다로 보내 정탐하니 약 500여 척의 적선들이 동쪽 산기슭 언덕 아래에 줄지어 정박해 있었다. 그 중 선봉에 있던 왜적의 큰 배 4척이 멀리 초량 쪽으로 움직였다.

"지금 공격하지 않고 그냥 돌아가면 적들은 반드시 우리 조선 수군을 우습게 여길 것이오."

장수들의 의견이 일치했다. 장수들이 깃발을 휘둘러 싸움을 독려하자 우부장인 녹도 만호 정운, 거북선의 돌격장인 군관 이언량, 정부장인 방답 첨사 이순신, 중위장인 순천 부사 권준, 좌부장인 낙안 군수 신호(58~62쪽 참조) 등이 앞장서서 진격했다. 아군 전함들은 승세를 타고 깃발을 흔들면서, 또 북을 치면서 나아갔다. 판옥선들이 바다를 가르면서 진격하는 모양은 이른바 장사진長蛇陣, 뱀이 앞으로 나아가는 형세를 이루어 꿈틀거리며 돌진해 들어갔다. 금세 왜적 선봉대의 큰 배 4척이 화염에 휩싸인 채 바닷물 속으로 가라앉았다. 적도들은 헤엄을 쳐서 뭍으로 올라갔다.

왜적 전함들은 부산진성 동쪽에서 5리쯤 되는 언덕 아래에 세 군데로 나뉘어 정박해 있었다. 큰 배, 중간 배, 작은 배 모두 합쳐 대략 470여 척쯤 되었지만, 아군의 위세에 눌려 감히 바다 가운데로 들어올 마음도 먹지 못했다. 판옥선들이 바다를 짓이기듯이 밀고 들어가자 적선에 타고 있던 왜적들과 산 위의 소굴 속에 있던 왜적들은 모두 총과 활을 옆구리에 끼고 산으로 올라갔다.

적들은 여섯 군데에 진을 친 채 아래를 내려보며 총알과 화살 퍼부어댔다. 마치 비가 오고 우박이 쏟아지는 듯했다. 적들 중 편전을 쏘는 자들은 모든 조선인인 것처럼 보였다.[22]

---

22) 《선조실록》 1592년 6월 28일자 기사 중 김성일의 장계에 나오는 내용이 연상되는 대목이다. 김성일은 나라를 배신한 백성들이 오히려 왜적의 편에 서서 아군을 공격하는 실상도 알리면서 '왜적은 몇 명 안 되지만 그 중 절

해남 '정운 충신각' 옆의 정운 사당 충절사에서 내다본 풍경

적군은 큰 철환도 쏘았는데 크기가 모과만 했다. 또 사발 크기만큼 굵은 자갈들도 날려 보냈다. 철환과 돌덩어리들이 아군 배에 후두둑 떨어졌다. 적이 거칠게 반격하자 아군 장수들은 더욱 분발하여 죽음을 두려워하지 않게 되었다. 아군은 천자포, 지자포, 장군전, 피령전, 장편전, 철환 등을 일제히 쏘아 올렸다. 전투는 하루 종일 계속되었다.

날이 어두워지도록 싸운 성과가 있어 적선 100여 척이 가루가 되었다. 왜적들은 화살에 맞아죽은 자들을 토굴 속으로 끌고 들어갔는데 그 수가 얼마인지는 알 수 없었다.

반이 배반한 백성들이니半是叛民 매우 한심합니다極可寒心.'라고 보고했다.

이순신은 뭍으로 올려 보낼 용사들을 선발해서 적병들을 모두 섬멸하고 싶었지만 참았다. 아직도 수를 헤아릴 수 없을 만큼 많은 적병들이 성 안팎 6~7곳에 진을 친 채 말을 달리고 있는 상황에, 말도 없는 보병 군사들을 가벼이 뭍으로 올려 보낸다는 것은 위험 천만한 일이기 때문이었다.

어느덧 자정이 되었다. 이대로 적의 소굴 속에 머물러 있다가는 앞뒤로 공격을 당할 우려가 있다. 아군은 가덕도로 철수했다.

이순신은 '그 동안 4차례 출전하여 10번 맞붙어 싸워서 모두 승리했으나 장수와 군사들의 공로를 말한다면 이번 부산 싸움보다 더 큰 것은 없을 것입니다. 전에 싸울 때는 적선의 수가 많아도 70여 척에 불과했으나 이번에는 큰 적의 소굴에 줄지어 정박해 있는 470여 척 속으로 군사의 위세를 한껏 떨치며 돌진해 들어갔습니다. 겁을 내거나 꺾이는 일 없이 하루 종일 마구 공격하여 적선을 100여 척이나 때려 부수었습니다.' 하고 장계를 썼다.

이순신은 '녹도 만호 정운이 전사했으니 지극히 참담하고 원통합니다.'라는 말도 장계에 적었다. 정운의 전사 소식을 듣고 '나라가 오른팔을 잃었도다國家失右臂矣!' 하고 탄식했던 이순신이다. 정운의 전사는 《선조실록》 1594년 8월 12일자가 말한 바와 같이 아군의 사기를 떨어뜨릴 만큼 충격적인 사건이었던 것이다.

정운 유적 곳곳에 안방준의 명언 비를 세워 답사자들이 읽을 수 있게 하면 좋으리라! 안방준은 《부산 기사釜山記事》에서 '국가를 되찾은 것은 호남을 잘 보전했기 때문이고國家之恢復由於湖南之保全, 호남을 잘 보전한 것은 이순신의 수전에서 힘입은 것이며湖南之保全由於舜臣之水戰, 이 공의 수전은 모두가 녹도 만호 정운의 용력에서 비롯되었다舜臣之水戰皆出於鹿島萬戶鄭運首事嘗試之力也.'라고 썼다.

* 고흥 쌍충사는 바닷가에 있지만 해남 '정운 충신각'을 해설하는 데 도움을 주기 위해 편의상 《남해안 임진왜란 유적》이 아니라 《전라도 내륙 임진왜란 유적》에 수록했음을 밝혀둡니다.

행주 대첩과 변이중·변윤중 조명 연합군은 1593년 1월 8일 평양성을 수복한다. 기고만장한 명나라 제독 이여송은 소수 병력만 데리고 일본군을 추격하다가 1월 27일 (경기도 고양) 벽제관 전투에서 겨우 살아 도망친다. 이후 이여송은 전투를 꺼린다. 일본군은 기세를 몰아 다시 북진을 시도한다.

권율을 중심으로 한 조선군은 행주산성에 진을 친다. 한양의 적을 치려면 가까운 곳에 머물러야 한다는 판단이었다. 일본군의 입장에서는 북쪽에 조명 연합군을 둔 상황에 후방인 행주산성에도 적을 둘 수는 없었다. 일본 측은 3만 대군을 이끌고 행주산성 공격에 나섰다.

2,300명에 지나지 않던 행주산성의 아군은 3만에 이르는 일본 대군을 격퇴했다. 1592년 7월 8일 한산 대첩, 같은 해 10월 5일 진주 대첩에 이은 세 번째 대승리였다. 이로써 일본군의 북진은 좌절되었고, 마침내 4월 19일 적은 한양을 버리고 남하하기 시작했다.

행주산성 전투 때 큰 위력을 발휘한 무기가 있었으니 화차火車다. 화차는 수레 위에 한꺼번에 많은 포탄 또는 화살을 쏠 수 있는 장비를 설치한 공격용 무기로, 행주산성 전투에서는 변이중이 사촌동생 변윤중의 도움을 받아 사비로 제작한 것을 썼다.

변윤중은 정유재란 때 고향에 쳐들어온 왜군과 싸우다 중과부적으로 밀리자 스스로 황룡강에 떨어져 순절했다. 부인 함풍 성씨도 남편의 뒤를 따라 투신했다. 소식을 들은 아들 형륜亨胤이 자결하려 하자 아내 장성 서씨가 '당신이 죽으면 대가 끊어지니 내가 죽겠습니다.' 하고 강물로 들어가 세상을 떠났다.

변이중과 변윤중을 기리는 봉암 서원과 그 앞에 세워져 있는 삼강정려를 찾는다.

전남 장성 **봉암 서원**
사비로 화차를 공급해 행주 대첩의 기틀을 만들었다

'국립 진주 박물관'은 임진왜란 3대 대첩지 중 한 곳인 진주성 중심부에 있다. 진주 박물관은 '진주성이 지닌 역사적 의미를 부각시키기 위해 설립된 임진왜란 전문 역사박물관이다(진주시 발행 소형 홍보물 「진주 여행」).' 진주성 북장대 또는 청계서원에서 왼쪽으로 내려가면 박물관 들머리에 화차가 있다. 안내문을 읽어본다.

> 화차火車란 수레 위에 수십 개의 총을 장치하여 이동을 쉽게 하고 한 번에 여러 개의 총을 쏠 수 있게 만든 무기이다. 우리나라에서는 조선 시대에만 모두 다섯 종류의 화차가 만들어졌다. 그 가운데 1451년 문종이 직접 만든 화차가 대표적이다.
> 이 화차의 구조는 두 바퀴가 달린 수레 위에 총통기나 신기전기 중 하나를 올려놓고 사용하게 되어 있다. 총통기는 사전총통(화살 4발을 동시에 쏠 수 있는 총) 50개를 설치한 것이고, 신기전기는 로켓형 화기인 신기전 100개를 꽂아 동시에 발사할 수 있는 위력을 가진 무기이다. 이렇게 총통기를 이용하면 한 번에 200발의 화살을 쏠 수 있으며, 신기전기를 사용하면 100발의 화살을 쏠 수 있다. 따라서 서너 명이 화차를 이용하여 50~100명이 할 수 있는 효과를 올릴 수 있는 셈이다.

봉암 서원 기념물 54호, 전남 장성군 장성읍 장안리 19-1

> 임진왜란 때 변이중이 만든 화차는 수레 위에 40개의 승자총으로 총통기를 설치하고, 총의 심지를 이어서 차례로 쏘게 한 것이다. 이 화차는 박진이 경주 탈환전에서, 또 권율이 행주산성 전투에서 각각 사용하여 커다란 전과를 올렸다. 그리고 수군들도 전함에 화차를 설치하여 사용하기도 했다.

안내문을 통해 처음으로 변이중(1546~1611)을 알게 되고, 그의 큰 업적 또한 처음으로 깨닫는 독자들도 많을 듯하다. 전남 장성군 장성읍 장안리 19-1에 있는 봉암鳳岩 서원(기념물 54호)을 찾는다. 변이중의 존재는 알고 있었지만 봉암 서원 답사는 처음이다.

봉암 서원의 강당인 성경당은 앞면에 출입문이 없다.

서원 입구 주차장 들머리에 삼강정려가 있다. '충신' 변윤중, 부인 '열녀' 함풍 성씨, 며느리 '효부' 장성 서씨를 기리는 비석과 비각이다. 전시관인 시징당是懲堂은 주차장 끝에 있다. '시징'은 오랑캐를 응징해야 한다는 뜻으로, 건물 안에 화차, 총통 등 18종의 무기 모형을 전시하고 있다. 외삼문 앞 안내판을 읽는다.

> 봉암 서원은 망암望庵 변이중邊以中 선생을 주향主享하고 윤진尹軫, 변윤중邊允中, 변경윤邊慶胤, 변덕윤邊德胤, 변휴邊烋, 변치명邊致明 등 여섯 분을 종향從享하면서 그 분들의 학문과 정신을 추모하고 제자들을 가르쳤던 교육기관이다.

서원은 1697년 최초로 건립되어 1868년에 서원·사우 훼철령으로 헐리게 되었다. 1981년 지방 기념물로 지정되었고, 1984년 서원이 복원되어 지금에 이르고 있다.

변이중 선생은 이곳 봉암 마을에서 태어났으며, 28세인 1573년 과거에 합격하여 호조·이조좌랑, 형조·예조 정랑, 군기종부 시정과 황해·평안도 도사, 풍기·함안 군수 등 내·외직을 두루 거쳤다. 임진왜란과 정유재란 동안 전라도 소모사召募使와 조도어사調度御史를 두 번, 독운사督運使를 세 번 역임하며 병력, 군량, 무기 등을 모집하고 수송하는 중요한 일을 했다.

특히 무기를 만드는 국방 과학의 선구자로서 왜군의 조총에 맞설 무기인 화차 300대를 사촌동생 변윤중의 재정적인 도움을 받아 장성에서 제작하였다. 이 중 40대는 서해를 거쳐 행주산성의 권율 장군에게 보내졌고, 그 결과 2,300명의 적은 병력으로 3만여 왜군을 무찌르는 '행주 대첩'을 이루는 데 결정적으로 기여했다.

전란 후 호성공신 1등과 선무공신 2등이 되고, 사후에는 이조참판과 양관제학兩館提學으로 증직되었다.

외삼문에서 오른쪽으로 담장을 타고 돌면 경내로 들어가는 협문이 있다. 강당 성경당과 사당 종앙사가 경내의 핵심 건물이다. 성경당은 앞면에는 창만 있고 출입문이 없다. 출입문은 동재와 서재가 있는 건물 뒤쪽에만 있다.

학생들이 머무는 동재와 서재를 교육 공간인 강당 앞에 두고, 강당 뒤에 제사 공간인 사당을 두는 것이 서원의 일반적 배치이다. 봉암 서원은 강당이 맨 앞에 있고, 그 뒤에 동재와 서재, 마지막으로 사당이 있다. 동재와 서재의 학생들이 강당으로 바로 출입할 수 있도록 강당 출입문이 건물 뒤에 붙은 것이다.

봉암 서원의 사당

사당 종강사宗仰祠와 삼강정려三綱旌閭 두 곳에서 참배를 한다. 외진 산골이기도 하지만 봉암 서원 일대는 조용을 넘어 적막하기까지 하다. 이곳이 참배자들로 북적이는 날이 오기를 소망한다.

삼강정려 충, 열, 효를 모두 기리는 정려

일출을 바라보고 있는 김천일 동상 나주 정렬사

전라도 내 2차 진주성 전투 주요 유적

전남 * 정렬사 : 김천일 사당, 나주시 대호동 642, 기념물 48호 정렬사 비
나주 금성관 : 김천일 출정 장소, 나주시 과원동 109-5, 유형문화재 2호
쌍의사 : 강희보·강희열 사당, 광양시 봉강면 신룡리 501
충의사 : 최경회 사당, 화순군 동면 백용리 422
삼충각 : 최경회·문홍헌 정려, 화순군 능주면 잠정리 산33-1, 기념물 77호
고사정 : 최경회 창의 장소, 화순읍 삼천리 11
최경회 부조묘 : 화순읍 다지리 206-2, 문화재자료 64호
송씨 쌍충 일렬각 : 고흥군 대서면 화산리 507-1, 기념물 74호
율봉 서원 : 정숙·정승조 유적, 순천시 별량면 우산리 725-1
육충사 : 허일 가족 유적, 순천시 황전면 월산리 471
충렬사 : 허일 가족 유적, 순천시 조례동 150
장윤 정려 : 순천시 승주읍 서평리 400-7, 기념물 75호
전북 * 의암사 : 논개 사당, 장수군 장수읍 두산리 산3, 기념물 46호
월강사 : 최경회 의병군 훈련 장소, 장계면 월강리 562-1, 문화재자료 31호
광주 * 양씨 삼강문 : 광산구 박호동 산131-1, 기념물 11호

전남 나주 **정렬사, 금성관**
2차 진주성 싸움 순절 의병장 김천일 유적

전남 나주시 남내동 2-20의 나주 읍성羅州邑城은 고려 시대에 쌓은 돌성으로 사적 337호이다. 1457년(세조 3) 규모를 확장했고, 임진왜란 후 대대적인 보수 공사를 거쳤다. 둘레가 3,126척(약 940m), 높이가 9척(약 2.7m)이다.

남고문 나주 읍성의 정문, 남내동 2-20

나주 읍성의 주소를 흔히 남내동 2-20으로 소개하는 것은 그곳에 남고문南顧門이 있기 때문이다. 남문 터에 1993년 복원된 남고문은 앞면 3칸·옆면 2칸의 2층 누각이다. 옆에서 보면 지붕이 '八'자 모양으로 지어진作 팔작八作지붕의 전형을 보여준다.

남고문에서 시내로 들어서면 사적 483호인 나주목 관아官衙 앞 광장에 닿는다. 요즘 말로 하면 시청 앞 광장인 셈이다. 광장에 2층 정자가 서 있다. 둘레로 아무런 건물이 없어 보기에 시원한 이 정자는 문화재자료 86호인 정수루正綬樓이다. 이름에 들어 있는 綬가 좀처럼 쓰이지 않는 글자인 탓에 어떤 자료에는 정'수'루를 정'완'루로 읽어놓기도 한다. 綬가 緩과 비슷해서 오독을 한 탓이다.

금계동 13-18의 정수루는 관아를 둘러보고 싶은 마음보다 더 강렬한 호기심을 자극한다. 정자에 얽힌 두 인물 때문이다. 이 정자를 지은 사람은 1603년(선조 36)에 목사로 부임한 우복룡이고, 정자 2층의 북을 처음으로 나주에 탄생시킨 사람은 김성일이다.

김성일은 임진왜란 발발 조금 전인 1590년 3월에 출발하여 일본에 갔다가 1591년 3월에 귀국한 통신사[23]의 부사였다. 그는 '반드시 전쟁이 일어날 것'이라고 보고한 황윤길에 맞서 일본이 전쟁을 도발할 가능성이 없다고 주장한 인물로 흔히 알려져 있다.

김성일이 나주에 온 것은 1583년이었다. 목사로 부임한 그는 나주가 아주 거대한 읍인 까닭에 백성들의 어려움이 관청에 제대로 전달되지 못할 것을 우려했다. 궁리 끝에 그는 큰 북을 매달아놓고 억울한 일이 있는 백성들은 그것을 치라고 했다. 그렇게 하여 김성일은 선정을 한 나주 목사로 이름을 남겼다. 현재 정수루 2층에 북을 매달아놓은 것은 당시 김성일이 보여준 목민관다운 정신을 오늘에 이어받자는 뜻일 것이다.

---

23) 《선조실록》 1590년 3월 6일자에 '통신사 황윤길, 부사 김성일, 서장관 허성이 출발했다.'라는 기사가 실려 있다. 1591년 3월 1일자에는 '통신사 황윤길 등이 돌아왔는데 왜사 평조신 등과 함께 왔다.'라고 기록되어 있다.

정수루 나주 관아의 문, 금계동 13-18

　우복룡은 누구인가? 《선조수정실록》 1592년 8월 1일자는 '왜란 초기에 수령들이 모두 도망하여 흩어졌으나 (경북 예천의 용궁 현감) 우복룡은 홀로 관할 지역을 떠나지 않고 군사 1,000여 명을 모집하였다가 적을 만나 패하여 흩어졌다. 그러나 다시 수백 명을 모아 밤에 예천의 적군 부대를 습격하여 적을 베고 사로잡은 것이 매우 많았다.'면서 우복룡을 '안동 부사로 삼으니 이름이 널리 알려졌다.'라고 증언한다.

　1차 패전 뒤에 다시 수백 명의 군사를 모집했다는 것은 우복룡이 평소 지역민들로부터 민심을 크게 얻고 있었다는 뜻이다. 《선조실록》에는 용궁 전투 외에도 우복룡에 대한 호평이 여러 군데 나온다. 1592년 8월 24일자를 보면 선조가 '안동 부사로 적합한 인물이 있는가?' 하고 묻자 윤두수가 '우복룡이 적임자입니다.' 하고 대답하고, 다시 선조가 '그렇게 하는(안동 부사로 임명하는) 것이 좋겠다.'라고 말하는 문답이 실려 있다.

그 반면, 우복룡에게는 놀라운 괴담이 따라다닌다. 괴담은 류성룡의 《징비록》에도 실려 있다. 류성룡은 믿을 수도 없고, 믿지 않을 수도 없는 기록을 자신의 책에 남겼다. 믿을 수 없다는 것은 논리적으로, 나아가 상식적으로 말이 안 되는 내용이기 때문이고, 믿지 않을 수도 없다는 것은 류성룡이 터무니없는 증언을 할까 싶은 반신반의 때문이다. 《징비록》에 나오는 우복룡 괴담의 요지는 그가 의병 200여 명을 죽인 뒤 반란군 200여 명을 죽였다고 허위 보고하여 출세한 인물이라는 것이다. 《징비록》에 실려 있는 우복룡 괴담의 내용은 아래와 같다.

> 용궁 현감 우복룡이 고을 군대를 거느리고 가던 중 (경북) 영천 길가에서 밥을 먹고 있었다. 그때 (경북 경산) 하양 군사 수백 명이 그 앞을 지나게 되었다. 군사들은 말에서 내리지 않고 그대로 지나갔다. 우복룡이 괘씸히 여겨 '너희들은 반란군이로구나!' 하고 꾸짖었다.
>
> 하양 군사들은 (군대의 이동을 명령한) 병사의 공문을 내보였다. 하지만 우복룡은 그들을 포위한 다음 모두 죽였다. 경상도 순찰사는 김수는 우복룡이 큰 공을 세웠다고 보고했다. 우복룡은 안동 부사가 되었다.
>
> 그 뒤 하양 군사들의 가족인 고아와 과부들은 (조정에서 내려온) 사신을 만나기만 하면 울면서 원통한 사정을 호소했다. 그러나 우복룡은 이미 이름이 높던 터라 아무도 그들을 위해 말해주는 사람이 없었다.

우복룡이 이미 이름이 높아졌기 때문에 억울하게 죽은 수백 명 군사의 유가족을 위해 말해주는 사람이 아무도 없었다? 안동 부사인 우복룡의 눈치를 보느라고 '당시 국정을 실질적으로 이끌어 갔던 재상 류성룡(김호종 논문 「임진왜란기 문경 지방의 항왜 활동과 당교 전투」)' 등등의 고관들이 아무도 그를 탄핵하지 못했다?

이해가 되지 않는 내용이다. 우복룡은 어마어마한 배경을 가지고 있지도 않았다. 《선조실록》 1596년(선조 26) 3월 7일자는 우복룡이 임금의 특별한 비호를 받고 있던 인물은 아니었다는 사실을 말해준다. 비변사가 관찰사를 할 만한 인물로 여러 명을 거론하면서 우복룡의 이름도 말하자 선조는 '우복룡은 내가 원래 알지 못하는 사람이다. 비변사는 다시 의논해 보라.' 하고 대답한다.

그런 우복룡이 의병 200명을 죽인 뒤 반란군을 참살했다고 허위 보고를 했다면, 왜 아무도 그 잘못을 지적하지 못했다는 것일까? 그렇게 보면 《징비록》의 기술은 사실이 아닌 듯하다. 하지만 《광해군일기》 1612년(광해 4) 2월 12일자를 보면 우복룡은 하양 학살 사건으로 문책을 받아 파직된다. 경북 경산 하양읍에는 우복룡에게 죽은 이들의 영혼을 위로하는 「하양 의군 위령비」도 세워져 있다.

도대체 진실은 어느 쪽일까? 우복룡은 임진왜란 초기 경북 북부 지역 전투의 영웅일까, 아니면 의병을 200명이나 죽인 뒤 왜적을 참살했다고 허위 보고하여 높은 자리를 차지한 희대의 학살범일까? 정말 궁금하다.

김천일 의병군이 출병식을 열었던 나주 금성관 유형문화재 2호

1592년 5월 16일 김천일은 송제민宋濟民, 양산룡梁山龍, 양산숙梁山璹, 임권林權, 이광주李光宙, 서정후徐廷厚 등과 함께 의병을 모으기 시작했다. 6월 3일 김천일 의병군은 서울을 향해 북진하는 출병식을 열었다. 장소는 나주시 과원동 109-5의 '나주 금성관錦城館'으로, 이 건물은 성종 6~10년(1475~1479) 사이에 건립된 객사客舍였다. 중앙 정부의 관리가 출장을 왔을 때와 외국 사신이 체류할 때에 묵는 숙소 금성관은 그렇게 하여 임진왜란의 현장으로 역사에 남게 되었다.

이때는 8,000 군사를 이끌고 북상했던 전라 감사 이광李洸이 공주에서 군대를 해산해버린 뒤였다. 수군을 이끈 이순신과 곽재우·김면·정인홍 등 경상우도 의병들의 분투 덕분에 임진왜란 초기인 1592년 6월말까지 일본군은 전라도에 침입하지 못했다. 덕분에 이광은 근왕勤王, 즉 임금을 모시기 위해 출정한다는 거대한 명분을 내걸고 당당하게 북상할 수 있었다. 그랬던 이광이 공주에 이르러 임금이 북쪽으로 피신했고, 한양조차 적의 수중에 떨어졌다는 사실을 알고는 군대를 해산해버린 것이었다.

분개한 나주 의병은 단독으로 한양을 향해 출발했다. 왜적이 경상도와 충청도를 지나 한양과 함경도로 쳐들어갔으므로 전라도에 머물 까닭도 없었다. 담양의 고경명 의병군에는 서신을 보내어 먼저 북상한다는 의지를 알렸다. 공주를 지날 때 김천일 의병군의 숫자는 1,000명을 헤아렸다.

6월 28일 의병군은 독산성에 진을 쳤다. 김천일은 수원 부사를 지낸 적이 있어 이 일대의 지리에 밝았다. 이곳에서 김천일은 유격전을 펼쳐 몇 차례 승리를 거두었다. 이 무렵은 전라도 이광, 충청도 윤선각, 경상도 김수 감사의 3만여 연합군이 1,600명에 불과한 일본군에게 참패를 당한 뒤라 경기도 일대의 분위기가 어수선했다. 분조分朝(제 2의 조정)를 이끌고 이천에 와 있던 광해군은 김천일의 분전을 듣고 방어사(종2품 병사 바로 아래 직책)에 임명했다.

이후 김천일은 점점 군대의 규모가 커지자 7월 하순 강화도로 진을 옮겼다. 도성 주변의 적을 견제하기 위해서였다. 김천일 의병군의 규모는 3,000을 헤아렸다(1593년 1월 11일자 《선조실록》). 전라병사 최원崔遠의 4,000 관군과 우성전禹性傳 의병장의 2,000 군대도 뒤이어 강화도로 들어왔다.

김천일은 강화도에 약 여덟 달 동안 주둔했다. 선조는 김천일에게 정3품 장예원 판결사 벼슬과 창의사倡義使라는 칭호를 내렸다. 창의사는 전국 의병장 중 처음으로 김천일이 내려진 칭호였다. 김천일 의병군은 사기가 더욱 충천해졌다.

김천일, 최원, 우성전, 경기 수사 이빈李蘋, 충청 수사 변양준邊良俊 연합군은 8월 2일 한강 북안 양화나루 일대의 왜군을 공격하여 200여 적병을 죽이는 승리를 거두었다. 하지만 장단, 화장포, 김포 등지에서는 패하기도 하고, 별 성과를 거두지 못하기도 했다.

1593년 1월 8일 명나라 지원군과 조선 연합군이 평양성을 수복했다. 2월 12일 권율 도원수 지휘의 행주산성 전투를 외곽에서 지원한 김천일은 57세의 고령에 병까지 앓고 있는 형편이었지만 4월 10일 이후 한양을 버리고 경상도로 남하한 일본군을 추격하여 경남 함안까지 내려갔다.

2차 진주성 싸움을 눈앞에 둔 시점이었다. 2차 진주성 싸움은 풍신수길의 보복심 때문에 빚어진 전투였다. 여기서 보복심은 1차 진주성 싸움에서 대패를 한 데 대한 앙갚음 심리를 말한다.

1차 진주성 싸움은 1592년 10월 5일부터 10일까지 벌어졌다. 진주 목사 김시민을 비롯한 조선의 군·관·민은 3,000여 명에 불과했지만 결사항전 끝에 3만 명에 이르는 대적을 격파했다. 그 탓에 일본군은 곡창 지대인 호남에 들어가지 못했고, 군량미를 공급받지 못해 굶주림에 시달리게 되었다. 굶주림, 추위, 조선 수군, 의병, 명나라 지원군 등이 일본군 패퇴의 원인이라는 점을 생각하면 풍신수길의 진주성 대패에 대한 보복심은 예상할 만한 일이었다.

정렬사 김천일 사당, 나주시 대호동 642

    1593년 6월 19일, 작년의 1차 진주성 싸움 패전이 전쟁 전체의 판세에 결정적 악영향을 미쳤다고 생각한 풍신수길은 10만 명이 넘는 일본군을 진주로 보냈다. 진작부터 공개적으로 전군을 동원해 보복전을 치르겠다고 선포한 풍신수길은 '(진주성 점령 후) 한 사람도 남기지 말고 모두 학살하라'는 명령을 내렸다.

    적군 10만과 아군 6,000명의 혈투…. 전투가 성립될 수 없는 규모의 차이였다. 진주성 안 촉석정충단비矗石旌忠壇碑의 안내판은 '보복전을 시도한 풍신수길은 특명을 내려 가등청정, 소서행장 등이 이끄는 왜군 최정예의 대군을 편성, 2차로 진주성을 공격해왔다.

이때 삼장사三壯士를 중심으로 뭉친 진주성의 군·관·민은 압도적인 적세에 두려움 없이 맞서 전원이 순국하는 장렬한 최후를 맞았다.' 라고 규정하고 있다. 안내판 전문을 읽어본다.

> 이 비는 조선 선조 26년(1593) 6월 19일~29일 사이에 있었던 제2차 진주성 싸움에서 장렬하게 순국한 삼장사 김천일, 황진, 최경회 및 군·관·민의 영령을 제사하기 위하여 세운 정충단의 비석이다.
> 임진왜란 초기에 왜적의 기습적 공격에 미처 전열을 정비하지 못한 우리는 한동안 육지의 전투에서 곤경에 처했었다. 그러나 우리 군대가 흐트러진 대오를 가다듬기 시작하면서 왜적을 제압하자, 수세에 몰린 적들은 새로운 돌파구를 찾으려 아군의 10배에 가까운 병력으로 일대 반격을 펼쳤으나 막대한 피해를 입고 패하여 물러갈 수밖에 없었다. 이것이 제1차 진주성 싸움(1592년 10월 5일~10일)이다.
> 일본은 이에 대한 보복전을 시도, 풍신수길의 특명에 의해 가등청정, 소서행장 등이 이끄는 왜군 최정예의 대군을 편성하여 2차로 진주성을 공격해왔다. 이때 삼장사를 중심으로 뭉친 진주성의 군관민은 압도적인 적세에 두려움 없이 맞서 전원이 순국하는 장렬한 최후를 맞았던 것이다. 숙종 12년(1686)에 나라를 위해 충절을 다한 이들을 위해 촉석루 동쪽에 정충단을 세웠다.

너무나 '압도적인 적세'였으므로 어쩔 도리가 없었다. 6월 19일 전투가 개시된 이래 6월 29일까지 11일 동안이나 함락당하지 않고 대항해 싸웠다는 사실 자체가 그저 놀라울 따름이다. '전원이 순국하는 장렬한 최후'를 맞이할 수밖에 없다는 사실을 번연히 알면서도 결코 물러서지 않고 적들과 싸우다 삶을 마친 선조들의 의기 앞에 오로지 숙연해질 뿐이다.

촉석루는 김천일, 김천일의 아들 김상건, 최경회, 고경명의 아들 고종후, 2차 진주성 싸움 중 전사한 강희보의 동생 강희열, 성수경 등 최후까지 분전한 장졸들이 스스로 몸을 남강에 떨어뜨려 목숨을 버린 곳이다. 논개도 이곳에서 왜장을 유인한 후 마침내 남강 시퍼런 물길 속으로 가냘픈 목숨을 던졌다.

'성이 함락된 뒤 군졸과 백성들이 모두 살해되어軍民皆被屠戮 한 사람도 살아남지 못했고無一人得脫, 소, 말, 닭, 개에 이르기까지 씨가 남지 않았다牛馬鷄犬亦不遺(「촉석 정충단 비명 서矗石旌忠壇碑銘序」).'

정렬사비旌烈祠碑 기념물 48호
김천일이 순절한 지 34년 뒤인 1626년(인조 4) 사당 정렬사 앞에 세워졌다. 거북받침돌 위에 비몸을 세우고 네모난 형태의 머릿돌을 올렸다. 머릿돌에는 용을 생동감 있게 조각해 놓았고, 비문에는 김천일의 의병 활동을 자세히 적고 있다.

아주 낡은 '김천일 선생' 동상 정렬사 앞

참배를 마치고 돌아서서 나오는데 외삼문 왼쪽에 '文烈公문열공 金千鎰김천일 先生선생' 동상이 서 있다. '장군'이 아니라 '선생'이다. 선생은 누구인가? 한국학중앙연구원의 《한국 민족문화 대백과》는 '도를 깨달은 자, 성현의 도를 전하고 의혹을 풀어주는 자, 국왕이 자문할 만큼 학식을 가진 자 등을 선생으로 존칭했다.'면서 '통일 신라 시대까지의 사실을 전하는 각종 기록에서 선생으로 불린 인물로는 강수強首 선생과 백결百結 선생이 있다.'라고 했다. '국가 체제가 갖추어지면서 교육의 기능이 강화되자, 선생이 남을 가르치는 사람을 지칭하는 어휘로 의미 변화'를 일으켰지만 본래 선생은 공자 등 불세출의 현인들에게 쓰인 호칭이었다는 뜻이다.

부산 중앙대로 한복판에 세워져 있는 '충렬공 송상현 선생 상'과 대구 망우당 공원에 건립되어 있는 '紅衣將軍홍의장군 郭再祐곽재우

先生선생 像상'도 '선생'이라는 호칭을 쓰고 있다. 그 분들이 처음부터 무장이 아니라 선비였다는 사실을 밝히기 위해 '장군' 대신 '선생'을 썼다고 오해할 일이 아니다. 두 분 모두 동상에 '선생'으로 모셔지고 있는 것은 그것이 최고의 존칭이기 때문이다.

송상현과 곽재우의 동상은 '선생'이라는 극존칭에 어울릴 만한 풍채를 지녔다. 김천일 '선생' 상은 그렇지 못했다. 찾아간 날은, 동상 아래에 마침 배롱나무 붉은 꽃이 만발해 있어서 그나마 다행이었다. 그 꽃마저 없는 날 갔더라면 동상 일대는 정말 살풍경이었을 것이다.

배롱나무 즉 백일홍은 백일 동안 붉게 꽃을 피운다는 뜻이다. 백은 '온'이다. 대한민국의 '온' 국민 모두가 이 꽃을 본받아 선열들을 '선생'으로 모시는 일에 조금도 소홀함이 없어야겠다. 적어도 가끔은 정렬사와 같은 역사 유적지를 찾아 참배도 하고, 어떻게 살아야 지난 역사와 다가오는 미래를 잘 이어갈 수 있는지에 대해서도 생각해 보아야 겠다. 배롱나무처럼 변함없이 붉은 마음을 유지해가는 아름다운 사람!

전남 화순 **충의사**, **삼충각**, **고사정**, **부조묘**, 전북 장수 **월강사**
2차 진주성 싸움 순절 의병장 최경회 유적

    전남 화순군 동면 백용리 422 충의사 주차장에 닿으면 가장 먼저「율정 최익수 선생 사적비」가 답사자를 맞이한다. 사적비에 새겨진 비문은 최익수를 1861년에 《일휴당실기日休堂實記》를 간행한 인물로 소개하고 있다. 최익수는 《일휴당실기》를 편찬하기 위해 10년 동안 영·호남 지역을 두루 다니면서 관련 자료를 수집하였다고 한다.
    일휴당은 최경회 의병장의 집 이름이다. 즉, 《일휴당실기》는 최경회 의병장이 직접 쓴 글 및 그와 관련하여 다른 사람들이 쓴 글을 모은 책이다. 최익수는 무엇 때문에 그토록 힘들여 최경회 의병장 관련 자료를 모으고, 또 책으로 편찬했을까? 비문은 그 의문을 풀어주는 데에 대부분의 면을 할애하고 있다. 다음은 최익수 본인이 밝힌 책 편찬 이유이다.
    '충신의 고가古家는 후손이 미약하여 나라에서 내려준 부조묘不祧廟 관리가 허술하고, 비문碑文이 있으되 아직 빗돌을 세우지 못했으며, 충의공이 곧 촉석루 삼장사三壯士의 한 분이요, 서사시誓死詩가

엄연 충의공의 작시作詩이거늘 이 삼장사와 서사시가 타인의 문집에 들어 있는가 하면, 의암의 충렬을 충의공과는 무관한 사실로 여기고 다만 명기名妓라고 전할 뿐이니 다음날 충의공의 훌륭한 사적이 없어지지 않는다고 누가 보장하겠는가? 그러므로 이 책을 편찬하게 된 것이다.'

부조묘不祧廟는 옮기지祧 않아도不 되는 묘廟를 가리킨다. 조선 시대, 4대가 넘는 조상의 위패는 더 이상 사당에 모시지 않고 꺼내어서 땅에 묻도록 되어 있었다. 다만 나라에 큰 공로를 세운 사람의 위位패는 옮기지遷 않아도不 된다고 임금이 허락해 주었다. 부조묘와 불천지위不遷之位는 같은 말이다. 최익수는 나라로부터 큰 공신으로 인정을 받아 불천지위까지 허락이 된 최경회 선조의 부조묘 사당을 후손들이 제대로 관리도 하지 못하고 있는 실정을 한탄하고 있다.

최익수는 또 비에 새길 문장이 준비되었는데도 빗돌을 세우지 못하는 것을 한탄하고 있다. 돌을 구하고, 글씨를 새겨 넣는 데 드는 경비를 구하지 못한 모양이다. 이 비는 신도비나 기념비일 법하다.

최경회 의병장이 '촉석루 삼장사'의 한 분이고, 죽음死을 서誓약하면서 읊은 '서사시誓死詩'의 작가임에도 그 시가 타인의 문집에 실려 있는 현실도 개탄하고 있다. 다른 가문에서 최경회 의병장 대신 자신들의 조상을 삼장사의 한 분이라고 하고, 서사시도 지었다고 주장한다는 것이다.

이 대목은 내용이 상당히 복잡하다. 먼저 '촉석루 삼장사'와 '서사시'에 서린 역사부터 알아보아야겠다.

율강 최익수 선생 사적비

1593년(선조 26) 6월 29일 진주성이 함락된다. 6월 19일 공격을 개시해온 10만 일본군에 맞서 치열하게 싸웠지만 6,000 아군으로는 불가항력이었다. 특히 1592년 10월의 1차 진주성 싸움 때와는 달리 외부에서 지원해준 군사도 없었다.

　1차 싸움 때에는 최경회 본인도 전라 우의병을 이끌고 진주로 달려가 성 밖에서 일본군의 공격을 저지하는 데 힘을 보탰다. 《선조수정실록》 1592년(선조 25) 10월 1일자 기사는 '부산 등지에 주둔했던 적이 군사를 합쳐 대대적으로 진주를 포위하였다. 당초에 적이 (경상 우병사) 유숭인의 군사를 패배시키고 여러 고을을 분탕질한 뒤 진주로 향했다. 이에 김성일이 호남에 구원을 청하자 의병장 최경회와 임계영이 달려왔다.'라고 증언한다.

　하지만 이듬해의 2차 전투 때는 모두들 진주성을 외면했다. 《선조실록》 1593년 7월 10일자에는 창의사 김천일이 진주성의 방어 준비 상황에 대해 '진주는 바로 전라도를 지켜주는 곳인데實是全羅保障 순찰사 이하 모두가巡察以下 방어를 포기하고 물러나撤其蔽遮 산음(산청)으로 옮겨 갔으니移去山陰 더욱 우려가 됩니다尤極悶慮.'라고 조정에 보고한 내용이 실려 있다.

　명나라 군대도 예외가 아니었다. 실록 7월 16일자 기사에는 '적의 세력을 탐지하려고 와서 성 안에 있던 중국 군사 20여 명이 적의 형세가 매우 강한 것을 보고 바로 성에서 나갔다.'라는 내용이 실려 있다. 그 이후 명군은 진주성을 구하러 오지 않았다.

　같은 해 《선조수정실록》 6월 1일자는 진주성을 구하기 위해 원군들이 출동한 예가 없다는 사실을 더욱 자세하게 전해준다. '왜적이 진주를 함락시키자 김천일·최경회 등이 전사했다.'라는 제목의 이 기사는 '당시 진주에서 급변을 보고하니 이여송이 경성에서 유정·오유충·낙상지 등에게 전령을 보내어 군사를 전진시켜 구원하게 했다. 그러나 여러 장수들은 적의 형세가 막강함을 두려워하여 감히 진격하지 못하였다. (중략) 권율은 이빈과 함께 함양으로 물러가 주둔했다가 이어 남원으로 들어가고, 곽재우는 정진을 버리고 후퇴하였다. (중략) 홍계남 등이 높은 곳에 올라가 바라보니 적의 깃발이 하늘을 가리고 함성이 땅을 진동하였으며, 포위 속에 있는 진주성은 마치 큰 바다에 뜬 외로운 배와 같았다. 모두들 두려워하여 감히 진격하지 못하였다.'라고 상황을 전해준다.

 고립무원의 아군은 열흘 이상 치열한 접전을 벌이지만 진주성은 결국 함락되었다. 《선조실록》의 1593년 7월 16일자 기사에 따르면 '6월 20일 오후에 왜적 200여 명이 동쪽의 성 밑으로 진격해 왔다. (중략) 22일부터 28일까지 왜적이 사면을 포위하였다. 적군은 대열이 5리(2km)나 되었으며, 나머지 군사를 인근 각 고을의 요해처가 될 만한 높은 산과 깊은 골짜기 곳곳에 가득 매복하여 아군의 사이를 격리시켜 밖에서 성을 돕지 못하도록 하였다. 적은 대나무로 높은 사다리를 많이 만들고 그 사다리에 진흙을 발라 성 안을 압박하고, 그 위에서 포를 쏘아대어 탄환이 비처럼 쏟아졌다. 성 안에서는 탄환을 맞아 죽은 사람이 하루에 100여 명이나 되었다. 병사 황진도 28일 이마에 탄환을 맞고 죽었다. 29일 오후에 왜적의 모든 진이 성 밑으로 가까이 와서 일시에 성을 함락하니, 성 안에서는 혈전을 하였으나 이기지 못했다.'

고사정 최경회 의병군 창의 장소, 전남 화순읍 삼천리 11

진주성 촉석루 2층의 일부

　최익수 선생 사적비에 새겨져 있는 삼장사三壯士와 서사시誓死詩를 간략히 풀이하면 '진주성 최후의 순간을 맞아 세三 분의 장壯렬한 선비士들이 촉석루에서 죽음死을 맹서誓한 마지막 시詩를 읊었다.'라는 뜻이다. 사적비는 삼장사의 한 분이 최경회이고 시를 지은 분도 최경회인데 다른 가문에서 자신들의 조상이라는 주장을 펼치고 있다고 한탄하고 있는 것이다. 이에 대해서는 박성식의 《지방사》에 실려 있는 「진주 촉석루 삼장사」가 크게 참고할 만하다.
　서사시의 내력이 새겨져 있는 '촉석루 양상 현판문'에는 시를 읊은 세 분이 김성일·조종도·이로로 되어 있다. 이 현판은 1808년(순조 8) 어사 여동식이 제작했다. 1632년(인조 10) 합천 군수 류진이 통판 조경숙과 진주의 옛일을 이야기하던 중 삼장사 시를 거론하자 조경숙이 편액에 새겨서 촉석루에 걸어두었는데, 뒷날 없어져서 여동식이 다시 만들었다는 내용이다.
　1773년(영조 49)에는 김성일, 곽재우, 강희열이 삼장사라는 새로운 주장이 제기되었다. 또, 1822년(순조 22)에는 김성일·조종도·이로를 삼장사로 하여 사당을 건립하려다가 홍의장군 후손들이 반대하여 이로 문중과 다툰 일도 있었다.

'삼장사 추모계'는 1960년 진주성 안에 '矗石樓촉석루中중三삼壯士삼장사記實碑기실비'를 세우면서 촉석루 양상 현판문의 내용을 그대로 옮겨 서사시의 작가를 김성일, 삼장사를 김성일·조종도·이로로 새겨놓았다. 그런데 1686년(숙종 12)에 건립된 진주성 내 '촉석 정충단 비' 앞의 안내판에는 김천일, 황진, 최경회가 삼장사라고 소개되어 있다. 시간이 흘러도 서사시의 작가와 삼장사가 어떤 세 분을 가리키는지에 대한 논란은 계속되고 있는 것이다.

그런가 하면, 호남 일원에서는 김천일·최경회·고종후를 삼장사로 본다. 1799년에 편찬된 저자 미상의 《호남 절의록》에 따르면 최경회는 김천일·고종후와 함께 성 남쪽 누각(촉석루)에 올라

 矗石樓中三壯士
 촉석루에 오른 세 장사
 一杯笑指長江水
 한 잔 술 들고 웃으며 긴 강 물을 가리키네
 長江之水流滔滔
 긴 강의 물은 도도히 흐르나니
 波不竭兮魂不死
 물결은 마르지 않으며 혼 또한 죽지 않으리

라는 시 한 편을 짓고는 임금이 있는 북쪽을 바라보며 네 번 절한 후 인절印節(경상 우병사의 도장)을 든 채 남강으로 뛰어내려 순절하였다. 그로부터 150여 년 뒤인 1746년(영조 22) 최경회의 도장이 남강 물가에서 발견되었다. 《영조실록》 1747년(영조 23) 1월 26일자 기사를 읽어본다.

경상 우병영에서 옛날 도장 한 개를 바치면서 진주 사람이 남강 가에서 주웠다고 했다. 바로 임진년 난리 때 병사 최경회가 소지하고 있다가 물에 던진 것이었다. (중략) 임금이 보고 감탄하며 하교하기를,

"옛 도장을 보니 바로 그 사람이 바치는 듯하다. 도장 위에 새겨진 연월年月을 보니 내 마음이 갑절로 숙연해진다."
면서 창열사彰烈祠에 제사를 지내도록 명하고, (도장을 넣는 갑을 만들어 소중히 보관하게 한 뒤) 임금이 직접 글을 지어 갑 위에 새기기를,

追憶往事 百有餘年
지난 일을 돌이켜 생각하니 100여 년이 지났네
幸得南江 印篆宛然
다행히 남강에서 주운 도장에 새겨진 글자가 뚜렷하구나
矗石闡義烈 想像愴先
촉석루에서의 뛰어난 의열을 상상하니 그저 슬퍼지네
命留嶺閫 以堅忠焉
영남의 병영에 보관토록 하여 충절을 기리게 하노라

하였다.

최경회는 1592년 7월 26일 화순읍 삼천리 11 고사정 터에서 창의했다. 고사정에서 창의했다고 하지 않고 그 터에서 의병을 일으켰다고 하는 것은 이 정자가 당시에는 없었고 1678년에 지어졌기 때문이다. 고사정은 최경회의 조카 최홍우崔弘宇 관련 유적이다.

최홍우는 임진왜란에도 종군했지만 1624년 이괄의 난 때도 의병을 일으켰다. 그는 조정에서 내린 벼슬을 여러 차례 사양하였는데, 1625년에는 인조의 관직 수여도 사양했다. 인조가 최홍우를 '고사

高士(큰 선비)'라 칭송하자 사람들은 그를 '고사 선생'이라 불렀고, 마을도 '고사촌'이라 했다. 최홍우의 아들 최후헌崔後憲이 정자를 세운 뒤 아버지를 기려 '고사정高士亭'이라는 현판을 달았다.

최홍우는 2차 진주성 전투에도 참전했는데, 마지막 순간에 숙부 최경회로부터 탈출하라는 지시를 받았다. '나의 조복과 언월도를 집에 전해야 한다. 이것을 보시면 중형(최홍우의 아버지 최경장)께서 반드시 의병을 일으키실 것이다.' 과연 최경회의 중형 최경장崔慶長은 64세의 고령도 아랑곳하지 않고 의병을 일으켜 옥과, 남원 등지에서 활약하였다. 최경장은 뒷날 석주관을 지켰다. 전주에 와 있던 광해군이 고령을 염려하여 군사들을 김덕령에게 인계하도록 조치하니 최경장은 혼자 말을 타고 선조를 호종하러 북으로 갔다.

최경회 집안에서는 순절자도 많았다. 최경회 장군 본인이 1593년 6월 29일 진주성에서 순절했고, 최경회 장군의 부실副室(《일휴당실기》의 표현) 주논개朱論介 또한 7월 7일 촉석루에서 스스로 목숨을 던졌다. 최경회의 백형 최경운崔慶雲과 아들 최홍수崔弘受는 1597년 10월 7일 화순 오성산성에서 왜적과 싸우다 전사했다.

최경회 동상
전남 화순군 동면 백용리 422 충의사

최경운의 장남 최홍재崔洪宰는 최경회 의병군의 군관으로 여러 전투에 참전했지만 2차 진주성 싸움 때는 모병·모량 임무를 맡은 관계로 성에 있지 않아 화를 면했다. 그는 정유재란 때에도 사간원 정언으로서 초유사招諭使(의병을 모으고 민심을 달래는 관리) 임무를 수행했다. 아버지와 동생이 오성산성에서 전사했을 때 부랴부랴 고향으로 달려왔지만 이미 왜적이 물러간 뒤였다. 그는 광해군 때 인목대비 폐모에 반대하다가 울산으로 귀양 가 그곳에서 병을 얻어 세상을 떠났다.

홍살문 아래로 외삼문이 보이는 충의사의 풍경. 외삼문에는 전라문全羅門, 내삼문에는 진주문晉州門, 논개 사당에는 장수문長水門이라는 현판이 걸려 있다. 관련 지명을 적절히 사용했다는 점에서 훌륭한 작명으로 여겨진다.

최경회 의병군은 전북 장수군 장계면 월강리 562-1 월강사月岡祠 일원에서 군사 훈련을 했다. 문화재자료 31호인 이곳은 '달이 뜨는 언덕의 사당'이라는 뜻을 지닌 사당 월강사, '충신을 생각한다'는 뜻의 외삼문 회충문懷忠門, '어진 이를 숭모한다'는 뜻의 재실 모현재慕賢齋로 이루어져 있다. 1828년(순조 28)에 처음 창건되었고, 1868년(고종 5) 훼철되었다가 1948년에 재건되었다.

월강사 최경회 의병군 훈련 장소, 전북 장수군 장계면 월강리 562-1

최경회 의병장 유적 중에는 아주 특이한 모습을 보여주는 곳도 있다. 물가 경치 좋은 지점의 거대한 바위덩어리 위에 정려 비각 셋이 나란히 세워져 있는 '화순 능주 삼충각三忠閣'이 바로 그곳이다. 주소는 화순군 승주면 잠정리 산33-1으로, 기념물 77호이다.
　문화재청 누리집의 해설을 읽어본다. '임진왜란 때 의병장으로 활약한 최경회와 문홍헌, 을묘왜변 때 순국한 조현 등 세 분의 충신을 추모하기 위해 세운 누각이다.
　최경회는 선조 원년(1567)에 문과에 급제하고 영해 군수를 지냈는데, (어머니)상喪을 당해 고향인 전라남도 화순에 내려와 있을 때 임진왜란이 일어났다. 그는 형들과 고을 사람들을 규합하여 의병을 모집하였고, 탁월한 용병술과 용장으로 진주 1차 싸움을 승리로

능주 삼충각 화순군 승주면 잠정리 산33-1
기념물 77호

이끌었으며 공로가 인정되어 경상 우병사로 임명되었다. 그러나 선조 26년(1593) 왜군이 다시 공격해오자 이를 막지 못하고 9일만에 진주성이 함락되자 문홍헌과 함께 남강에 투신하였다.

조현은 무과에 급제하고 명종 10년(1555) 을묘왜변 때 절제사로 있으면서 전라남도 해남 지방에 침입한 왜구들을 막기 위해 싸웠으나 절변산 전투에서 전사하였다.

위 3인의 애국충절을 추모하기 위해 숙종 11년(1685) 능주 향교의 유림들이 절벽 위에 3동의 건물을 세우고 삼충각이라 하고, 앞에 흐르는 능주천을 충신강이라 부르고 있다.'

세 정려는 왼쪽부터 문홍헌, 조현, 최경회의 것이다. 현지에 도착해 보면 '어째서 이토록 외진 곳에 정려각을 세웠을까?' 싶은 생각이 먼저 일어난다. 하지만 그것은 오해다. 삼충각 아래 물가 도로는 1485년(성종 16)에 개통된 유서 깊은 길이다. 지금은 강 건너에 새 도로가 있어 차량이 뜸하지만 조선 시대에는 화순과 장흥·보성을 잇는 주요 통행로였다. '그래서 많은 사람들이 왕래하던 곳이었고, 이곳에 삼충각을 세워 지나는 사람들이 볼 수 있도록 했던 것이다(현지 안내판).'

이곳에서는 정려 아래 바위 절벽에 새겨진 비들도 꼭 보아야 한다. 당시 길을 닦을 때 시주 한 사람들의 명단을 새긴 비(기념물 162호) 등 13기의 각종 비석들이 눈길을 끈다.

삼충각 아래 13기의 빗돌 중 하나

화순읍 다지리 206-2의 '최경회 사당'을 찾아간다. 사당 건물에는 '부조묘'라는 현판이 걸려 있다. 현지 안내판을 읽어본다.

> 이 건물은 임진왜란 때 진주성 싸움에서 장렬하게 순절한 최경회 장군의 위패를 모신 사당이다. 원래는 순조 35년[24] (1833)에 한천면 금전리에 세워졌으나 그곳이 저수지 공사로 수몰되자 1963년 3월에 현 위치로 이전하였다.
>
> 충의공 최경회 장군은 화순 출신이다. 명종 16년(1561) 진사가 되고 선조 원년(1567)에 문과에 급제하여 장수·무장(고창) 현의 현감과 영해 부사 등을 거친 뒤 임진왜란이 일어나자 의병을 모아 왜병을 격퇴하였다. 그 공으로 경상우도 병마절도사에 승진하였고, 그해 6월 제2차 진주성 싸움에 참가하여 창의사 김천일과 함께 싸우다 순절하였다. 인조 5년(1627) 좌찬성에 추증(죽은 뒤 벼슬을 높여줌)되었고 인조 11년(1633)에 충의공의 시호가 내려졌다.

---

24) 33년의 잘못이다. 순조는 1800년 7월 4일부터 1834년 11월 13일까지 왕위에 있었다. 원년은 임금이 즉위한 해와 그 이듬해 모두를 가리키는 용어이다. 따라서 정조 24년인 1800년과 그 이듬해인 1801년은 모두 순조 원년이고, 1802년이 순조 2년이 된다. 즉위한 연도에 2를 보탠 것이 그 임금의 **왕 2년이 되므로 1800년에 33를 보탠 1833년은 순조 33년이 되는 것이다.

최경회 장군이 진사가 된 1561년은 명종 16년이 맞는지 확인해본다. 명종은 1545년부터 1567년까지 왕위에 있었다. 1545년에 16을 더하면 1561년이 된다. 즉 1561년은 명종 16년이다.

그렇게 보면 좌찬성에 추증된 1627년과 시호가 내려진 1633년을 인조 5년과 11년이라고 한 것도 옳지 않다. 인조가 즉위한 1623년에 5와 11을 각각 더하면 1628년과 1634년이 되기 때문이다. 하지만 1627년과 1633년은 각각 인조 5년과 인조 11년이다. 반정으로 즉위한 중종과 인조는 왕위에 오른 해만 원년으로 하고 그 이듬해는 재위 2년으로 하기 때문이다. 앞의 임금 연산군과 광해군을 왕으로 인정하지 않는 인식이 이 계산에도 적용되었다.

> 현재 사당은 정면 3칸, 측면 2칸의 맞배지붕(옆에서 볼 때 'ㅅ'자 모양) 건물이다.

최경회 부조묘 바로 뒤 높은 지점에 '다산 영당'이 있다. 1624년에 처음 건립된 것으로 전해지는 다산 영당茶山影堂은 최경회 가문의 선조인 '해동 공자' 최충을 모신 사당이다. 다만 다지리 180의 다산 영당은 비지정 문화재이다. 1624년(인조 2) 당시 건물이 아닌 까닭이다.

영당 오른쪽의 '의병장 해주 최崔공 서생瑞生, 효자 흥덕 현감 최공 기종起宗 유적비', '흥덕 현감 최기종 유적비', '해주 최서생 부인 문화 류씨 열행비烈行碑', '열부 문화 류씨 노비 순동順童 공로비' 등도 빼놓을 수 없는 답사 대상이다. 2015년에 건립되었으므로 지정 문화재는 아니지만(문화재로 지정되려면 만들어진 지 최소 100년은 지나야 함) 후손들의 마음이 돋보이는 빗돌들이기 때문이다.

최경회 사당 전남 화순읍 다지리 206-2, 문화재자료 64호

이곳의 대표 빗돌인 '의병장 해주 최공 서생, 효자 흥덕 현감 최공 기종 유적비'의 내용을 옮겨 적는다. 충의사 주차장에 들어서자마자 만난 율강 최익수 선생 사적비의 내용을 이 글 맨 앞에 소개했던 것과 같은 일을 반복하려는 것이다.

사실 충의사를 방문한 답사자 중 최익수 선생 사적비에 새겨진 글을 읽은 이는 거의 없을 터이다. 비의 모양도 위치도 반드시 살펴보아야 할 대상으로 느껴지지 않기 때문이다. 그럼에도 불구하고 나는 앞에서 최익수 사적비의 비문을 정성들여 소개했다.

그와 마찬가지로 이곳에서도 대표 빗돌인 '의병장 해주 최공 서생, 효자 흥덕 현감 최공 기종 유적비'에 새겨져 있는 내용을 모두 읽고, 지금 옮겨 적는다. 방문했어도 읽지 않은 독자들에게, 또 방문하지 못했으므로 읽을 기회도 가지지 못했던 독자들에게 좀 더 충실하게 임진왜란 유적지를 소개하기 위한 충심의 발로이다. 빗돌의 명문은 대략 아래와 같다.

> 최서생 의병장은 1597년 정유재란 때 양반들의 당파 싸움과 관군의 무능으로 국토가 왜적의 침략에 짓밟히자 지역 방위를 위해 창의하였다.
> 의병장은 전주 지역에 왜적이 침범하자 의병을 이끌고 북진하여 흥덕 사진포(고창군 흥덕면 사포리)에서 전투를 벌였다. 의병장은 적과 싸우던 중 불행하게도 적탄에 맞아 전사하였다. 국난에 목숨을 바쳐 충성을 다하신 것이다.
> 부인 문화 류씨는 참의 덕용德容의 딸로, 남편이 흥덕에서 전사하자 노비 순동에게 어린 아들의 양육을 부탁한 뒤 남편을 사랑하는 일편단심으로 사진포 바닷물에 몸을 던져 순절하였다.
> 당시 1595년 생으로 3세였던 아들 최기종은 뒷날 무과에 급제하여 진해 현감으로 발령을 받게 되자 임금에게 흥덕 현

감으로 보내달라고 청원했다. 임금은 효자라고 칭찬하고 원을 들어주었다. 최기종은 봄과 가을에 흥덕 해변에서 제사를 지냈는데 그때마다 바닷물이 끓어올라 붉게 물들었다.

이제 최경회 장군의 유적지인 충의사, 고사정, 월강사, 삼충각, 부조묘, 다산영당, 다산영당 옆의 비석군 답사가 끝났다. 충의사 경내의 논개 사당만 제외하면 최경회 유적지를 두루 소개한 셈이다.

논개 유적은 이곳 충의사의 '의암 영당' 외에 전북 장수군에도 '의암사'와 '생가'가 있다. 그곳까지 모두 방문한 후 별도로 글을 써야겠다. 이는 논개 부인에 대한 예의이기도 하고, 그만큼 널리 알려야 마땅할 내용이 많기 때문이기도 하다.

류씨 부인 좌상

최경회의 생애
《선조수정실록》 1593년(선조 26) 6월 1일

　최경회의 자는 선우善遇로 능성綾城(전남 화순)에 살며 문과文科에 올랐는데, 이름이 알려지지 않은 인물이었다. 전란 초, 집에서 거상居喪(모친상) 중이던 그는 고경명에 이어 의병을 일으켰다. 이때 전前 임실 현감任實縣監 임계영도 군사를 일으켰다. 최경회는 좌도의 의병을 거느리고, 임계영은 우도의 의병을 거느렸다. 호남이 이미 안정되었으므로 두 장수는 모두 영남을 구원하였다.
　최경회는 동서로 적을 초토하느라 1년 넘게 노숙하였으나 뜻이 조금도 태만해지지 않았다. 병사(경상 우병사)에 승진되어서는 처사가 정밀하고 민첩하였으며, 호령이 엄하고 분명하였으므로 사람들이 그를 믿고 의지하였다.
　최경회는 김천일과 함께 통수統帥(총지휘관)가 되어 같이 있으면서 명령을 내렸는데 한 번도 상반되는 적이 없었다. 진주성이 함락되자, 막사(참모) 문홍헌 등과 함께 물에 뛰어들어 죽었다. 좌찬성左贊成에 추증되었다.

충의사忠毅祠
입구 안내판의 설명
　여기는 임진왜란 당시 의병을 일으켜 많은 전공을 세우고 2차 진주성 싸움에서 삼장사三壯士의 일원으로 순국한 최경회 선생의 호국 정신을 기리기 위한 사우이다.
　선생의 자는 선우, 호는 삼계三溪, 당호는 일휴당日休堂이며 본관은 해주海州로 화순에서 태어났다. 1567년(명종 22) 문과에 급제한 뒤 성균관 전적, 사헌부 감찰, 형조 좌랑, 옥구·

장수·무장 현감, 영암 군수, 영해·담양 부사 등 내외 관직을 지냈다.

　1591년 어머니 상喪으로 관직을 떠나 고행에서 시묘侍墓하고 있을 때, 1592년 임진왜란이 일어나자 경운慶雲·경장慶長 두 형과 아들 홍기, 조카 홍재, 홍우와 함께 의병청을 설치하고 몇 천의 의병을 일으켜 전라우도 의병장이 되어 상복 차림으로 북상하여 금산, 무주의 왜적을 격퇴하였다.

　경상 우순찰사의 지원 요청을 받고 '영남도 우리나라 땅이다.' 하고 달려가 1차 진주성 싸움의 외원外援(밖에서 도움)으로 대첩을 거둔 뒤 바로 거창에 주둔하고 개령 지방의 왜군을 공격하여 성주성 탈환에 큰 공을 세우는 등 영남 7읍을 평정하니 그 전공으로 1593년 경상 우병사로 특별 임명되었다.

　이 해 6월의 2차 진주성 싸움에도 참가하여 9 주야의 항전 끝에 중과부적으로 성이 무너지니 조카 홍우를 탈출시켜 조복과 언월도偃月刀를 고향의 중형께 보내고, 김천일·고종후 장군 등과 함께 촉석루에 올라 서사일절誓死一絶(서사시)을 남기고 남강에 투신 순절하니 그의 나이 62세였다.

　뒤따라 논개論介가 왜 적장을 껴안고 순절하였고, 중형 경장도 의병대장이 되어 사천·고성 등지의 왜적을 격퇴하였으며 장형 경운도 오성산성에서 항전하다가 부자가 순절하였다.

　뒤에 좌찬성에 추증되고 충의라는 시호가 내려졌다. 진주 창열사, 능주 포충사, 화순 삼충사에서 제향해 오다가 고종 때 포충사와 삼충사는 훼철되었고, 오늘날에 이르러 군민의 숙원으로 2004년에 준공하여 후세를 위한 충효 교육의 도장으로 삼는다.

전북 장수 **의암사**, 생가 터, 전남 화순 **의암 영당**
'기생' 아닌 '부인' 논개, 남편은 의병장 최경회

전남 화순군 동면 백용리 422의 충의사는 최경회 의병장을 기려 세워진 임진왜란 사적지이다. 충의사 경내에는 논개를 모시는 의암영각義巖影閣이 있다. 영당 앞의 안내판을 읽어본다.

> 이곳은 임진왜란 때 2차 진주성 싸움 뒤 연약한 여성의 몸이지만 의분義憤과 통한痛恨을 참지 못해 왜 적장 모곡촌육조毛谷村六助(게야무라 로쿠스케)를 남강의 위암危巖으로 유인하여 그를 껴안고 깊은 강물 속으로 뛰어 들어 원수를 갚고 순절한 위대한 논개 부인의 영정을 모신 집이다.
>
> 이와 같이 청사靑史에 빛나는 호국 충절 정신을 천추千秋토록 기리기 위하여 진주의 의기사義妓祠, 장수의 의암사義巖祠, 함양 묘지 등 위패와 영정을 봉안奉安하고 제향祭享을 올리고 있다.
>
> 여기 의암義巖인 화순에서도 이곳 충의사忠毅祠와 함께 의암 영정각을 지어 나라 사랑의 귀감龜鑑으로 삼고자 한다.
>
> 화순 군수

의암 영각 화순 충의사 경내의 논개 사당

　안내판은 진주 촉석루 아래 남강의 한 바위를 위암과 의암으로 달리 부르고 있다. 위험한 암석이라는 뜻의 위암은 이 바위의 본래 이름이다. 논개의 순국 이후 위암은 의암이라는 새 이름을 얻었다. 당대의 진주 시인 정식(1683~1746)은 '그 바위, 이 여인이 아니었으면岩非斯女 어찌 의롭다 소리 들었으리焉得義聲'라고 노래했다.
　안내판은 또 진주에서는 사당을 의기사, 즉 의로운 기생의 사당이라 부르지만 화순과 장수에서는 의암 영당과 의암사, 즉 논개의 상징이 된 의로운 바위를 그대로 사당 이름으로 쓴다고 말해준다. 의암 영당과 의암사는 의암이 논개의 호가 된 사실을 반영한 사당 이름인 것이다. 나아가 본문은 논개를 '부인'으로 호칭하고 있다.
　전북 장수군 장계면 대곡리 708의 '의암 주논개 생가 터' 안내판도 논개가 기생이 아니라 부인이라고 표현하고 있다. 논개가 기생으로 알려진 일반적 인식과 달리 부인이라는 사실은 어디에 근거하는 것일까? 일단 생각 터의 안내판부터 읽어본다.

이곳은 1593년(선조 26) 6월 남편 최경회 현감을 따라 2차 진주성 싸움에 참전했다가 중과부적으로 성이 무너지고 패하자 스스로 목숨을 버린 남편과 나라의 원수를 갚기 위해 기생으로 가장하여 왜군 승전연에 참석, 왜장 모곡촌육조를 진주 남강변 현재 의암이라 불리는 바위로 유인하여 함께 투신 순국한 겨레의 여인 주논개朱論介의 생가가 있는 곳이다.

논개는 1574년(선조 7) 9월 3일 이곳 주촌마을에서 부 주달문朱達文과 모 밀양박씨 사이에서 태어났다. 주촌마을의 원래 생가는 1986년 내곡 저수지 축조로 수몰되었으며, 이곳은 논개 할아버지가 함양군 서상면에서 재를 넘어 와 서당을 차렸던 곳으로 전해지는 지역에 1997년부터 4년에 걸쳐 넓히고 옮기는 사업을 통해 2만 평을 조성하였다.

이곳에는 주논개 생가로 들어가는 관문인 의랑루義娘樓가 있고 연못과 정자 월아정月娥亭, 주논개의 석상, 의암 주논개의 사료를 전시한 전시관 및 생가가 있다.

논개 생가 전북 장수군 장계면 대곡리 708

안내판은 최경회가 논개의 '남편'이며, 논개가 '스스로 목숨을 버린 남편과 나라의 원수를 갚기 위해' 왜장 모곡촌육초를 의암 쪽으로 유인하여 함께 투신 순국한 '겨레의 여인'이라고 소개하고 있다. 그 과정에서 논개는 '기생을 가장'했는데 뒷날 그대로 굳어져 실제 기생으로 알려졌다는 뜻이다.

논개 생가 터 관리 사무소와 장수군 장수읍 두산리 산3의 논개 사당 의암사가 배부하는 소형 홍보물「의암 논개」에 수록되어 있는 '의암 주논개의 일대기'를 통해 그녀의 생애를 살펴본다. (앞의 두 안내판에 나오는 내용은 생략)

논개는 그녀의 이름이고, 호는 의암이며, 성은 신안 주씨이다. 그녀의 가문은 대대로 학덕이 높은 훈장집으로 마을사람들의 존경을 받았던 뼈대 있는 집안이었다.

논개는 어려서부터 총명하고 영특하여 부모의 가르침을 잘 따랐으며 나이에 비해 성숙하였다. 아버지 주달문은 논개가 딸이지만 크게 될 인물이라고 기뻐하였다.

논개의 집은 가난했지만 화목한 가정이었다. 그러나 아버지는 논개가 다섯 살 때 갑자기 세상을 떴고, 모녀는 한 마을에 살던 숙부 주달무에게 기대어 살게 되었다. 노름으로 가산을 탕진한 주달무는 이웃마을 김풍헌에게 논개를 민며느리로 팔고 달아나버렸.

민며느리 제도는 장차 며느리로 삼기 위해 어린 여자아이를 미리 데려와서 키우는 풍속을 말한다. 이때 여자아이는 아직 결혼을 한 것은 아니므로 쪽을 찌지 않고 민머리로 지내게 된다. 민머리는 결혼한 여자가 머리카락을 뒤통수에 땋아서 틀어 올려 비녀를 꽂아 쪽을 하는 것과 달리 그냥 풀어헤친 머리를 말한다.

논개 모녀는 도망을 쳤지만 김풍헌의 고발로 장수 관아로 끌려가 재판을 받게 된다. 이때 현감이 최경회였다. 최경회는 논개 모녀에게 아무 죄가 없다면서 풀어주었다. 갈 곳이 없는 모녀는 관아에서 일을 하며 살게 해달라고 최경회에게 부탁했다.

최경회가 허락을 하여 모녀는 관아에서 거주하게 되었다. 세월이 흘러 논개가 17세가 된 1590년 두 사람은 부부의 인연을 맺었다. 담양 부사로 있던 최경회는 그 해 모친상을 당하여 관직을 사임한 후 시묘를 위해 고향으로 가면서 논개를 그녀의 고향 장수로 보냈다. 2년 뒤 임진왜란이 일어났다.

　상복은 입은 채 의병장이 된 최경회는 현감을 지냈던 장수에 의병을 모집하러 왔고, 두 사람은 2년 만에 다시 만났다. 최경회는 월강리 앞 들판에 의병청義兵廳(의병 본부)을 설치한 뒤 군사들을 훈련했고, 논개는 부인들과 함께 밥을 짓는 등 수발을 들었다.

　전라도와 영남을 드나들며 많은 공을 세운 최경회는 1593년 4월 경상우도(낙동강 서쪽의 경상도 지역) 병사로 승진하여 진주성에 들어갔다. 소식을 들은 논개도 짐을 꾸려 진주로 갔다. 두 사람이 정겹게 일상의 평화를 누릴 겨를은 별로 없었다. 6월 19일 10만에 이르는 왜적 대군이 몰려왔고, 열하루 동안 피투성이의 전투가 계속되었다. 논개도 갖은 일을 하며 전투하는 장졸들의 뒷바라지를 했다.

논개 기념관 논개 생가 터

전세는 점점 악화되었다. 일단 몸을 피해 있으라는 남편의 말에 따라 논개는 숨어 지내면서 전투의 흐름을 살폈다. 그때 남편이 남강에 몸을 던져 스스로 죽음의 길을 갔다는 비보가 들려왔다.

가슴이 찢어지는 슬픔에 울부짖던 논개는 비장한 결심을 했다. 복수를 해야 한다! 칠월 칠석에 일본군이 승전 잔치를 연다는 정보를 입수한 논개는 기생처럼 곱게 단장한 후 관기官妓(관청 소속 기생)들 틈에 섞여 연회장인 촉석루 가까이 접근했다.

논개는 혼자 (아직 '의암'이라는 이름을 얻기 전인) 위암 쪽으로 내려갔다. 촉석루에 올랐다가는 정체가 드러날 우려가 있었다. 그녀는 혼자서 남강 물가에 서 있었다. 바람이 불어 와 그녀의 치맛자락은 수양버들처럼 휘날렸고, 머리카락은 물결과 함께 달빛에 빛났다.

연회가 무르익자 왜적 장수들은 술이 얼큰해졌다. 그 중 누군가가 맨 먼저 촉석루 아래를 보며 눈빛을 번쩍이고 신음을 토했다. 다들 그곳으로 눈길이 쏠렸다. 왜장들 중 용맹하고 저돌적인 것으로 유명한 모곡촌육초가 자리에서 벌떡 일어났다.

진주성 촉석루 아래 성벽 위에서 내려 본 의암

모곡촌육초는 호기롭게 강가로 내려갔다. 연회는 중단되고 모두 그쪽만 보게 되었다. 적장이 다가올수록 논개의 미소는 더욱 향기롭게 피어올랐다. 왜장은 그녀가 자신을 유혹하고 있다고 믿었다. 스스럼없이 다가온 왜장이 눈앞에 서자 논개는 두 팔을 벌려 그자의 허리를 껴안았다. 촉석루 위에서는 탄성과 환호가 터졌다.

그 환호작약하던 아우성은 이내 비명으로 변했다. 열 손가락에 가락지를 낀 논개는 두 손이 꽉 맞물리도록 왜장의 배를 잡아당긴 다음 함께 강물 속으로 떨어졌다. 1620년 무렵 우리나라 최초의 야담집 《어우야담於于野譚》을 저술한 유몽인柳夢寅(1559~1623)은 이 장면을 아래와 같이 기술했다.

> 논개는 진주 관기였다. 계사년(1593)에 진주가 마침내 함락되고 군사와 백성들이 모두 죽었다. 논개는 분단장을 곱게 하고 촉석루 아래 가파른 바위 꼭대기에 서 있었다. 아래는 만 길 낭떠러지였다. 사람의 혼이라도 삼킬 듯 파도가 넘실거렸다.

'의암 주논개 상' 논개 생가 터 중심부

> 왜병들은 멀리서 바라보며 침을 삼켰지만 감히 접근하지 못했다. 다만 왜장 하나가 당당한 풍채를 뽐내며 접근했다. 논개는 요염한 웃음을 흘리며 왜장을 맞이했다. 왜장이 자신의 몸을 잡자 논개는 힘껏 적을 끌어안고 두 몸을 낭떠러지 아래로 던졌다. 둘은 함께 죽고 말았다. (하략)

유몽인의 기록 이후 논개는 기생으로 알려졌다. 하지만 최경회 의병장이 직접 쓴 글 및 그와 관련하여 다른 사람들이 쓴 글을 모은 《일휴당실기》에는 다르게 적혀 있다. '공의 부실副室(첩)이 공이 죽던 날 좋은 옷을 입고 강가 바위에서 거닐다가 적장을 유인해 끌어안고 죽어 지금까지 사람들은 의암이라고 부른다.' 논개가 기생이 아니라 최경회 의병장의 둘째 부인이라는 뜻이다.

의암사 논개 사당, 전북 장수군 장수읍 두산리 산3, 기념물 46호

최경회 선덕 추모비(왼쪽)와 논개 생장지 사적비 논개 생가 터

논개 생가로 올라가는 계단 좌우에 「최경회 현감 선덕 추모비」와 「논개 생장지 사적 불망비」가 서 있다. 논개 비는 이 일대가 그의 출생 및 성장 지역이라는 사실을 말해준다. 그에 비해 최경회 비는 그가 의병장 또는 경상 우병사였다는 것이 아니라 현감이었다는 점을 말하고, 왜적을 물리치는 데 큰 공을 세운 업적이 아니라 착한 덕을 기리고 있다는 점에서 조금은 뜻밖이다. 최경회은 무엇보다도 임진왜란 당시 손에 꼽히는 활약을 한 장수의 한 사람으로 기억되기 때문이다.

이 비석의 이름이 말하는 '착한 덕'은 죄를 덮어쓴 논개 모녀를 억울함에서 풀어주고, 갈 곳 없는 두 사람을 관아에 머물게 하여 삶의 곤궁함을 풀어준 사실을 가리킨다. 그로 말미암아 최경회와 논개가 부부의 인연을 맺게 되고, 논개가 촉석루에서 왜장을 유인하여 함께 죽음의 길을 걸음으로써 '겨레의 여인(생가 터 안내판의 표현)'이 되었다. 논개 생가 터에서는 최경회가 뛰어난 장수였다는 사실보다 그가 논개 모녀에게 덕을 베푼 일이 더 소중하게 기억될 일이리라. 비록 20세 어린 나이에 세상을 떠났지만 논개 또한 남편과 나눈 짧은 사랑을 오늘도 하늘에서 추억하고 있으리라.

논개 영정 윤여환 작

30년 이상 '국민'들의 참배를 받아온 친일파 화가의 논개 영정이 2008년 이후 충남대 윤여환 교수의 작품으로 교체되었다. 그러나 충무공 이순신 영정은 친일파 작품이 2017년 8월 15일 현재도 방방곡곡에서 국민들의 절을 받고 있다. 이명박 대통령 직속 친일반민족행위진상규명위원회가 2009년 발간한 「친일반민족 행위 관계 사료집」에 등재된 친일 화가임에도 문화관광체육부는 줄곧 그 작가의 그림을 '국가 표준 영정'으로 써 왔다. 이제 문재인 정부가 들어서면서 충무공 영정은 국가 표준 영정 해제 사유 중 한 가지인 '고증 및 사진 등 새로운 근거에 의하여 그 인물과 다르게 표현되어 있는 것으로 판명된 경우'에 해당되는지 심의를 받을 예정으로 있다.

전남 광양 **쌍의사**, 장성 **창의사·비**, 광주 **양씨 삼강문**
'의병 마을'을 자부하는 후대인들은 행복하다

쌍의사는 전남 광양시 봉강면 신룡리 501에 있다. 주민들은 마을회관 앞에 「형제 의병장 마을 안내도」라는 이름의 안내판을 세워두었다. 형제 의병장을 배출한 마을이라는 자부심이 대단하다. 마을 오른쪽 뒤편 끝의 쌍의사에 닿아 안내판을 읽는다.

> 의병장 강희보姜希甫(1561~1593), 강희열姜希悅(1562~1593) 형제는 봉강면 신촌마을(현 신룡리)에서 강천상姜天詳의 아들로 태어났다. 선조 25년(1592) 임진왜란이 일어나자 의병을 일으켜 단성(경남 산청)에서 왜군과 싸웠다.
>
> 이듬해인 1593년 6월 왜군이 10만의 병력으로 진주성을 공격하여 성이 고립무원에 이르자 형 희보는 창의사 김천일과 함께 진주성에 입성하였다. 당시 조방장으로 구례 석주관을 지키던 아우 희열 역시 급보를 받고 수성군守城軍(성을 지키는 군대)에 합류하였다.
>
> 제 2차 진주성 전투는 1만여 수성군이 10만 대군의 왜군을 맞아 6월 21일부터 29일까지 치열한 공방전을 벌였던 싸움으로, 형제는 수성군의 부장과 전투대장으로서 앞장서 싸우던 중 형 희보는 27일에, 아우 희열은 29일에 장렬히 전사하였다.

> 이후 선조 40년(1607) 형제는 진주 창열사에 배향되었고, 영조 16년(1740) 강희보는 호조좌랑(정6품), 강희열은 병조참의(정3품)에 추증되었다. 1971년 사우 뒤편 능선에 자리한 묘역을 개수하였고, 1988년 쌍의사를 건립하였으며, 1999년 사우를 중건하여 면모를 갖추게 되었다.

연년생 형이 먼저 전사하고, 형의 죽음을 지켜본 동생이 이틀 뒤 다시 전사하는 비극이 눈에 선하다. 형제는 아직 31~32세였다. 형제의 부모가 생존해 있어 두 아들을 한꺼번에 잃는 참상을 겪었다면, 어버이로서 그 심정은 어떠하였을까!

쌍의사

강희보, 강희열 형제가 순절한 2차 진주성 싸움 때 그들의 사촌인 강희원姜希元과 강희복姜希福도 전사했다. 4년 뒤인 1597년 7월 칠천량 해전 때 전사한 강옥상姜玉祥과 8월 남원성 전투 때 전사한 강인상姜麟祥은 그들의 백부이다. 남원 전투에서는 사촌인 강희국姜希國도 전사했다. 한 집안에서 두 형제와 다섯 조카가 순식간에 세상을 떠났으니 진주강씨 가문의 전란 피해는 참으로 눈물겹다.

강희보는 32세에 임진왜란을 맞았다. 백부 강인상이 세 아들 강희원, 강희중姜希仲, 강희복 등을 데리고 의병을 일으키는 것을 본 그는 사흘 뒤 군사 100명을 모아 창의했다.

강희보가 사흘 만에 100명의 의병을 모은 것은 20세부터 펼쳐온 강학 활동 덕분이었다. 당파 싸움 등 어지러운 조정을 보며 과거에 마음을 잃은 그는 학문에 전념했는데, 이름이 알려져 광양은 물론 멀리 순천, 하동 등지에서까지 제자들이 찾아왔다.

출전에 앞서 강희보는 부인과 어린 두 아들을 처가로 보냈다. 전쟁터로 가려면 집의 일에 신경을 쓰지 않아야 할 것이다. 강희보 의병군은 마을 대장간에서 밤낮으로 무기를 만들었다. 이때 백부와 동생 강희열이 단성에서 왜적에게 포위되었다는 연락이 왔다. 강희보는 급히 달려가 그들을 구출했다.

그 후 강희보는 김면 의병군에 합류했다. 김면은 그에게 표의병 부장彪義兵副將 칭호를 내렸다. 김면은 1593년 3월 1일 병으로 세상을 떴고, 강희보 또한 10만 대군을 형성하여 쳐들어온 일본군에 맞서기 위해 2차 진주성 싸움에 동참했다가 마침내 전사했다.

강희보의 동생 강희열은 연년생 형과 달리 무인의 길을 걸었고, 전쟁 발발 직전인 1591년에는 무과에도 급제했다. 이긍익의 《연려실기술》 등에 따르면 '순천의 무사'인 그는 '처음에는 고경명을 따라 창의했는데 (7월 9일~10일 이틀 동안 전개된) 금산 전투에서 패하자 울면서 고향으로 돌아가 다시 군사를 모아 (경상도에서 호남으로 들어오는 길목 중 한 곳인 단성으로) 전진하였다.'

강희열은 형 강희보와 사촌 강희원이 전사한 이틀 뒤에 강희원의 동생 강희복과 더불어 전사했다. 이날 장윤도 전사했고, 김천일과 최경회 등은 남강에 몸을 던져 스스로 순절의 길을 택했다.

쌍의사 삼문에서 분의문奮義門이라는 현판을 본다. 분의는 의를 떨친다奮는 뜻이다. 강희열이 2차 진주성 싸움 때 맡은 직책이 분의병장奮義兵將이었다.

「강희보 강희열 형제 의병장 창의 박태상朴泰相 선생 공적비」를 본다. 박태상이라는 분이 쌍의사를 번듯하게 가꾸는 데에 큰 힘을 보탠 모양이다. 이 또한 분의의 정신을 빛낸 사례이니 빗돌을 세워 영세불망 기림은 지극히 당연한 일이다.

쌍의사 강희보, 강희열 의병장 형제를 모시는 사당

장성 오산 창의사 장성군 북이면 모현리 302-2, 유형문화재 120호

전라남도 유형문화재 120호는 흔히 '장성 남문 창의비'라 불려 왔는데 2013년 3월 이래 '장성 오산 창의비鰲山倡義碑와 창의사倡義祠'라는 새 이름을 얻었다. 북이면 사거리 714의 창의비만 문화재로 지정되어 있던 중 북이면 모현리 302-2의 사당도 함께 묶어서 확대 지정된 것이다.

창의비는 1802년(순조 2)에 세워졌고 비각은 1809년에 건립되었다. 비석 앞 안내판에는 「장성 남문 창의비」가 아니라 「호남 오산 남문 창의비」라는 제목이 붙어 있다. 흔히 부르는 이름 「장성 남문 창의비」와 달리 비석 앞면에는 「湖南 鰲山 南門 倡義碑」이 새겨져 있기 때문이다. 이 창의비는 1592년 임진왜란이 일어났을 때 김경수, 김제민, 기효간, 윤진 등이 당시 장성 현감 이귀의 협조를 얻어 남문에 의병청(의병 본부)을 설치하고 세 차례에 걸쳐 활발한 의병 활동을 펼친 사실을 기려 세워졌다. 이 비의 특징은 의병 참가자의 신분을 따지지 않고 모두 비석에 이름을 새겼다는 점이다.

호남 오산 남문 창의비 장성군 북이면 사거리 714, 유형문화재 120호

비석에는 장성 의병의 활동 성과, 비문을 지은 이유 등이 새겨져 있고, 장성 창의를 주도한 22명, 그의 아들과 형제 12명, 의병을 일으키는 활동에 동참한 32명, 승병장 9명 등 77명의 이름도 밝혀져 있다. 77명에는 의병 대장으로 추대된 김경수의 노비 1명 등 천민들의 이름도 포함되어 있어 비석을 세울 당시 장성 지역 선비들의 열린 마음을 확인할 수 있다.

김경수(1543~1621)는 34세 때 참봉 벼슬을 받았으나 아직 학문을 덜 갖추었다며 스스로 사양했다. 왜란이 일어나자 아들 극후, 문하생 김언희 등과 함께 창의했다. 김경수는 모은 군사들과 군량미를 곳곳으로 보내어 왜적과의 싸움을 지원했다.

다음 해에도 김경수는 남문 앞에 의병청을 열어 병사와 군량을 모았다. 나흘 만에 800여 명의 의병과 양식 700여 석이 모였다. 그는 두 아들 극후와 극순을 앞에 앉혀놓고 '나는 이미 병들고 늙어서 싸움터에 나갈 수 없으니 한스럽구나.'라고 탄식했다.

오산 창의사 외삼문

 두 아들이 '인륜을 내세운다면 자식으로서 어버이를 떠나지 못할 것이며, 대의를 내세운다면 신하로서 임금을 저버리지 못할 것입니다. 허락하신다면 먼저 싸움에 나아가 대의를 위해 죽을까 합니다.'라고 대답했다. 그는 두 아들의 의로운 기상을 칭찬한 다음 군사들을 주어 진주성으로 출발시켰다.

 두 아들은 2차 진주성 전투에서 전사했다. 10만 왜적을 감당하지 못해 진주성이 함락되고 두 아들도 순절했다는 슬픈 소식을 듣고 그는 붓을 들었다. '내 비록 너희들이 살아오기를 바랐지만, 할 일을 하고 떳떳이 죽었으니 젊음이 아깝지 않도다. 외롭지 않게 순절하였으니 반드시 뜻을 같이할 사람이 있으리라.'

 4년 뒤 정유재란 때 김경수는 54세의 고령이었지만 의병 200여 명을 모아 경기도 안성까지 진격해 왜적 30여 명의 목을 베고, 많은 백성을 구해내었다. 조정에서 군자감정(정3품) 벼슬을 내렸지만 사양한 그는 고향에 묻혀 살다가 78세에 세상을 떠났다.

양씨 삼강문 광주 광산구 박호동 산131-1, 기념물 11호

광주시 기념물 11호인 양씨 삼강문梁氏三綱門은 광주 광산구 박호동 산131-1에 있다. 주소에 '산'이 있지만 실제로는 도로변에 있어 지나치는 길에서도 저절로 눈에 들어온다.

'삼강문은 충신, 효자, 열녀를 기리기 위해 세운 정려旌閭'라는 안내판의 설명에 따르면 이 삼강문의 위치는 아주 제격이다. 최경회와 문홍헌 등을 기리는 화순 삼충각의 안내판도 '많은 사람들이 왕래하던 이곳에 삼충각을 세워 지나는 사람들이 볼 수 있도록 했다.'라고 설명한 바 있다. 문화재청의 해설을 읽어본다.

> 양씨 삼강문은 충민공忠愍公 양산숙梁山璹(1561~1593) 일가 7명을 기리기 위해 인조 13년(1635)에 세운 정려문이다. 정려문은 충신, 효자, 열녀 등을 표창하기 위해 나라에서 그 동네에 세워주는 문을 뜻한다. 양씨 삼강문은 정면 5칸·측면 1칸짜리 맞배지붕의 평범한 건물이다.

원래는 양산숙을 비롯하여 효자, 열녀, 절부 각 2명씩을 모셨으나, 회진임씨 문중으로 출가한 양산룡의 딸은 그 문중에서 모시고 있어 현재는 6분의 정려만을 모시고 있다.

충신으로 모셔진 양산숙은 임진왜란 때 진주성 전투에서 왜군과 싸우다 김천일 장군과 함께 순절한 무인이다. 효자로 모셔진 양산룡과 양산수는 양산숙의 형제로, 정유재란(1597) 때 삼양포에서 왜군을 만나 어머니를 구하려다 순절한 인물들이다.

절부로 모셔진 양산숙의 어머니 죽산 박씨는 왜군을 만나 바다에 투신하여 순절하였으며, 그의 부인인 광산 이씨 또한 왜적에 항거하다가 자결하였다. 김광운에게 출가한 누이 양씨는 왜군을 만나 바닷물에 몸을 던져 자결하고 말았다.

양산숙은 2차 진주성 전투 때 끝까지 왜적과 싸우다가 마지막 순간에 김천일, 최경회 등과 더불어 남강에 몸을 던져 순절한 장군이다. 그의 형제 양산룡과 양산수, 어머니 죽산박씨, 부인 광산이씨, 누이 제주양씨와 조카 제주양씨도 모두 왜적에 저항하여 목숨을 던졌다. 전쟁의 비극성도 물론이지만 한 가문의 처절한 순절의 역사가 고통스럽게 다가오는 곳, 바로 양씨 삼강문이다.

마을 앞 표지석에 '박산 의병 마을 : 어등산 의병 전적지'가 새겨져 있다. 박산은 이곳 박호동의 옛 지명이다. 나라 곳곳에서 볼 수 있는 '충효 마을' 표지석보다 훨씬 생생하고 뜨거운 기운이 느껴지는 '의병 마을' 표지석이다. 주민들은 스스로 '의병 마을'로 자부하고 있다. 자신의 정체성을 자랑스럽게 말할 수 있는 이 마을 사람들, 그들은 행복하다.

송씨 쌍충 일렬각 전남 고흥군 대서면 화산리 507-1, 기념물 74호

송씨 상충 일렬각 쌍충은 두 사람의 충신, 일렬은 한 사람의 열부를 가리킨다. 송씨 쌍충 일렬각宋氏雙忠一烈閣은 임진왜란 중 전사한 송제, 그의 아내 능성구씨, 광해군 8년(1616) 여진족의 침입 때 전사한 송덕일을 표창하기 위해 1797년(정조 21)에 세워졌다.

송제는 1593년 진주성 싸움에서 왜군의 포로가 되었다. 송제는 무릎을 꿇으라는 적장에게 '내 목은 자를 수 있어도 내 무릎은 굽힐 수 없다.' 하며 꾸짖다가 끝내 죽임을 당했다. 죽음 앞에서도 당당한 송제의 절개에 탄복한 왜적이 그의 시신을 매장하며 '조선 의사 송제지시朝鮮義士宋悌之屍'라 쓴 나무 표식을 세웠다고 전해진다.

송덕일宋德馹은 군사 훈련을 담당하는 관청 훈련원의 첨정(종4품)으로 있던 중 임진왜란을 맞아 의주까지 왕을 호종했다. 1597년 정유재란 때는 진도 군수로서 이순신을 도와 명량 해전에서 공을 세웠다. 여진족의 침입을 격퇴한 공으로 경상 좌병사에 임명되었으나 임지로 떠나기 전 여진 잔당의 습격에 맞서 싸우다가 전사했다.

순천 충렬사 사당 전남 순천시 조례동 150, 문화재자료 6호

육충사 육충사六忠祠라는 이름은 전남 순천시 황전면 월산리 471의 사당이 여섯 충신을 모시고 있다는 사실을 직설적으로 말해준다. 여섯 충신은 임진왜란 중 2차 진주성 싸움 때 세상을 떠난 일심재一心齋 허일許鎰(?~1593)과 그의 다섯 아들이다.

무과 합격 후 사헌부 감찰 등을 지낸 허일은 전쟁 중 삼포 수방사 겸 웅천 현감으로 재직했다. 이순신을 도와 부산, 남해 등지의 많은 전투에서 공을 세웠지만 1593년 6월 김천일, 황진, 최경회 등 6만여 장졸과 백성들이 순절한 2차 진주성 싸움 마지막 순간에 아들 허증, 허은, 허탄과 함께 남강으로 뛰어내려 자결했다. 아버지와 세 아들이 한꺼번에 절벽에서 몸을 던져 함께 숨지는 이 참혹한 광경…… 다른 두 아들 허황과 허곤도 이순신 휘하에서 활약하던 중 한산 대첩 때 순국했다. 육충사는 1917년에 건립되었다.

순천 충렬사 육충사보다 5년 전(1912년)에 재건된 충렬사도 허일 관련 임진왜란 유적이다. 2차 진주성 싸움이 있었던 1593년에 위치

육충사 순천시 황전면 월산리 471

  미상의 곳에 창건된 것으로 전해지는 충렬사는 문화재자료 6호로, 대원군의 서원 철폐령 때 훼철된 이력이 있다. 순천시 조례동 150에 있는 충렬사는 선무 원종 1등 공신 허일, 각각 선무 원종 3등 공신인 그의 아들 허곤과 육촌동생 허경을 제향하고 있다.

  충렬사는 ①입구의 연못(연지) ②외삼문(여재문) ③외삼문 앞의 안내판과 공덕비 ④내삼문을 정면으로 바라보는 지점의 남문 ⑤재실과 사당 사이의 협문(성문) ⑥재실(세수재) ⑦서재 ⑧내삼문(소현문)과 그 앞의 안내판 ⑨사당(충렬사) ⑩동재로 이루어져 있다. 이렇게 시설들을 나열하는 것은 충렬사의 규모가 웅장하다는 뜻이다. 순서대로 답사하면서 허일 가문의 뜨겁고 애절한 충렬을 기려본다.

진주성 촉석문(남문)

광주 충장사, 충효동 정려, 김덕령 생가 터, 취가정
의병장이 민심을 얻을까 내내 걱정한 선조

광주시 금곡동 1023에 김덕령을 기리는 사당 충장사가 있다. 충장사에서 2km가량 무등산 자락의 고개를 넘으면 김덕령 가족과 그들이 살던 마을을 표창하여 세워진 '충효동 정려비각'(기념물 4호)이 도로변에 있다. '김덕령 생가 터'는 이곳 주차장에서 50m 정도 북쪽 기슭에 있다. 김덕령의 억울한 죽음을 달래준 유적 취가정(문화재자료 30호)은 여기서 300m 거리에 있다.

김덕령 생가 터 광주시 북구 충효동 442 옆 빈터

이곳(충장사)은 임진왜란 때 의병을 일으켜 국난을 극복한 의병장 충장공 김덕령 장군(1568~1596)의 사우(사당) 및 묘역이다. 김덕령 장군은 조선 선조 원년(1568)에 광주시 북구 충효동, 옛 이름 석저촌에서 김붕변金鵬變의 둘째아들로 태어났다. 자라면서 당대 석학 우계 성혼 선생에게 수학하였다.

　　선조 25년(1592) 임란이 일어나자 담양에서 의병 5,000명을 모집하여 출정하였다. 이에 당시 전주에 내려와 있던 광해군으로부터 익호翼虎장군의 군호軍號(군대의 호칭)를 받았다.

　　선조 28년(1595) 고성 지방에 상륙하려는 왜군을 격퇴하여 선조로부터 충용군忠勇軍이라는 군호를 받았다. 이후 장문포에서 충무공 이순신과 수륙 연합전에 참가한 것을 비롯하여 진해, 고성 지방을 방어하였다. 또한 의병장 곽재우 장군과 여러 차례에 걸쳐 왜군을 무찌르니 위명威名(위엄이 높은 이름)은 날로 높아갔다.

　　선조 29년(1596) 이몽학의 반란을 토벌하였으나25) 이몽학과 내통한 충청도 순찰사의 무고로 투옥되어 옥사하였다.

　　현종 2년(1661) 장군의 억울함이 신원되어 관직이 복구되었다. 현종 9년(1668)에 병조 참의, 숙종 6년(1680)에 병조 판서, 정조 13년(1789)에 의정부 좌찬성에 추증되었다.

　　정조 12년(1788)에는 장군의 드높은 충효를 기리고자 사당을 건립하여 배향하는 한편 충장공忠壯公의 시호諡號(나라에 큰 공이 있는 사람이 죽은 후 조정이 그에게 내리는 호)를 내렸다. 그리고 장군이 태어난 마을 석저촌을 충효리로 바꾸도록 하고, 표리비(마을을 표창하는 비)를 내려 이를 널리 알리도록 하였다. 본 사우와 묘역은 1975년 2월 정비되었다.

---

25) '토벌하였다'는 표현은 사실과 다르다. 토벌하기 위해 출전했으나 그가 싸움터에 당도하기 전에 이미 반란은 진압되었다.

앞의 인용문은 광주시 북구 금곡동 1023 충장사 앞 안내판의 내용이다. 해설문은 김덕령의 생애를 세 시기로 나누어서 설명하고 있다. 임란 전반기에는 왜적 격퇴에 큰 공을 세웠다. 임란 중반기인 1596년 이몽학의 반란과 연관되어 억울한 죽임을 당했다. 그로부터 65년 후 김덕령은 신원(억울함이 풀어짐)되었고, 조정은 그의 명예를 회복하는 데 도움이 될 만한 이런저런 조치를 취했다.

해설문 중 김덕령의 억울한 죽음이 가장 궁금하다. 선조가 김덕령을 죽인 이유가 이몽학의 난 관련이라 하므로 임진왜란 당시 일어난 반란에 대해 알아본다.

민중의 반란은 전쟁 초부터 일어났다. 선조가 피란을 떠난 1592년 4월 30일, 백성들은 경복궁, 창덕궁, 창경궁 등에 불을 질렀다. 법을 집행하는 형조, 노비문서를 관리하는 장예원도 불태워 없앴다. 선조의 맏아들 임해군의 집에도 방화를 했고, 궁궐에 들어와 금은보화를 털어갔다.

1592년 6월 28일자 《선조실록》에 실려 있는 김성일의 장계는 백성들이 선조와 조정에 얼마나 깊은 반감을 가지고 있었는지 잘 보여준다. 김성일은 배신한 백성들이 오히려 왜적의 편에 서서 아군을 공격한다고 말한다.

"수사(원균)가 성으로 들어가려고 고성현 지경에 배를 대자 왜적 100여 명이 배반한 백성들을 거느리고 재차 와서 성을 점거했습니다. (중략) 왜적은 몇 명 안 되지만 그 중 절반이 배신한 백성들이니半是叛民 매우 한심합니다極可寒心."

최초의 조직적인 대규모 반란군은 지리산을 근거로 활동했다. 김희金希와 고파高波는 수 천 무리를 거느리고 지리산 둘레를 점거한 채 물건을 빼앗고 사람을 마구 죽였다. 이들은 거의 3년 동안 기세를 떨쳤는데, 마지막까지 저항했던 반군 장수 임걸년林傑年은 지리산 고개 중 한 곳에 자신의 이름을 남기기까지 했다. 노고단과 뱀사골 계곡을 잇는 임걸령林傑嶺이 바로 그곳이다.

김희, 고파, 임걸년 등은 큰 산적때 수준이었지만, 1594년 1월 15일을 한양 진격일로 잡은 송유진宋儒眞 무리는 본격적인 반란군이었다. 송유진은 사람을 죽이지 않고 인심을 베푸는 등 백성들의 호응을 얻으면서 세력을 키웠다. 하지만 송의 반란은 충청 병사 변양준에게 제압됐다.

선조는 송유진의 반란과 관련하여 의병장 이산겸李山謙을 죽였다. 송유진이 세력을 모으면서 '나는 사람을 죽이지 않는다. 우리의 수령은 이李가인데 이름은 아직 밝힐 수 없고, 지금 청계산에 머물고 있다.' 하고 떠들었는데 그 이가로 이산겸이 지목되었던 것이다.

《선조수정실록》1594년 1월 1일자에 '의병장 이산겸이 역적의 무고로 체포되어 하옥되었다. 역적과 대질했을 때與賊對辨 역적의 말이 허황했는데도賊辭屈 이산겸은 오래도록 구금된 채 풀려나지 못했다. 어떤 사람이 "이산겸이 의병을 장악하고 해체하지 않은 그 정상이 의심스럽다." 하고 주장하니 선조가 형추刑推(고문)를 명령했다. 그가 고문을 받아 죽으니死於杖下 사람들이 대부분 원통하게 여겼다人多冤之.'라고 기록되어 있다.

충청도 의병장 이산겸을 고문 끝에 죽인 선조는 전라도 의병장 김덕령도 고문 끝에 죽인다. 이번에는 이몽학李夢鶴의 반란이 계기가 되었다. 송유진의 반란보다 약 2년 6개월 뒤에 일어난 이몽학의 난은 임진왜란 때 봉기한 여러 반란군 중 가장 규모도 웅대했고, 점령 지역도 넓었고, 사회에 미친 영향도 컸다.

1596년 7월 6일, 서얼庶孼(첩의 자식)이기 때문에 출세를 할 수 없다고 생각하여 평소 불만이 많았던 이몽학이 반기를 들었다. 이몽학은 선조와 조정에 대한 백성들의 반감을 활용하여 세상을 뒤엎을 수 있는 기회가 왔다고 판단했다. 좋지 못한 언행을 일삼다가 서울 집에서 쫓겨나 전라도 모속관募粟官(군량미 수집 관리) 한현韓絢 아래에서 일하던 이몽학은 그 본인도 서얼 출신이라 불평이 많았던 한현부터 끌어들였다.

반란군은 홍산(부여 홍산면)과 임천(부여 임천면) 관아를 점령하고 현감 두 명을 결박했다. 그들이 무기와 곡식을 나눠주자 백성들이 몰려들어 반란군의 세력은 급속히 불어났다. 반군은 청양(충남 청양읍), 정산(청양군 정산면), 대흥(예산군 대흥면)도 접수했다. 이몽학은 송유진이 썼던 수법을 그대로 재탕했다.

"김덕령, 곽재우, 홍계남 장군이 우리를 돕기로 했다. 병조 판서 이덕형도 서울에서 내응하기로 했다. 전국 다섯 도에서 관찰사들이 한 날 한 시에 군사를 일으켜 서울로 진격한다."

이몽학 반란군은 백성들의 환영을 받으며 북상했다. 반란을 일으킨 지 불과 닷새만인 7월 10일 이몽학 군은 수원까지 올라갔다. 이때 이몽학 군의 일부는 홍주(충남 홍성)로 진격했다. 홍주 목사 홍가신洪可臣은 성루에 올라 크게 외쳤다.

"김덕령 장군이 진주에서 출발했다. 이시언 충청 병사, 박홍로 전라 감사, 이시발 순안 어사가 이끄는 군대도 예산, 유구, 청양에 당도했다. 내일이면 너희들은 모두 죽는다. 협박에 못 이겨 반군에 가담한 자가 있으면 이몽학의 머리를 베어와 용서를 구하라."

반군들은 자신들의 배후 수령인 줄 알았던 김덕령이 진압하러 온다는 말에 크게 동요되었다. 그날 밤, 반군 장수 김경창金慶昌·임억명林億命·태근太斤이 이몽학의 머리를 들고 투항했다.

선조도 송유진 반란 때와 똑 같은 태도를 보였다. 선조는 김덕령을 직접 고문하여 죽인다. 이이화는 《조선과 일본의 7년 전쟁》에서 '벼슬아치들은 김덕령이 역적과 내통하지 않은 것을 믿었지만 누구 하나 변호하지 않았다. (중략) 김덕령은 26일 동안 갇혀 있으면서 여섯 차례 고문을 받아 정강이뼈가 부러졌다. 그래도 무릎으로 기어다니자 선조는 그것을 괘씸하게 여겼다. "김덕령이 곤장을 아무렇지도 않게 여기니 참으로 역적이로다." 임금의 명령에 따라 김덕령은 심문을 받을 때 큰 나무토막에 묶인 채 끌려나왔다. 그는 마침내 고문으로 옥사하고 말았다.'라고 기술하고 있다.

충장사 김덕령 사당

  1601년 3월 14일자 《선조실록》을 보면 선조는 '왜적을 평정한 것은 오직 명군의 은혜'라고 단정한다. 선조는 '명군이 온 것은 여러 신료들이 험한 길에 엎어지면서 의주까지 나를 따라와 명나라에 호소한 덕분'이라면서 '우리 장수들은 적장의 머리 하나 베거나 적진 하나 함락한 적이 없었다.'라고 의병과 조선군을 멸시한다.

  선조는 며칠 뒤인 3월 17일에도 '우리나라 사람들은 한 것이 없다, 조선이 망하지 않은 것은 오로지 명나라 덕분'이라고 단정한다. 선조는 1603년 2월 12일에도 '이순신과 원균의 해상전이 수공首功(제일 큰 공)이고, 그 외에는 권율의 행주 싸움과 권응수의 영천 수복이 조금 사람들의 뜻에 찰 뿐 나머지는 (큰 공을 세웠다는 말을) 듣지 못했다. 간혹 잘했다고 하는 자도 겨우 성 하나를 지킨 데 불과하다.'라고 일갈했다. 이에 대해 합천 창의사의 《합천 임란사 2집》은 '임진왜란을 극복할 수 있었던 모든 공을 명군에게 돌림으로써 정권을 유지하는 데만 급급했다.'라고 선조를 비판한다.

급박했던 임진왜란 초기에는 선조도 아주 다른 말을 했다. 1592년 6월 1일자 《선조수정실록》은 '나라의 목숨이 의병들 덕분에 유지되었다.'라고 토로하는 선조의 모습을 보여준다. 같은 해 11월 16일에도 선조는 '의사義士들이 한 번 창의倡義하자 군민軍民이 호응하여 국가가 오늘날까지 있게 되었으니 이는 모두 의병들의 힘이었습니다.'라는 사간원의 말에 동의한다.

이 무렵에는 선조의 인식은 일본군의 그것과 흡사했다. 《합천임란사 2집》은 '(조선의 의병은) 때로는 산과 숲에 모여 있고, 때로는 우리(일본)의 수비 부대를 습격했다. 이들의 전투는 서로 연결되지 못해 단편적이기는 했지만 아군의 후방을 걱정스럽게 하여 큰 병력을 전방에 집결시키지 못하게 만들었다.'라는 일본군 참모본부의 기록을 보여준다. 이 기록은 일본군 참모 본부가 1924년에 출간한 《일본 전사日本戰史 조선역朝鮮役(임진왜란)》에 실려 있다.

김덕령 장군의 관 충장사 유물관

김덕령의 비명횡사 소식을 들은 일본군은 '기쁜 얼굴로 서로 치하'하였고, 조선 사람들은 '모두 원통하게 여기고 가슴 아파하였다. 그때부터 남쪽의 선비들과 백성들은 덕령의 일을 되새기며 용기와 힘이 있는 사람들은 모두 숨어버리고 다시는 의병을 일으키지 않았다(《선조수정실록》 1596년 8월 1일).'

백성들의 큰 지지를 받는 명장의 탄생을 선조는 걱정했다. 선조는 '(1593년 1월 평양성 탈환 이래) 관군이 정비된 이후에는 의병의 통제가 절실한 과제'가 되었으므로 의병을 해체하려는 목적에서 의병장들에게 관직을 주었다(경남 의령 의병박물관 게시물의 표현). 그 과정에서 선조는 김덕령과 이산겸 같은 의병장을 죽였고, 곽재우 등도 문초했다. 선조는 1604년 6월 처음으로 공신 104명을 확정할 때에도 내시는 24명이나 포함시켰지만 곽재우, 조헌, 고경명, 김천일 등 기라성 같은 의병장들은 공신으로 인정하지 않았다.

김덕령은 정철의 제자인 권필權韠(1569~1612)의 꿈에 나타나 한맺힌 노래 취시가醉時歌를 부른다. 권필이 화답하는 시를 지어 김덕령의 원혼을 달랬음은 물론이다. 1890년(고종 27) 김덕령의 후손들은 '장군의 혼을 위로하고 충정을 기리려고' 정철 유적 환벽당 옆 100m 지점에 취가정醉歌亭을 지었다. 취가정은 '한국전쟁(1950년)으로 불에 타 없어져 1955년에 다시 세웠다.'

고인돌 위에 얹힌 듯 보이는 취가정 북구 충효동 396-1

충효동 정려비각 북구 충효동 440, 기념물 4호

충장사에서 취가정으로 이어지는 무등산 옆 구비 산길을 2km가량 넘으면 광주시 기념물 4호인 '충효동 정려비각'이 나타난다. 정려의 이름은 보통 '신여량 장군 정려'나 '송씨 쌍충 정려'처럼 인명, 성씨, 주제 등이 앞자리를 차지하는데 충효동 440의 이 정려는 동네 이름이 그 자리에 앉아 있다. 임금이 사람 개인이 아니라 동네 전체를 표창했다는 뜻이다. 안내판은 '1788년(정조 12)에 충효리라는 마을 이름을 하사받고 이듬해 유래를 담은 이 비를 세웠다. 비각은 1972년에 처음 세워졌는데 정면은 3칸이고 옆면은 1칸이며 지붕은 맞배지붕이다.'라고 설명하고 있다.

생가 터는 이 정려에서 뒤편 왼쪽으로 100m 정도 떨어진 산비탈에 있다. 북구 충효동 442 옆의 빈터 일원이다. 이곳이 김덕령 장군 생가 터라는 사실을 말해주는 작은 표지석이 놓여 있다. 그 뒤로 대나무가 울창하다. 바람이 불면 대숲이 스산한 소리를 내며 일렁인다. 김덕령 장군은 지금도 여전히 억울하실 것이다.

이순신 백의종군로, 전북 군산 최호 장군 유적
오천성 떠나 바다로 간 장군, 칠천량에서 전사했다

660년, 당나라 소열(호 : 정방)이 군대를 몰고 백제 땅으로 쳐들어 왔다. 전함을 타고 서해를 건너온 당나라 군은 덕적도에 머물면서 고구려로 진격하는 척 속임수를 쓰다가 기벌포로 진입했다. 기벌포, 뒷날 진포로 이름이 바뀌었고, 지금은 군산 내항이라 부른다. 소열이 기벌포로 온 것은 금강 하류에서 배를 이용하면 백제의 수도 부여로 갈 수 있었기 때문이다.

고려 시대에도 진포에는 적이 끊임없이 나타났다. 대표적인 것은 1380년(우왕 6)으로, 500척이나 되는 왜구가 진포를 침입했다.《고려사》의 '나세羅世 열전'에 따르면, 1만 명 이상이나 되는 왜구들은 주변 고을들을 무자비하게 침탈했다. 우리 백성들의 시체가 산과 들을 덮었고, 왜구들이 약탈한 곡식을 가져가며 흘린 쌀이 또 다시 한 자 두께로 땅을 덮었다.

나세, 심덕부沈德符, 최무선崔茂宣이 전함 100척을 이끌고 진포로 달려가 왜구를 공략했다. 이때 최무선은 자신이 만든 화포火砲를 사용해 함포 사격으로 왜구의 배들을 불태웠다. 세계 해전 역사상 처음으로 화포를 사용한 전투였다. 진포 대첩鎭浦大捷 이후 한동안 왜구들은 우리나라를 넘보지 못했다.

'통합 군산시'가 태어나는 1995년 이전의 군산시 지역은 조선 초기에 옥구현으로 불렸다. 그러다가 1906년 대한제국 때 옥구부가 되고, 1914년 일제 강점기 때 군산부로 개명되었다.

군산부라는 이름은 군산진群山鎭에서 왔다. 군산진은 본래 산山들이 무리群를 짓고 늘어선 듯한 모양의 섬들群島인 군산군도群山群島 중 선유도에 주둔해 있던 수군 부대였는데, 왜구들이 선유도를 우회하여 해안을 침범하는 사태가 빚어지자 세종 이후 현재의 군산시 금동(옛 군산의료원과 청구여상 자리)으로 이전되었다.

1596년(선조 29), 충청 수사 최호崔湖가 부하 장졸들과 함께 전함을 이끌고 한산도를 향해 떠난 곳은 군산진이 아니다. 그는 지금의 충청남도 보령시 오천면 소성리에 설치되어 있던 충청 수영성忠淸水營城에서 출격했다. 《세종실록지리지》는 조선 초기 충청 수영과 그 산하에 군선 142척과 수군 8,414명이 배속되어 있었다고 증언한다. 최호도 아마 그와 비슷한 전력을 지휘하였을 터이다.

충청 수사의 본영이었던 오천성 충남 보령시 오천면 소성리 931

충청 수영 자리인 오천성에 가보면, 전쟁터의 느낌은 맡을 수 없지만 조선 시대의 시인 묵객들이 왜 그렇게 이곳으로 몰려들었는지는 저절로 헤아려진다. 가파른 절벽 위에 쌓인 성곽은 안면도와 보령항 사이의 천수만 입구를 저 아래로 굽어보며 저 혼자 낭만과 풍류를 즐기느라 여념이 없다.

하지만 최호는 오천성을 떠나 한산도로 가면서 그처럼 한가한 기분을 느낄 겨를이 없었다. 당시 조선 수군의 가장 큰 문제는 이순신과 원균의 불화였다. 수군 총지휘관인 통제사를 보좌하는 수사의 한 사람으로서 최호는 마음이 불편했을 것이다.

1594년 11월 12일, 이순신은 통제사에서 물러나겠다고 선언한다. 11월 28일, 군대 문제를 총지휘하는 비변사는 '두 장군의 극심한 불화 때문에 조선 수군 전체의 지휘력과 전투력이 크게 떨어졌다.'면서 '성상聖上(임금)께서 두 사람을 화해시키시거나, 아니면 한 사람을 육군으로 돌리는 것이 좋겠다.'라고 선조에게 건의한다.

12월 1일, 선조는 원균을 충청 병사로 보내는 대신에 그 자리에 누구를 앉히면 좋겠느냐고 대신들에게 묻는다. 대신들은 곽재우, 배설, 이광악을 추천한다. 12월 9일, 진주 목사 배설에게 경상 우수사 임명장이 떨어진다.

조선 수군의 본격적인 와해는 1596년 12월 1일 소서행장小西行長(고니시 유키나가)의 사신이 경상 우병사 김응서를 찾으면서 시작된다. 소서의 밀사는 내년 1~2월 중에 가등청정加藤淸正(가토 기요마사)이 현해탄을 건너온다면서, 조선 수군이 부산 앞바다에서 기다리고 있다가 그를 죽이면 전쟁이 끝날 것이라고 속삭인다.

선조는 이순신에게 출정을 명한다. 이순신은 임금의 지시를 거부한다. 적의 꾀에 넘어가서는 안 된다는 것이 이순신의 판단이었다.

선조가 계속 출정 명령서를 보낸다. 이순신은 군대를 움직이지 않는다. 마침내 도원수 권율이 직접 한산도를 향해 말을 달린다. 그래도 이순신은 왕명을 듣지 않는다.

1월 13일, 가등청정의 군대가 부산에 상륙한다. 선조는 '왜추倭酋 (왜의 대장, 소서행장)가 모든 것을 손바닥 보이듯 가르쳐 주었다. 그런데 우리는 해내지 못했다. 우리는 왜추보다도 못하다. 한산도의 장수(이순신)는 편안히 누워서 어떻게 해야 할 줄을 몰랐다.'면서 '그런 자는 가등의 목을 베어와도 용서할 수 없다. 신하로서 임금을 속인 자는 반드시 죽여야 한다.'라고 분노한다.

2월 6일 이순신 검거령이 떨어지고, 3월 4일 이순신은 감옥에 갇힌다. 원균이 통제사가 된다. 선조와 조정은 원균에게 부산 앞바다로 출정하여 신속히 왜적들을 무찌르라고 독촉한다.

그 무렵 남해안은 일본군들이 성을 쌓은 채 점령하고 있었다. 만약 조선 수군이 부산 앞바다로 가면, 앞에는 부산항에 머무르고 있는 일본 수군, 뒤에는 남해안 왜성들에서 나와 배를 타고 따라온 일본 육군 사이에 저절로 포위되는 꼴이 된다. 원균은 망설인다.

전북 부안군 하서면 청호리 812-9 석불영상랜드에 풍신수길 직전의 일본 최고 권력자 직전신장織田信長(오다 노부나가)이 본영으로 썼던 기후성 천수각을 영화 촬영용으로 재현해 둔 왜성이 있다. 왜성 전체의 실물 유적은 울산 서생포 왜성, 복원한 것은 순천 왜성이 가장 볼 만하다.

이순신은 투옥된 지 28일 지난 4월 1일 석방된다. 1597년 4월 1일자 《난중일기》의 첫 문장은 '옥문을 나왔다.'이다. 4월 3일 이순신은 권율 도원수 진영으로 가서 백의종군白衣從軍 하라는 명령에 따라 남해안을 향해 출발한다. 《난중일기》에는 이순신이 거쳐 간 길과 만난 사람들의 면면이 기록되어 있다.

이순신은 4월 3일 수원, 4일 독산성, 평택, 오산을 거쳐 5일 충남 아산에 닿는다. 아산에서 이순신은 음봉면 어라산의 선산先山(조상들의 묘), 외가·친가·형 요신 등의 사당에 참배한다. 이어 12일 영광 법성포에 닿는다. 13일 아침 이순신은 어머니의 별세 소식을 듣는다. 16일 일기에 이순신은 '어서 죽기를 기다릴 뿐'이라고 쓴다. 19일 일기에도 '어서 죽는 것이 낫다.'라고 쓴다.

이순신이 백의종군을 하면서 전라도 경내로 처음 들어서는 날은 4월 21일이다. 일기에는 '저녁에 여산 관노의 집에서 잤다.'라고 되어 있다. 이순신이 여산으로 들어와 곧장 관노의 집으로 들어가지는 않았을 터, 여산 동헌礪山東軒부터 먼저 들렀을 터이다.

익산시 여산면 여산리 445-2의 여산 동헌을 답사한다. 유형문화재 93호인 동헌은 거대한 느티나무들과 선정비·척화비가 뜰에 줄지어 서 있어 오랜 관청다운 분위기를 잘 보여준다. 그 중에서도 동헌 서쪽의 기념물 116호 느티나무는 600년 이상의 수령을 자랑하는 거대 고목이다. 나무는 백의종군 중인 충무공이 동헌에 들어오는 광경과, 사람들에 둘러싸여 이야기를 나누는 모습을 지켜보았을 것이 틀림없다. 동헌 마루에 앉아 느티나무를 바라본다. 충무공도 이곳에서 저 느티나무를 망연히 바라보았으리라(→뒷면 사진).

아마도 관노의 집은 동헌 뒤편에 있었을 듯하다. 지금도 건물 뒤 돌축대 위에 넓은 빈 터가 남아 있다. 관노의 숙소는 흙집이었으니 목조인 동헌보다 먼저 무너졌을 성싶다. 이순신은 이날 일기에 '한밤중에 홀로 앉아 있으니 비통한 마음을 금할 수 없다.'라고 썼다. 느티나무에 이는 바람이 어쩐지 슬픈 소리를 내는 것만 같다.

백의종군 중인 이순신이 전라도에 처음 들어온 때는 1597년 4월 21일로, 지금의 익산시 여산면 여산리이다. 일기에는 이날 여산 동헌의 관노 집에서 잤다고 기록되어 있다. 사진은 여산 동헌(유형문화재 93호)의 일부와 기념물 116호 느티나무가 보이는 풍경이다.

이순신은 22일 전주 남문 밖에서 잔다. 이어 23일 임실, 25일 남원 운봉에 닿는다. 이곳에서 이순신은 도원수 권율이 순천으로 옮겨갔다는 말을 듣는다. 이순신은 다시 26일 구례 손인필(→사진)의 집을 거쳐 27일 순천에 도착한다. 권율이 '군관 권승경을 보내 안부를 묻는데 위로하는 말이 매우 정성스러웠다.'

이순신은 5월 26일 석주관(전남 구례 토지면 송정리 525-1)을 거쳐 악양(경남 하동 평사리)으로 간다. 이후 줄곧 경상도에 머무르던 이순신은 7월 18일 '16일 새벽에 수군이 적의 기습을 받아 통제사 원균과 전라 우수사 이억기, 충청 수사 최호 등 여러 장수 다수가 피해를 입고 크게 패했다.'라는 소식을 듣고 '통곡을 참지 못한다.'

다시 원균으로 돌아가 보자. 원균도 통제사가 된 초기에는 이순신처럼 부산 앞바다 출정을 불가능하다고 인식했다. 원균이 출정을 미루자 도원수 권율은 병사들 앞에서 원균에게 곤장을 때린다. 치욕을 참지 못한 원균은 7월 5일 조선 수군 전부를 이끌고 출발한다. 그러나 갑자기 몰아닥친 풍랑 때문에 제대로 싸워보지도 못한 채 전함 20여 척 잃고 거제도 북서쪽 칠천량으로 후퇴한다.

7월 16일 새벽 4시, 칠천량의 사방에 매복해 있던 일본 육군과 일본 수군의 야습이 벌어진다. 이런 일을 염려하여 경상 우수사 배설, 전라 우수사 이억기, 충청 수사 최호 등 대장들이 한결같이 칠천량 주둔을 반대했지만, 원균의 고집을 꺾지 못한 것이 큰 화근이었다. 칠천량은 물이 얕아 크고 무거운 조선 판옥선은 움직이기가 어렵기 때문이다.

이순신이 앉아 있었던 장군바위와 손인필 비각 전남 구례읍 봉북리 271-7

20년 전인 1576년(선조 9) 무과에 장원 급제했고, 함경도 병마사 등을 역임한 무장 최호도 어쩔 수가 없었다. 반란을 일으킨 이몽학 李夢鶴의 군대를 홍주 목사 홍가신洪可臣 등과 함께 홍산(부여 홍산면)과 임천(부여 임천면)에서 크게 무찔러 1604년 청난 공신淸難功臣 2등에 책봉된 최호였지만 사방이 포위된 상태에서는 적들을 이겨낼 수가 없었다.
　그날 칠천량에서 충청 수사 최호와 전라 우수사 이억기를 비롯한 조선의 장졸들이 한꺼번에 전사했다. 경상 우수사 배설이 우여곡절 끝에 간신히 구출해낸 몇 척(《연려실기술》에는 8척)의 판옥선(뒷날 이순신에게 인계되어 '신에게는 아직도 12척의 배가 남아 있습니다.'라는 유명한 말의 바탕이 된다.)을 제외한 조선 수군의 대부분 전함들이 바다에 가라앉았다. 통제사 원균은 탈출하여 육지에 올랐지만 매복해 있던 일본 육군에게 목숨을 잃었다.
　임진왜란 전체 전쟁사에서 가장 처참하게, 그리고 최초로 당한 조선 수군의 패전, 그것이 바로 칠천량 전투이다. 그 전투에서 최호는 끝까지 왜적들과 싸우다가 장렬히 전사했던 것이다.

최호 사당 전북 군산시 개정면 발산리 421

세월이 흘러 1729년(영조 5), 최호 장군의 후손 최호선이 지금의 군산시 개정면 발산리 421에 사당을 세웠다. 장군의 묘소와 사당 충의사忠義祠 일대는 전라북도 기념물 32호로 지정되어 있다.

본래 이곳에는 최호 장군이 남긴 유품들도 있었는데, 지금은 후손들이 군산 근대 역사관에 기증, 영구히 보관 및 관리되고 있다. 유품들 중 특히 눈길을 끄는 것은 날카롭고 단단한 칼 한 자루와 그것의 집이다. '삼인보검'이라는 이름을 지닌, 선조가 최호 장군에게 내린 호신용 보검이다.

박물관 진열대 안을 들여다보면 삼인보검 앞에 확대경이 놓여 있다. 확대경이 있는 것은 그것으로 칼을 유심히 관찰하라는 '소리 없는 아우성'이다. 그냥 지나치지 말고 장군의 칼에 애정과 관심을 쏟아달라는 요청이다.

확대경 안을 들여다본다. 아, 놀랍게도 유리알 위로 글자들이 선명하게 떠오른다. 칼 몸에 '三寅寶劍삼인보검 護身將令호신장령' 여덟 글자가 새겨져 있다.

삼인보검(아래)과 칼집(위) 선조가 최호 장군에게 내린 보검

삼인보검은 칼이다. 칼은 피를 연상시킨다. 피를 흘린 사람들을 생각하게 한다. 삼인보검 앞에 서면, 최호 장군을 비롯하여 임진왜란 극복을 위해 목숨을 던져 싸운 수많은 선열들의 정신이 떠오른다. 앞으로는 어느 누구도 공동체를 위해 희생하지 않아도 되는 그런 나라, 그런 세상이 오기를 간절히 바라게 된다.

최호 묘소 사당 충의사 옆

군산에는 일본 관련 역사 유적이 유난히 많다

군산에는 일본과 관계되는 답사지가 유난히 많다. 글 첫머리에 언급한 군산 내항, 세계 최초의 함포 공격으로 왜구들을 격퇴했던 진포 대첩의 의의가 서려 있는 곳이다. 최호 장군을 기리는 사당 충의사와 묘소는 우리나라 최대의 전쟁 비극을 되새겨 볼 수 있는 역사 유적지이다.

최호 장군 사당에서 1km밖에 안 되는 발산초등학교 교정에도 일본의 자취가 가득 배어 있다. 학교 건물 자체가 일제 강점기 당시 거대한 농장을 운영했던 일본인의 사무실이었고, 뒤뜰에 있는 보물 276호 5층 석탑·보물 234호 석등·문화재자료 185호 6각 부도는 그 일본인이 자기 마음대로 다른 곳에 있던 문화재들을 지금 위치로 옮겨놓았다.

나라를 빼앗긴 약자의 고통과 서글픔, 제국주의 강자의 끝없는 약탈과 탐욕을 확실히 깨닫게 해주는 발산초등학교야말로 전국 방방곡곡 학생들의 수학여행지로 추천할 만한 곳이다. 게다가 학교 안에는 그 일본인의 3층짜리 콘크리트 건물로 지어진 금고용 창고도 남아 있다. 농장의 문서, 귀중품, 현금, 미술품 등을 보관했던 곳으로, 1950년 6·25전쟁 때에는 북한군이 사람을 넣어두는 감옥으로 활용하기도 했다.

군산에는 유형문화재 200호인 이영춘 가옥(개정동 413-7), 등록문화재 183호인 신흥동 일본식 가옥(일명 히로스 가옥, 신흥동 58-2), 일제 강점기 시절의 건축 양식을 복원하여 일본식 가옥 체험을 할 수 있도록 해주는 고우당(월명동 16-8) 등 일본인들이 살던 집도 많이 남아 있다.

기념물 87호인 옛 군산 세관 건물(장미동 49-38), 유형문화재 372호인 근대 미술관(일본18은행 군산지점, 장미동 32), 등록문화재 374호인 근대 건축관(조선은행 군산지점, 장미동

23-1) 등은 일본인들이 우리나라를 강탈하기 위해 세웠던 관공서 건물들이다. 이들은 모두 군산 내항 인근에 있다.

등록문화재 208호인 임피 역사(술산리 226-1), 등록문화재 184호인 해망굴(금동 9-3), 화물 수송을 위해 건설된 내항의 부잔교(뜬다리) 등은 일본이 수탈을 위해 만든 구조물들이다. 등록문화재 64호인 동국사(금광동 135-1)는 일본식 사찰 건물을 보여준다.

물론 군산에는 역사를 잊지 않기 위해 우리 손으로 세운, 미래의 문화유산들도 많다. 군산 근대역사관, 군산 3·1운동 기념관(구암동 334), 군산 항쟁관(월명동 17-13), 옥구 농민 항일 항쟁 기념비(임피 역사 내), 평화의 소녀상(동국사 내) 등이 바로 그들이다. 채만식 문학관도 일제 강점기 시대의 사회상을 보여주는 소설가를 기록한 공간이므로 역시 같은 범주에 넣을 수 있을 것이다. 고려 시대의 왜구 침략을 증언하는 진포 해양 공원도 물론이다.

그래서 군산시는 「군산으로 떠나는 시간 여행」이라는 소형 홍보물을 관광객들에게 나눠준다. 앞뒤 두 가지의 답사 여정을 소개하고 있는데, 앞은 (1)군산 근대역사관, (2)진포 해양공원, (3)은파 호수공원, (4)금강 철새 조망대, (5)새만금 방조제 (6)고군산군도를 순회하는 여정이다.

다른 면은, 대략 군산 시내를 답사하는 여정이다. 이 여정은 (1)옛 군산세관, (2)장미 공연장과 장미 갤러리, (3)근대미술관, (4)근대 건축관, (5)부잔교, (6)해망굴, (7)초원 사진관, (8)테디베어 박물관, (9)신흥동 일본식 가옥, (10)고우당, (11)군산 항쟁관, (12)동국사, (13)군산 3·1운동 기념관, (14)채만식 문학관, (15)이영춘 가옥, (16)임피 역사로 이루어져 있다.

(1)-(5)는 군산 근대역사관에서 걸어서 5분 이내에 닿

는 곳들이다. (7)-(11)은 15분 이내, (6)과 (12)는 20분 이내에 닿는다. (13)-(16)은 약간 시외에 있는 편이다. 가장 먼 임피 역사는 근대역사관에서 약 15km 거리에 있다.

　최초 장군 유적지와 발산초등학교는 근대 역사관에서 대략 8km 거리에 있다. 하지만 「군산으로 떠나는 시간 여행」에는 빠져 있다. 최호 장군이 알면, 아니 임진왜란 때 나라와 백성들을 위해 왜적과 싸우다 죽은 선열들이 아시면 매우 서운해 하실 것이다.

평화의 소녀상 군산 동국사 내

석주관 전남 구례군 토지면 송정리 525-1, 7의사 묘 입구에서 본 모습

석주관 이순신은 백의종군 중이던 1597년 5월 26일 석주관石柱關을 거쳐 전라도에서 경상도로 간다. 원균이 이끄는 수군이 7월 16일 거제도 서북쪽 칠천량에서 거의 전멸을 당한 후 8월 3일 다시 통제사로 임명을 받아 경상도에서 전라도로 돌아올 때도 석주관을 거친다. 이는 석주관이 군사 요충지라는 사실을 말해준다.

일본군은 전군을 몰아 진격한다. 석주관을 지키던 구례 현감 이원춘李元春은 6만 일본 대군이 밀려오자 남원으로 물러난다. 8월 7일 구례를 점령한 일본군은 9월 25일 남원성까지 점령한다.

구례의 왕득인王得仁은 300여 의병을 모아 일본군의 후방 보급로 차단을 시도하던 중 11월 1일 전사한다. 왕득인의 아들 왕의성王義成이 이정익李廷翼·한호성韓好誠·양응록梁應祿·고정철高貞喆·오종吳琮 등과 함께 다시 의병을 일으킨다. 화엄사·연곡사 등의 승려 153명도 의병으로 참여한다.

석주관 7의사 묘 사적 106호, 석주관 사당 맞은편 산비탈

  12월 16일 의병들은 석주관에 집결한다. 12월 17일 의병군은 연곡골 일대에서 일본군을 공격해 60명을 죽이고 200여 명의 포로를 구출한다. 그 후에도 의병군은 하동에서 구례로 전진하는 일본군을 공격하는 등 활약을 거듭한다. 의병군의 기습 공격으로 무수한 일본군이 죽어 그 피가 계곡물을 붉게 물들였다고 해서 '피아골'이라는 지명이 생겨났다.

  1598년 봄 일본군은 대군을 동원해서 석주관을 공격해온다. 군사의 수에서 너무나 차이가 나자 아군은 결국 일본군을 감당하지 못한다. 이정익·한호성·양응록·고정철·오종 등 다섯 의병장을 포함 아군의 대부분이 전사하면서 석주관 전투는 막을 내린다. 이원춘 구례 현감도 남원성 전투에서 순절한다.

  석주관 칠의사七義祠 맞은편 산비탈에 일곱 의병장과 이원춘의 묘소가 조성되어 있다. 모두 8기이지만 통칭 '석주관 7의사 묘'라 부른다. 오늘도 의사들은 하동 쪽을 응시하고 있다.

옥계서원 전남 순천시 연향동 1097, 문화재자료 5호

전남 순천 **옥계서원**
조선 조총을 만든 정사준 유적

    1597년 3월 4일 투옥되었던 이순신은 4월 1일 석방된다. 이순신은 권율 도원수 아래에서 백의종군하라는 명령에 따라 전라도를 향해 내려온다. 《난중일기》에는 백의종군 중에 이순신이 만난 많은 사람들이 등장한다. 그 중에서도 정사준鄭思竣은 이순신이 순천에 머물 때 특히 자주 만난 인물이다.

4월 27일 '정사준이 와서 원균의 패악하고 망령된 행동에 대해 많이 말했다.' 5월 1일 '순찰사와 병사가 도원수가 머물고 있는 정사준의 집에 모여 술을 마시며 즐겁게 논다고 하였다.' 5월 4일 '정사준이 와서 하루 종일 돌아가지 않았다.' 5월 14일 '정사준, 정사립(정사준의 동생), 양정언이 와서 모시고 가겠다고 하여 길을 떠났다.' 일기의 기록들은 충무공과 정사준이 매우 절친한 사이였음을 말해준다.

정사준(1553~1604)은 순천 옥계서원에 모셔져 있다. 그의 5대조 정지년鄭知年을 주벽으로 하는 이 서원에는 정사준의 아버지 정승복鄭承復, 아들 정선鄭愃, 동생 정사횡鄭思竑, 형 정사익鄭思翊의 아들 정빈鄭憤도 함께 제향하고 있다. 정선, 정사횡, 정빈도 모두 임진왜란 때 공을 세운 참전 의사들이다. 아버지 정승복도 옥구 현감과 어란포(해남 송지면 어란리) 첨사로 있을 때 달량포(해남 북평면 남창리)와 추자도에서 왜구들을 크게 격파한 바 있다.

정사준은 1584년 무과 급제 후 선전관을 지냈는데 임진왜란이 일어났을 때에는 모친 상중이었다. 그는 조정의 기복령起復令(상중이지만 관직에 복귀하라는 명령)에 따라 이순신의 막하에서 근무했다. 9월에는 임금의 행재소(왕의 임시 거처, 현재는 의주)로 곡식과 무기를 싣고 가는 임무를 수행하기도 했다. 이순신은 장계「장송전곡장裝送戰穀狀」에 '경상도 접경 지역 요충지인 광양현 전탄의 복병장으로 보냈던 바 매복하여 적을 막는 일에 특별히 기이한 계책을 마련하여 적이 감히 경계 가까이 오지 못하게 한' 정사준은 '이의남李義南 등과 약속하여 의곡義穀(백성들이 모아온 곡식)을 모아 배에 싣고 행재소를 향해 출발합니다. 화살, 화살대, 종이 등도 함께 보냅니다.'라고 기록했다.

1596년 윤 8월 15일 순천에 온 통제사 이순신은 그날과 그 다음날 계속 정사준의 집에서 묵은 후 17일 낙안으로 이동한다. 이 역시 정사준과 이순신이 얼마나 친한 관계인지를 잘 말해준다.

《이충무공전서》 중 「승평지」는 '정사준은 판관 정승복의 아들로 임진왜란이 일어나자 본현(순천)의 주사主事로써 충무공 이순신을 따라 일곱 차례 전투에서 여러 차례 적함을 격파했다.' 라고 전한다. 정사준의 공로에 관한 이보다 놀라운(?) 증언은 이순신이 직접 적은 장계 「봉진화포장封進火砲狀」에 기록되어 있다. 놀랍다는 표현을 쓴 것은 이 사실이 별로 알려져 있지 않기 때문이다.

옥계사 옥계서원의 사당

> 신(이순신)은 여러 차례 큰 전투를 치르면서 왜군의 조총을 많이 얻었는데, 늘 가까이 둔 채 그 기묘한 이치를 시험했습니다. 몸체가 긴 탓에 총구멍도 깊었기 때문에 포의 기운이 맹렬하여 부딪히는 것은 모두 부서졌습니다. 그에 비해 우리나라의 승자勝字(승자총통)나 쌍혈雙血(대략 연발총) 등의 총통은 몸체가 짧고 총구멍이 얕아 맹렬하기가 왜군의 총통만 못하고 소리도 작았습니다.
>
> 그래서 (우리나라 고유의) 총통을 만들려고 했는데 신의 군관인 훈련원 주부 정사준이 신묘한 방법을 터득하여 야장冶匠으로 낙안의 수군 이필종李必從, 순천의 사노私奴(개인의 종) 안성安城, 난을 피해 김해 병영에 살고 있는 사노寺奴(절의 종) 동지同志, 거제의 사노寺奴 언복彦福 등을 거느리고 정철正鐵(잡것이 섞이지 않은 순수한 쇠)을 두드려 만들었는데 체제가 매우 정교하고 포탄의 맹렬함이 조총과 같습니다. 실 같은 구멍과 불을 댕기는 기구는 조금 다르지만 며칠 내로 만

> 들 수 있고, 만드는 과정 또한 그리 어렵지 않습니다. (중략 지금 왜군을 물리칠 수 있는 무기로는 이보다 나은 것이 없습니다. 정철로 만든 조총 다섯 자루를 봉하여 올려 보냅니다. 엎드려 바라건대 조정에서 각 도와 관가에서도 아울러 제조하도록 명을 내리시기 바랍니다. 정사준과 야장 이필종 등은 별도로 상을 주시어 그들이 감동을 받아 흥겨워하며 (우리나라 조총을) 앞 다투어 만들도록 하심이 마땅합니다.

옥계서원은 전남 순천시 연향동 1097에 있다. 문화재자료 5호인 이 서원의 주요 건물은 강당과 사당 옥계사이다. 흔히 서원 강당에 '○○서원'이라는 현판이 붙어 있듯이 이 서원 강당에도 '옥계서원' 현판이 붙어 있다. 그런데 본래 이름은 '옥계원'이었던 모양이다. 뜰에 「옥계원 기적비」와 「옥계원 헌성비」가 세워져 있다. 기적비 紀蹟碑는 서원의 역사를 새겨둔 비석이고, 헌성비獻誠碑는 서원을 조성할 때 성금 등을 낸 이들의 공헌을 적어둔 비석이다.

옥계사는 서원의 일반 형태인 전학후묘前學後廟(학습 공간인 강당이 앞에, 제사 공간인 사당이 뒤에 위치) 배치에 따라 강당 뒤에 있다. 안타까운 것은 이곳을 찾는 사람이 드물다는 점이다. 그렇지만 요즘 사람들만 탓할 일도 아니다.

이순신은 특별한 상을 주어야 한다고 건의했지만 조정은 정사준을 1601년(선조 34) 공신 임명 때는 물론 1605년 원종(추가) 공신 책봉 때도 명단에 넣지 않았다. 우리나라 조총을 더 제작하지도 않았다. 1601년에는 고경명, 곽재우, 김면, 김천일, 정기룡, 조헌 등 대표적 의병장들도 넣지 않았으니 그렇다 하더라도 1605년에 정사준을 포상하지 않은 것은 이해가 되지 않는다. 정사준은 1603년 이순신을 기리는 타루비墮淚碑(보물 1288호)를 세우는 데 앞장선 후 1604년 세상을 떠났다. 누가 그를 위로할 수 있을까! 굳게 닫힌 옥계서원 외삼문 밖을 맴돌다가, 멍하니 하늘을 쳐다본다.

전남 남원 **만인의총**
나라를 위해 싸우다 죽은 1만 선조들의 의로운 영혼

남원 전투 1만 순절 장졸들을 위로하는 순의탑의 초저녁 풍경

1592년 임진왜란을 일으킨 일본은 경상도를 거쳐 한강으로 북상했다. 1597년 정유재란을 일으킨 일본은 남해안을 거쳐 전라도로 진격했다. 정유재란 때인 1597년 7월 16일 거제도 북서쪽 칠천량 바다에서 조선 수군을 대파한 일본군은 경남 하동, 전남 구례를 지나 남원을 공격했다. 남원은 경상도에서 소백산맥을 넘어 전라도로 진입하는 관문이자, 장차 전주로 나아가는 입구였기 때문이다.

정유재란이 벌어졌을 때 명나라 군대도 남원에부터 군대를 주둔시켰다. 3,000여 군사를 거느리고 남원을 지키고 있던 명군 부총병 양원楊元은 왜군이 북상한다는 소식을 듣고 전라 병사 이복남李福男에게 조선군의 증원을 요청했다. 이복남은 관군 1,000명을 이끌고 남원으로 갔다.

그에 비해 우희다수가宇喜多秀家(우키타 히데이에)를 주장으로 한 일본군은 무려 5만 6,000여 대군이었다. 적은 8월 13일 남원성을 포위한 후 조총을 쏘며 공격해 왔다. 조·명 연합군은 승자총통과 비격진천뢰 등을 퍼부어 적을 격퇴했다.

첫날 공격에 실패한 적은 다음날부터 높은 누각을 세우고, 거대한 사다리를 새로 제작하고, 성밖 참호를 메우는 등 본격적인 재공격 준비에 돌입했다. 군대의 규모가 워낙 차이가 났으므로 양원은 전주에 주둔 중인 유격장 진우충陳愚衷에게 두 차례에 걸쳐 지원병을 요청했다. 진우충은 전주성을 비워둘 수는 없다면서 군대를 보내주지 않았다. 양원과 이복남 군은 외부 지원 없이 홀로 혈전을 벌일 수밖에 없었다. 2차 진주성 싸움 때와 비슷한 양상이었다.

농민들이 남원 전투 때 사용된 쇠스랑 (전진한 기증, 만인의총 기념관 소장)

16일 적은 총공격을 감행했다. 적은 높은 누각 위에서 성 안을 내려다보며 조총을 쏘아대고, 아군이 몸을 움츠리는 사이 사다리를 타고 성벽을 기어올랐다. 밤이 되자 왜군은 명군이 지키던 서문과 남문을 뚫고 성 안까지 들어왔다.

북문을 지키고 있던 조선군은 앞뒤로 적의 공격을 받게 되었다. 결국 이복남을 비롯한 조선군은 화약고에 불을 질러 스스로 죽음을 선택했다.

양원은 50여 기를 이끌고 탈출했지만 아군 군사와 백성 1만여 명은 장렬히 옥쇄했다. 뒷날 사람들은 이곳에 큰 묘소를 만들고 그 이름을 '만인 의총萬人義塚'이라 했다.

남원성이 함락되었다는 소식을 들은 전주성의 진우충은 성을 버리고 달아났다. 일본군은 싸움도 없이 전주를 무혈로 점령했다.

만인의총

사당 충렬사 뒤 만인 의총 앞에 가면 '만인 의총 비문'을 적어놓은 안내판을 보게 된다. 1964년 5월에 사당을 이곳으로 옮겨지을 때 이만기李萬器가 짓고 쓴 글이 적혀 있다. 이 안내문을 읽음으로써 남원성 전투의 전말을 다시 한번 알아본다.

찬연히 빛나는 반만 년 역사를 자랑하는 우리 배달민족에도 허다한 시련이 있었으니 그 중에도 왜군의 침략은 잊을 수 없는 민족 수난이었다. 정유재란은 이 민족에 가장 큰 치욕이었으며 어느 곳보다도 모질고 쓰라린 참화를 입은 곳이 바로 이 고장 남원이었다.

잔인무도한 왜구들은 현해탄을 건너 파죽지세로 경상도를 불사르고 물밀듯이 이곳 남원에 침공하였으니 때는 선조대왕 30년(1597) 정유년 8월 9일이었다.

여기에 호남의 요새지인 이 고장 남원을 수호하기 위하여 집결한 접반사 정기원, 전라 병마사 이복원, 방어사 오응정, 조방장 김경로, 교룡산성 별장 신호, 남원 부사 임현, 판관 이덕회, 구례 현감 이원춘 등 지휘 하에 관군 5,000 병마가 이리떼와 같은 왜적과 치열한 혈전을 벌였으나 중과부족 세궁역진勢窮力盡(세력이 약해지고 힘이 다함)하여 동 8월 16일 성의 일각이 무너지자 이를 본 성 내외의 애국 시민들은 돌멩이, 죽창, 괭이 등을 무기로 최후의 일각까지 싸우다가 천추의 한을 품고 옥쇄하였으니 그 수는 만여 명을 헤아렸다. 이 장렬한 순국대의殉國大義(나라를 위해 의롭게 죽음)는 하해(바다)보다 넓고 일월보다 밝아 길이 만세에 빛나 후세 민족 수호의 귀감이 되다. 이에 후세 사람들이 그 유해를 거두어 한 무덤을 빗고 이를 '만인의총'이라 이름 하다.

만인 의총 기념관은 '임진왜란(1592) 때 호남을 정복하지 못해 승리하지 못했다고 판단한 일본은 1597년 12만 대군을 동원하여 다시 침략, 적의 우군은 진주성을, 좌군과 수군 5만 6,000명은 남원성을 공략하였다.'라고 해설하고 있다. 임진왜란을 처음 일으킨 1592년에 호남을 정복 못한 것이 큰 실책이었다고 판단한 일본이 1597년 남원을 집중 목표로 하여 쳐들어왔다는 뜻이다.

> 임진왜란(1592)때 호남을 정복하지 못해 승리하지 못했다고 판단한 일본은 1597년 12만 대군을 동원하여 다시 침략, 적의 우군은 진주성을, 좌군과 수군 5만 6천명은 남원성을 공략하였다. 조정에서는 남원성을 사수하기 위해 전라 병사 이복남이 이끄는 1천여 군사와 명나라 부총병 양원의 3천 병사로 하여금 남원성을 지키게 하였다.
>
> 적은 8월 12일 남원에 당도하여 성을 겹겹이 포위하였으며 13일부터 16일 밤까지 치열한전투를 벌였으나 증과부적으로 성민 6천여 명을 포함한 1만여 의사들은 혈전분투하다가 장렬하게 모두 순절하였다. 전쟁이 끝난 뒤 피난에서 돌아온 성민들이 시신을 한 무덤에 모시고 만인의총이라 불렀다.

 '조정에서는 남원성을 사수하기 위해 전라 병사 이복남이 이끄는 1,000여 군사와 명나라 부총관 양원의 3,000 병사로 하여금 남원성을 지키게 하였다. 적은 8월 12일 남원에 당도하여 성을 겹겹이 포위하였으며, 13일부터 16일 밤까지 치열한 전투를 벌였으나 중과부적으로 성민 6,000여 명을 포함한 1만여 의사들은 혈전분투하다가 장렬하게 모두 순절하였다. 전쟁이 끝난 뒤 피난에서 돌아온 성민들이 시신을 한 무덤에 모시고 만인의총이라 불렀다.'

 우리 후대인들은 남원성 1만 의사의 아름다운 이름을 한 분 한 분 불러보아야 마땅하다. 하지만 그 분들의 성함이 모두 남아 있는 상황은 아니다. 만인의총관리소 누리집의 '주요 의사 소개'를 읽어 본 다음 사당에 들러 참배를 한다.

강덕복 사졸과 가동 수백 명을 이끌고 숙성령에서 왜적을 맞아 적 60여 급을 베고 분전하다가 순절
 김경로 전라 병사 이복남, 오응정과 합세하여 분전하다가 순절
 김라복 남원성 전투에 전라 병사 이복남 등과 분전하다가 순절
 김 렴 남원 전투에 참전하여 분전하다가 성 함락과 함께 순절

김 부 금성 유진장으로 남원성 전투 때 분전하다가 순절
김수연 세 아들과 함께 남원성 전투에 참가, 장열히 전사
김응배 남원성이 포위되었을 대 부사 임현 등과 분전하였으나 순절
김충남 남원성이 포위되었을 때 입성하여 분전하다 순절
마응방 74세의 고령으로 전투에 참가하여 분전하다 장렬하게 순절
문기방 동생 문명회와 함께 적에 맞서 분전하다 장렬하게 순절
문명회 병사 이복남을 따라 참전하여 분전하다가 함께 순절
박계성 의병 수백 명을 모아 둔산남의 인후 지역을 지키다 적 50여 급을 참획하고 분전하다 순절
박기화 무기고의 책임을 맡고 있던 중 병기를 적군에게 넘겨줄 수 없다고 생각하여 병기를 화약고로 옮긴 후 불을 놓아 스스로 순절

남원성 전투 당시 사용되었던 북 (양상욱 기증)

박은종 병사 이복남과 함께 분전하다가 순절

서진주 병사 이복남을 따라 남원 전투에 참전, 순절

손공생 구례 현감 이원춘을 따라 남원성에 입성하여 인궤를 허리에 졸라매고 이원춘 구례 현감의 따라 최후일각까지 분전하다가 순절

송국한 병사 이복남을 따라 참전하여 분전 중 순절

송상장 아들 진부, 진해와 함께 순절

송약선 화살이 떨어지자 활시위로 목을 메어 전사

송진부 부친 송상장, 아우 진해와 함께 순절

신 호 교룡산성 별장으로 남원성에서 분전 중 순절

양대박 고경명과 함께 창의, 많은 공을 세우고 순절

오동량 남원성에서 부 응정, 형 욱과 함께 모두 순절

오 욱 부 순천 부사 오응정, 아우 동량과 함께 순절

오윤업 수십 명 가동을 데리고 분전하다 순절

오응정 순천 부사로 두 아들 욱, 동량과 함께 순절

오흥업 최후까지 분전 중 화약고를 터뜨려 순절

윤 의 전라 병사 이복남을 따라 남원 전투에서 분전하다가 순절

이덕회 남원성 사수 계책을 세우고 입성하여 분전하다 순절

이복남 전라 병사로 해상에서 석만, 행장 두 적을 막아내고, 남원성 전투에서 분전하다 순절

이용제 분전하다가 남원성 함락과 함께 장렬하게 순절

이원춘 구례 현감으로 석주관을 지키다가 남원성에 입성하여 순절

이춘풍 가동 수십 명을 이끌고 남원 전투에 참전하여 장렬히 순절

이평형 남원성 전투에 병사 이복남을 따라 분전하다가 순절

이 해 남원성 전투에 병사 이복남과 함께 용전하다가 장렬히 전사

임 박 병사 이복남을 따라 참전하여 분전하다가 순절

임 현 양원의 도망을 극구 만류하고 왜적에 항전하다가 순절

임 혼 병사 이복남을 따라 참전하여 분전하다가 순절

조언호 병사 이복남의 중군으로 분전하다가 아우 천생과 함께 순절

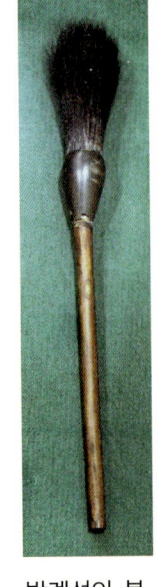

박계성의 붓
(박윤식 기증)

조익겸 군량 200여 곡을 사서 남원 성내로 보내고 육순의 나이에 이복남 막하에서 시종 분전하다 순절

전응협 오응정을 따라 남원성 전투에서 분전하다가 장렬하게 순절

정기원 왜적이 재침을 획책하자 명조에 원병을 청하여 대장 마귀와 총병 양원의 지원을 받는데 성공했고, 남원성 전투에서 순절

정민득 동지 수십 명을 모아 성에 들어와 왜적과 싸우다 순절

태귀생 종족 및 가동 수백 명을 인솔하여 남원성 전투에 참가, 분전했으나 아우 천생과 함께 순절

태 색 성이 함락된 날 다섯 명의 숙질이 함께 순절

태시경 전라 병사 이복남 막하에서 분전하다가 장렬하게 순절

태 우 전라 병사 이복남의 종사로 참전하여 분전하다가 순절

태천생 형 귀생과 함께 남원 전투에서 분전하다가 모두 순절

형 련 사불피난신자직분 여덟 글자와 성명 3자를 융의에 혈서로 쓰고 남원성에 입성하여 분전하다 순절

황대중 흩어져 있던 군졸 200명을 이끌고 남원성에 입성하여 분전하다 장렬하게 순절

최 준 전라 병사 이복남 등과 분전하다가 장렬하게 순절

최보의 아버지 최준과 함께 참전하여 분전하다가 순절

충렬사 (만인의 총 사당)

왼쪽에서 바라본 만인의총

만인의총 기념관을 꼼꼼하게 둘러본다. 선열들을 기리는 현창顯彰(드러냄) 시설에 왔으니 당연히 그렇게 해야 한다.

기록화들이 눈에 띈다. 1597년 8월 14일 상황을 묘사한 「적의 공격과 아군의 반격」, 8월 15일을 그린 「적의 협상 요구를 거절하는 아군」, 8월 16일 전투 장면을 보여주는 「아군의 최후 전투 상황」 등이 있다.

「아군 병사兵使(전라도 병마절도사) 행차 위용」도 있다. 남원 전투 때 사용된 전고戰鼓도 있다. 양상욱이 기증한 전고를 보노라면 전라 병사 이복남이 김경노·신호 등의 장수들, 임사미林士美 등 50여 기병, 수백 보병들과 함께 행진을 벌이는 모습이 눈에 선하다. 이복남은 당시 선두에 서서 직접 북을 치며 적을 향해 '물러가라!' 하고 크게 호령했다고 전한다. 기록화 「아군 병사 행차 위용」는 바로 그 광경을 보여주는 기록화이다.

오정태와 노상준이 기증한 당시 화살촉, 전진한이 기증한 쇠스랑도 보는 이의 마음을 뭉클하게 한다. 최후의 순간까지 왜적과 싸운

남원성 전투 시절의 주전자

남원성 백성들은 쇠스랑 등 농기구를 들고 맞섰다고 한다. 전투에서 순절한 조익겸趙益謙이 귀한 손님이 집을 방문했을 때 썼던 당대의 주전자도 있다. 이 주전자는 조승규가 기증했다.

양대박의 격문인 「창의문 첩서捷書」(양상욱 기증), 이복남의 11대손 이정문과 한국명예총영사 심의관이 기증한 「왜군 남원성 침공 작전도」, 정기원鄭期遠을 의정부 좌찬성(종1품)에 추증하는 교지(정하채 기증), 마응방馬應房을 승정원 좌승지(정3품)에 추증하는 교지(마성수 기증), 박계성朴繼成을 이조 참의(정3품)에 추증하는 교지(박윤식 기증) 등도 있다. 박계성 유품으로는 그가 사용했던 붓도 있다.

조선 시대에는 문집이 없으면 선비로 인정을 받지 못했다. 당연히 기념관에는 많은 문집이 있다. 마응방의 《용암집龍菴集》, 형련刑璉의 《제안제행록濟安濟行錄》(형성욱 기증), 박계성의 《죽산박씨세고竹山朴氏世稿》, 충렬사의 사적을 기록한 뒤 1804년에 김규하가 발문을 붙인 《충렬록忠烈錄》(황의석 기증), 황대중 문집 《양건당집兩蹇堂集》 등이 있다. 아, 모두가 남원 전투의 피 묻은 흔적들이다.

남원 시내를 바라보고 있는 충렬사 만인의총 사당

교룡산성 전라북도 기념물 9호인 교룡산성은 전북 남원시 산곡동 393에 있다. 1592년에 승병장 처영處英 대사가 백제 고성을 다시 쌓아 만든 이 산성에는 우물이 99개나 있었다. 정유재란 때 이곳을 지키던 장군 신호申浩(1539~1597)는 남원산성 전투에 참전하여 왜적과 싸우던 중 전사했다. 신호는 동래 부사 송상현과 함께 정읍시 흑암동 597 정충사(기념물 74호)에 제향되고 있다. * 신호에 대해서는 이 책 58~62쪽 참조

무지개(홍예) 모양의 아름다운 자태를 뽐내는 교룡산성의 성문.

兩蹇堂 黃大中 忠孝 旌閭閣

전남 강진군 작천면 용상리 563-3 노인정 앞

　황대중(黃大中)은 서기 1551年(明宗辛亥)에 출생하여 천성이 인자하고 효성(孝誠)이 지극한 사람으로 노모(老母)의 병(病)을 고치기 위하여 자신의 좌측 허벅다리 살을 베어 끓여드려 모친의 병을 완쾌 시켰으나 일각(一脚)을 절개되니 이에 사람들은 공(公)을 효건(孝蹇)이라 불렀고 임진왜란때는 이순신(李舜臣)장군의 진중(陣中)에서 분전하던중 왜군 의총에 우측다리가 관통되어 또 일각(一脚)을 절개되어 충건(忠蹇)이라 하였으며 이에 양다리가 절개됨에 따라 양건(兩蹇)이란 당호(堂號)를 불리우게 되었으며 그후 公은 정유재란에 다시 남원 전투에 참전하여 전사하였다. 이 정려각은 兩蹇堂 黃大中(1551~1597)의 忠孝를 기리기 위하여 1795년 (정조19)에 건립한 것이다.

　양견려, 황대중 의마총 황대중의 호 양건당兩蹇堂은 그가 한쪽만이 아니라 두 다리 모두가 온전하지 못한 두兩 절뚝발이蹇라는 사실을 말한다. 왼쪽 다리는 노모의 병을 치료하기 위해 허벅다리 살을 베면서 절단되었고[효], 오른쪽 다리는 임진왜란 때 총에 맞아 없어졌다[충]. 그런 몸을 하고도 황대중은 정유재란 때 또 전쟁터로 갔다. 진정 황대중은 양견려兩蹇閭 안내판이 '충효 정려각'이라고 표현할 만한 인물인 것이다. 정려 앞에 '충효 추모비'도 있다.

황대중 의마총 강진군 작천면 용상리 436-1 도로변에서 동쪽 50m 논 안

양견려에서 300m가량 정면의 논 안에 의마총이 있다. 의마총義馬塚은 의로운 말의 무덤이다. 남원성에서 황대중(1551~1597)은 숨을 거두면서 김완金完에게 '이 칼로 적을 무찌르라. 나의 주검을 말 등에 얹어주면 말이 고향으로 가져가 장례를 치를 수 있게 할 것이다.' 하고 유언을 남겼다. 김완이 울면서 그의 말대로 했는데, 과연 말은 먼 길을 달려 집으로 돌아왔다.

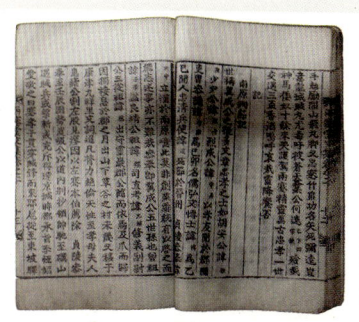

황대중 문집 《양건당집兩蹇堂集》

그 후 말은 사흘 동안 아무것도 먹지 않더니 굶어죽었다. 사람들은 주인에 대한 말의 충심을 애틋하게 여겨 무덤을 짓고 '의마총'이라는 이름을 붙였다. 의마총 앞에는 2007년 황상순의 기증으로 세워진 '애마 석상'이 있다.

303

'삼세오충렬 유적' 기념물 61호, 전북 익산시 용안면 중신리 131-5

삼세오충렬 유적 '삼세오충렬 유적' 앞 도로변 표지석에 시 한 편이 새겨져 있다.

돌개바람으로 / 불꽃 된 님이시여 /
의혈義血이 붉다 못해 / 삼세오충三世五忠 /
청사靑史의 / 별이 된 님이시여 /
여기 / 충렬忠烈 기리는 마음 / 샘물처럼 흘러라

삼세오충은 3대에 걸쳐 5명의 충신이 배출되었다는 뜻이다. 삼세오충렬 유적의 외삼문인 충신문 앞 안내판은 마지막 문장을 '조국을 위해 목숨 바친 다섯 충신의 발자취는 오늘을 사는 우리에게 나라 사랑의 참뜻을 깊게 되새기게 한다.'로 마감하고 있다.

문화재청 누리집의 설명을 읽어본다. 삼세오충렬 유적은 '3대에 걸쳐 나라를 위해 목숨을 바친 해주 오씨 오충신五忠臣의 무덤과 사당인 충렬사가 있는 곳이다.

충렬사는 조선 숙종 7년(1681)에 세웠고 오응정과 그의 아들 욱과 직, 직의 아들 방언을 모셔 사충사라 하였으나 근래에 오응정의 아들 동량도 함께 모심에 따라 오충사라 부르고 있다.

오응정은 조선 선조 7년(1574) 무과에 급제하여 여러 관직에서 공을 쌓았으며 정유재란(1597) 때는 왕을 의주까지 호송하였다. 선조 30년(1597)에 아들 욱, 동량과 더불어 남원성 전투에 참여하였으나 참패하자 화약더미에서 아들과 함께 순절하였다. 이를 기리어 영조 35년(1759)에 용안에서 오응정을 제사하고 그에게 자헌대부 병조 판서의 벼슬을 내렸다.

차남 직은 광해군 때 도원수 강홍집 밑에서 요동 심하 전투에 출전하였으나 강홍립이 후금 군에게 항복하자 이에 격분하여 부차에서 적과 싸워 온 몸에 화살을 맞고 전사하였다. 직의 아들 방언은 병자호란(1636) 때 남한산성에서 적과 싸우다가 인조가 삼전도에서 굴욕을 당하자 샛강에 투신 자살하였다.'

오응정, 그의 장남 오욱, 5남 오동량이 남원에서 함께 순절했고, 차남 오직이 후금 군과 혈전 끝에 전사했으며, 손자 오방언이 병자호란 때 자결하였으니 해주 오씨 집안의 3대에 걸친 순국은 참으로 장렬하고 슬프다.

삼세오충렬의 사당 충렬사는 1681년(숙종 7)에 세워졌다. 1831년(순조 31)에는 충남 금산군 금성면 상가리 10-2에도 충렬사(문화재자료 17호)가 건립되었다. 이제 익산 충렬사를 참배했으니 금산 충렬사에 가보아야겠다. (이 총서 중 《충남 임진왜란 유적》 참조)

금산 충렬사 사당

거평사 노인魯認 유적, 나주시 문평동 동원리 712

거평사 진주 박물관에 있는 《노인魯認 금계일기錦溪日記》는 국가지정 보물 311호이다. 문화재청 누리집의 설명을 읽어본다.

'조선조 학자인 금계 노인(1566~1623)이 정유재란 때 남원성의 전투에서 왜병에게 붙잡혀 일본에서 2년 동안 포로 생활을 하다가 명나라 사절단의 배로 도주하여 북경을 거쳐 귀국하게 된 경위를 쓴 일기문으로, 선조 32년(1599) 2월 22일부터 같은 해 6월 27일까지 약 4개월 동안의 기록을 담고 있다.

노인은 고향인 나주에 있을 때(27세) 임진왜란이 터지자 권율 장군의 밑에서 의병으로 활동하였다. 일본군에 잡혀 포로가 되었으나 간신히 탈출하여 후에는 일본에 대한 복수책을 명나라에 알려주는 일을 했다.

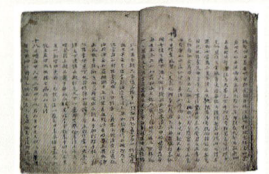

《노인 금계일기》

이 일기는 책의 앞뒤가 없어지고 글씨도 많이 훼손되어 읽기가 매우 힘들어 대체적인 정황만 알 수 있는데 남원성 전투에서 왜병에게 붙잡힌 경위부터 귀향 때까지 기록이었으나, 내용의 앞뒤가 유실되고 그 일부만 남았다. 그가 죽은 후 200여 년이 지나고 7대 후손들의 노력으로 만들어진 노인의 시문과 함께 《금계집》 속에 이 사실이 수록되어 있다.

더욱이 중국에 머무는 동안 그곳의 학자들과 만나서 그들의 질문에 따라 한국의 교육, 과거, 재정, 군사, 문화, 풍속 등 여러 가지에 대해 상세히 설명해준 것이 일기에 쓰여 있어 시대 상황과 정황을 살필 수 있는 중요한 자료이다.'

일본에서 약 2년 간 포로 생활을 하다가 중국을 거쳐 귀국했다는 이력이 흥미롭다. 1592년 노인은 전쟁이 일어나자 100여 의병을 모집하여 권율 부대에 합세한다. 그는 이치 대첩, 행주 대첩, 2차 진주성 전투 같은 주요 접전에서 활약했고, 금산과 의령 싸움에도 참전했다. 그 후 1594년 4월 조정의 의병 해산령에 따라 고향 금성錦城(나주)으로 돌아왔다가 정유재란으로 남원성이 위급해지자 다시 참전해 싸우던 중 포로가 되었다.

노인을 기리는 금계사는 1789년(정조 13)에 창건되었다. 그 후 대원군의 서원 철폐령, 1951년 1월 전화 등으로 여러 차례 소실되었고, 현 건물은 1992년에 5차 중건된 것이다. 금계사는 1814년 9대조인 노신盧愼을 모시면서 거평사居平祠로 바뀌었다. 거평사 외삼문 앞에 「금계사 유허비」가 세워져 있다.

금계사 유허비

옥산사 김치세 유적, 전남 순창군 두산면 대가리 1048

옥산사 순창군 두산면 옥산사玉山祠 입구의 재실 첨모재瞻慕齋 앞 안내판은 '옥산사는 조선 시대의 학자이자 정치가인 김일손金馹孫과 김춘세金春世·김산경金汕慶 부자의 위패를 봉안하기 위해 1930년에 세운' 건물이라고 설명한다. 이어서 '김일손의 증손이며 조헌에게 가르침을 받은 김춘세는 임진왜란과 정유재란 때 의병을 일으켜 왜적을 무찌르는 데 공을 세워 공신에 책봉되었다. 김산경은 왜적과 싸우다 전사하였다.'라고 말한다.

김춘세(1563~1597)는 김치세金致世의 어릴 적 이름이다. 임진왜란이 일어나자 의병을 일으켜 금산, 무주 등지에서 왜적과 싸웠고, 정유재란 때도 곡성 석곡에서 적을 무찔렀다. 그러나 구례 압록진(곡성군과 구례군의 경계 지점 섬진강)에서 적을 공격하던 중 전사했다. 당시 35세였으니 아들 김산경은 10대에 지나지 않았다.

첨모재 마당에 김강곤金江坤·김용주金容朱·김인봉金仁琫 옥산사 창건 공적비, 김은곤金殷坤 유공비, 김철두金喆斗 유공비, 김경곤金竟坤 공적비가 세워져 있다. 훌륭한 조상을 기리는 마음들이 아름답다.

송천서원 김모 유적, 전남 순천시 별량면 동송리 408

송천서원 김모金毛(1513~1597)는 16세이던 1528년(중종 23) 과거에 급제했다. 중종은 어린 그의 총명함을 칭찬하여 모毛라는 이름을 내렸다. 왕으로부터 이름을 하사받는 것은 엄청난 광영이었다. 그 이후 김치모金致慕는 김모로 널리 알려졌다.

1592년 8월 9일 관직에서 은퇴 후 병든 아버지를 돌보고 있던 80세의 김모에게 전쟁이 터졌다는 소식이 들려왔다. 김모는 부친께 하직 인사를 올리고 의병을 일으켰다. 그 후 김모는 권율과 이순신의 막하에 종군하여 많은 공을 세웠다. 하지만 그는 1597년 5월 19일 노량포 바다에서 적과 싸우던 중 총탄에 맞아 전사했다. 당시 85세나 되는 고령이었다. 그는 김일손, 김대인과 더불어 순천 송천서원에 제향되었다.

송천사 송천서원의 사당

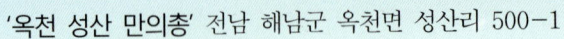

'옥천 성산 만의총' 전남 해남군 옥천면 성산리 500-1

옥천 성산 만의총 주소가 해남군 옥천면 성산리 500-1 길가에 큰 무덤이 있다. 오래 전부터 마을에서는 이 무덤을 몰뫼, 몰무덤, 말무덤이라고 불러 왔다. 지금은 무덤 앞에 '萬義塚만의총'과 '丁酉정유戰亂전란萬만義士의사之塚지총'이 새겨진 비석 두 기가 있다.

안내판은 '1597년 발생한 정유재란 때 우리 지역에서 창의한 의병들과 왜군들이 교전하여 쌓인 시체가 산을 이루었고, 마을에 남아 있던 남녀노소 주민들이 시신을 거두어 합장하고 만의총이라 이름 하였다는 구전口傳이 전하고 있다.'면서 '옥천 주민들은 그 날의 충절을 기리기 위해 매년 음력 10월 10일 향사享祀하고 있다.'라고 설명한다. 이 무덤은 정유재란 때 남원성 함락으로 전라도 사람들이 입은 피해를 증언하는 상징의 하나로 여겨진다.

윤진 순의비 전남 장성군 북하면 신성리 산20-2 입암산성

입암산성 이곳도 정유재란 때의 피해 유적이다. 윤진尹軫은 입암산성 중수의 책임을 맡아 공사를 지휘했다. 칠천량 해전 대승 이후 조선을 휘젓고 다니던 왜군 중 도진의홍島津義弘(시마즈 요시히로)의 1만 대군이 입암산성으로 몰려왔다. 아군은 몇 백에 불과했다. 윤진은 끝까지 맞선 끝에 순절했다. 남편의 전사 소식을 들은 부인 권씨도 은장도를 꺼내어 자결하니 슬프고 원통한 전쟁 비극이었다.

윤진은 변이중 등과 함께 봉암서원에 제향되고 있다. 사적 384호 입암산성 안에 「윤진 순의비(이하 순의비)」가 있고, 등산로 500m쯤 지점에 '입암산성 순절 제위 위령 제단'과 순의비 복제품이 있다. 1시간 이상 산을 올라 순의비까지 걷는 것이 가능하지 않은 분들을 위해 마련해둔 제향 시설이다. 좋은 배려이다.

전남 함평 대굴포, 무안 우산사, 나씨 정려
오늘은 영산강 경치가 아름답기만 하지만

전남 무안군 몽탄면 사창리 1315-5 우산사牛山祠 입구 도로변에는 비석 일곱 기가 서 있다. 그 중 김예수 순절비, 김충수 순충비, 금성 나씨 정렬비는 임진왜란 관련 비석이다. 나씨 정렬비 뒤에는 정려 비각도 있다.

김예수金禮秀는 2차 진주성 전투에 참전하여 전사했다. 비석은 그의 이름 앞에 '忠義士충의사' 세 글자를 호처럼 얹어두었다. 죽을 것이 뻔한 진주성으로 스스로 달려가 적과 싸우다가 순절한 선비라는 뜻이다. 1593년 6월 29일 2차 진주성 전투에서는 경상우도 병마사 최경회도 마지막까지 용전하다 끝내 세상을 떠났다. 최경회는 김예수의 자형이다.

우산사

셋째 비석 김충수 순충비의 '순충殉忠'은 나라를 위해 충성을 다하다가 순절했다는 뜻이다. 김예수의 사촌형인 김충수는 1597년 9월 24일 대굴포 일원에서 일본군에 맞서 싸우다가 중과부적으로 순절했다. 당시 김충수는 왜적 1만여 대군이 영산강 중류 몽탄을 거슬러오며 살상과 약탈을 자행하자 이를 저지하기 위해 의병을 이끌고 출전했다. 하지만 1,000여 명에 지나지 않는 의병군으로 적을 이길 수는 없었다.

조선 초기 전라도 수군의 본부가 잠시 주둔했던 대굴포에서 배를 띄웠지만 강을 뒤덮은 채 밀려오는 엄청난 적은 처음부터 대적할 만한 규모가 아니었다. 결국 의병장과 아군은 지금의 함평군 학교면 곡창리 산172-6 일대로 밀렸고, 마침내 적에게 체포되었다. 적은 칼을 들이대면서 항복하라고 강요했다.

대굴포(일명 사포) 나루는 조선 초기 수군 주둔지였다. 나루터에서 바라본 김충수 의병군 순절지(사진 오른쪽의 산비탈 너머)와 조선 초기 전라 수군 본영지(오른쪽 도로 위 산비탈)의 풍경

"나는 조선의 신하다. 어찌 왜구들에게 항복하랴!"

김충수가 굽히지 않자 적은 좌우에서 칼을 찌르며 위협했다. 온몸이 피투성이로 변해가는 남편을 지키려고 부인 나씨가 자신을 던져 그의 머리와 어깨를 덮었다. 하지만 그렇게 한다고 해서 자비심이 생겨날 왜적이 아니었다. 곧 부인 나씨가 먼저 절명하고, 아내를 붙들고 통곡하던 의병장도 뒤따라 세상을 떠났다.

전쟁 초기에 형 김충수가 군량미 200석과 군마 300필을 모아 조정을 도울 때 함께 활동했던 동생 김덕수金德秀는 대굴포 전투 이후 '복수의병' 활동을 계속하는 한편 고하도에서 식량난을 겪고 있는 충무공에게 군량미 150석

나씨 부인 정려와 정렬비

을 보내는 등 해상 작전에 기여하였다. 김충수는 종전 이후 선무원 종1등공신, 김덕수는 3등공신에 책봉되었다.

이 무렵 몽탄 일대에서는 많은 의병들이 순절했다. 대굴포를 지나 북상하는 왜군에 맞서 장성군 남면 마령리 백년산에 진을 쳤던 최욱崔澳 의병장은 김충수 부부 순절 사흘 뒤인 9월 27일 지원군 없이 외롭게 싸우다 화살도 돌도 떨어져 의병들과 함께 순절했다.

박제朴悌와 그의 처조카 송박宋珀도 무안읍 매곡리 보평산 일대에서 적에 맞섰다. 박제의 부인 송씨는 남편의 위급을 구하기 위해 적군에게 상처를 입인 후 자결했다. 그녀는 동래 부사 송상현의 종고모(아버지의 사촌누이)였다. 송박도 적에게 사로잡혀 항복을 강요받던 끝에 죽임을 당했다. 송박의 아우 송욱宋頊은 형에 앞서 몽탄에서 적과 싸우던 중 10곳에 적의 칼을 맞고 마침내 사로잡힐 지경이 되자 스스로 영산강에 몸을 던졌다.

오늘 보면 아름다운 영산강, 1597년에는 결코 그렇지 않았다.

전남 고흥 **서동사**, 순천 **왜성**, **율봉 서원**, 보성 **오충사**
임진왜란 마지막 전투, 의사들의 장렬한 전사

거북선 설계에 참여한 것으로 알려진 송희립宋希立(1553~1623)은 《조선왕조실록》에 아주 극적으로 등장한다. 그는 1592년 5월 1일 전라 좌수사 이순신이 전함을 이끌고 경상도 바다로 진격하느냐 마느냐 문제로 고민하고 있을 때 정운鄭運과 함께 출전을 강력히 주장하여 '이순신을 크게 기쁘게' 한 인물이자, 충무공이 노량 바다에서 전사했을 때 '통제사의 전사를 아무도 모르게 하여 승리를 이끈' 인물이다.

《선조수정실록》 1592년(선조 25) 5월 1일자는 '(전라 좌수영의) 대부분 장수들이 "우리 지역을 지키기에도 부족한데 어느 겨를에 다른 도에 가겠는가."했지만 녹도 만호 정운과 군관 송희립宋希立 만은 강개하여 눈물을 흘리며 이순신에게 (경상도 바다로) 진격하자면서 "적을 토벌하는 데 우리 도(전라도)와 남의 도(경상도)가 따로 없다. 적의 예봉을 먼저 꺾어놓으면 본도(전라도)도 보전할 수 있다."라고 주장하니 이순신이 크게 기뻐하였다.'라고 증언하고 있다.

《선조실록》 1599년(선조 32) 2월 8일자는 '노량의 승리는 모두 이순신이 이룬 것인데 불행히 탄환을 맞자 군관 송희립 등 30여 인이 상인喪人(이순신의 죽음을 알고 슬퍼한 사람들)의 입을 막아 우는 소리를 내지 못하게 한 채 (전투를) 재촉하여 이순신이 살았을 때와 다름없이 명령을 내리고 악기를 불어 모든 배가 주장主將(이순신)의 죽음을 모르게 함으로써 승리를 거두었다.'라고 증언한다.

315

서동사의 일출 무렵 문화재자료 155호, 전남 고흥군 대서면 화산리 16

    송희립은 전남 고흥군 대서면 화산리 16의 '고흥 서동사高興西洞祠'에 제향되고 있다. 서동사는 1785년(정조 9) '운곡사'라는 이름으로 처음 건립되었는데 지금 건물은 1956년에 다시 세운 것이다.
    서동사는 송간(1405~1480)을 주벽으로 모신다. 서동사의 특이점은 김시습을 제향한다는 점이다. 1455년 남방 순시한 후 돌아오는 길에 단종이 쫓겨났다는 소식을 들은 송간은 그길로 영월까지 달려가 남방 순시 결과를 보고한다. 그 후 고향 여산에 머물던 중 단종이 죽었다는 비보를 접하고는 깊은 산 속에서 3년 상을 마친 뒤 통곡하며 산천을 돌아다니다 삶을 마감했다. 송간은 김시습과 더불어 '단종 절신節臣(단종에게 절의를 바친 신하)'이다. 두 사람이 나란히 서동사에 모셔진 까닭이 헤아려진다.
    서동사는 송희립의 형 송대립宋大立(1550~1597)도 모신다. 송대립은 아들 송심과 함께 전남 고흥군 동강면 마륜리 1318 '고흥 송씨 쌍충 정려高興宋氏雙忠旌閭(기념물 110호)'의 주인공이다.

임진왜란 중 과거에 합격한 송대립은 이순신의 부하로서 '많은 공을 세웠다. 정유재란 때는 도원수 권율의 명을 받아 의병을 이끌고 많은 싸움을 승리로 이끌었으나 첨산 전투에서 전사하였다. 그의 아들 송심은 광해군 6년(1614) 무과에 합격한 뒤 늙은 노모를 모시기 위해 벼슬을 하지 않다가 인조반정(1623) 이후 천거되어 선전관 등 여러 벼슬을 거쳐 인조 14년(1636) 병자호란 때 함경도 병마절도사를 역임하고 이항 장군의 휘하에서 활약하다가 안변 전투에서 전사하였다.(문화재청 누리집)'

고흥 송씨 쌍충 정려 근처인 마륜리 814-1에는 '신여량 장군 정려申汝樑將軍旌閭(기념물 111호)'도 있다. 문화재청의 해설을 읽는다.

정려란 나라에서 충신·효자·열녀를 칭찬하여 그들이 살던 마을 입구에 세우던 문이나 비碑로, 이것은 임란 때 순국한 신여량(1564~1593) 장군의 충절을 기리기 위해 세운 것이다.

신여량 장군은 선조 16년(1583) 과거에 급제한 뒤 선전관 등 여러 벼슬을 거쳐 선조 25년(1592) 임란이 일어나자 임금을 의주까지 호송했다.

그 뒤 권율 장군의 싸움에서 큰 공을 세을 지휘하여 왜군의 절도사가 되었다. 이을 대승으로 이끌었벽파진 전투에서 적탄 부장이 되어 행주산성 웠으며, 통영에서 수군 배를 크게 무찔러 수군 순신 장군과 당포 싸움 으나 선조 26년(1593) 을 맞아 전사하였다.

신여량 유적비 송씨쌍충정려와 신여량장군정려 중간인 마륜리 1248-1

노량 해전은 충무공 이순신의 전사로 말미암아 임진왜란 최후의 전투로 널리 알려져 있다. 육지에서는 언제 어디에서 마지막 결전이 벌어졌을까? 노량 바다를 지나 부산으로 철수하려던 소서행장이 그 이전까지 주둔하고 있던 순천 왜성이다.

1597년 9월 16일 명량 해전 이후 일본군은 바다에서 힘을 잃었다. 1598년 8월 18일 풍신수길이 죽은 뒤 일본군은 자기 나라로 돌아가기 위해 철수 작전을 계속했다. 조명 연합군 중 동로군은 현재 학성 공원이라는 이름으로 더 익숙한 울산 왜성을 9월 22일 이래 줄곧 공격했지만 함락하지 못했고, 가등청정은 11월 18일 부산으로 물러갔다.

중로군은 사천 왜성을 공격했지만 10월 1일 하루에 7,000~8,000명이 죽는 참패를 기록했다. 적은 명군과 조선군의 코를 베어 일본으로 보냈고, 그것은 경도京都(교토)에 이총耳塚을 탄생시켰다. 적은 또 코 없는 조명 군사의 머리를 모아 성 아래에 '조명 군총軍塚'을 만들었다. 그 이후 이곳의 일본군도 부산으로 철수하는 데 별 어려움을 겪지 않았다.

가장 곤혹스럽게 된 것은 순천 왜성의 소서행장이었다. 서로군과 진린 및 이순신이 이끄는 수군 연합군이 순천을 에워쌌다. 울산과 사천보다 부산에서 훨씬 먼 거리에 있어 지리적으로 이미 철수 작전을 펼치기 어려운데다, 가등청정과 도진의홍이 수군의 공격을 받지 않은 데 비해 소서행장은 바닷길을 이용할 수 없는 어려움까지 당한 처지였다.

소서행장의 일본군은 한때 검단산성에서 명군 800명을 전사시키는 등 기세를 올렸지만 부산으로 철수를 하지는 못했다. 소서행장은 명나라 제독 유정과 수군 도독 진린에게 뇌물을 주면서 퇴로를 열어달라고 요청했다. 하지만 이순신 때문에 뜻을 이룰 수 없었다. '굽힐 줄 모르는 성품(《선조실록》 1597년 1월 7일 류성룡 발언)'의 이순신은 적의 무사 귀국을 용납하지 않았다.

검단산성 대형 우물터 : 신라 고성으로 추정되는 사적 418호 '순천 검단산성'은 순천 왜성 전투 당시 명군 주둔지였다. 지금도 17번 국도와 전라선 철도가 산성 좌우로 지나가고 있지만, 옛날에도 검단산성은 여수 반도와 순천을 연결하는 길목에 위치한 요충지였다. 하지만 '해룡면 성산리 산84' 주소를 들고는 성 입구를 찾을 수 없다. 순천농협 미곡 종합처리장을 지나 '성산리 63-1' 장복실업에 닿으면 맞은편 산기슭에 등산로 입구가 있다.

 11월 18일 사천에서 출발한 일본 구원군이 노량 바다로 들어왔다. 기다리고 있던 조명 연합 수군은 맹렬히 대포를 날려 선제 공격을 한 다음, 적선이 가까워지자 불화살을 퍼부었다. 이순신에게 협조를 맹세한 진린의 명군도 최선을 다해 싸웠다.

1598년 소서행장이 마지막으로 주둔했던 순천 왜성 천수각 터

    200척의 적선이 부서지고 무수한 일본군이 죽었다. 명군 부총병 등자룡, 명군 중군장 도명재, 가리포 첨사 이영남, 낙안 군수 방덕룡, 흥양 현감 고득장, 군관 이언량 등 아군도 전사했다. 그 와중에 소서행장은 탈출하여 달아났다. 충무공도 '지금 싸움이 급하다. 내가 죽었다는 말을 내지 마라.'는 당부를 남기고 순절했다.

    앞서 순천 왜성 공격 때는 의병장 정숙丁淑과 그의 조카 정승조丁承祖가 순절했다. 두 사람은 우리나라 최초의 가사 작품 「상춘곡賞春曲」을 남긴 정극인丁克仁(1401~1481)과 함께 율봉 서원栗峰書院에 모셔졌다. 쌍충각雙忠閣을 거느린 율봉 서원은 순천시 별량면 우산리 725-1에 있다.

율봉 서원은 1824년(순조 24) 호남 유림의 발의로 창건되었고, 1868년(고종 5) 서원 철폐령 때 훼철되었다가 1948년 옛 터에 복설되었다.

앞에서 말했듯이, 조명 연합군과 일본군 사이의 최후이자 최대 격전은 동해안에서는 울산 왜성, 경상도 남해안에서는 사천 왜성, 전라도에서는 순천 왜성, 수군 지역에서는 노량 바다에서 벌어졌다. 울산에서는 무승부, 사천에서는 연합군의 참패, 노량에서는 아군의 대승으로 전투가 끝났다.

도산성(울산 왜성) 전투는 선거이宣居怡(1550~1598)를 회상하게 한다. 스물한 살이던 1570년(선조 3)에 무과를 통과한 선거이는 1587년 조산 만호造山萬戶 이순신과 함께 두만강 녹둔도에서 변방을 침범하는 여진족을 막아 공을 세웠다.

이순신보다 다섯 살 아래인 선거이는 진도 군수, 전라 병사, 충청 병사, 충청 수사, 황해 병사 등을 역임했는데, 특히 한산도 해전와 장문포 해전 등 이순신과 함께 전투를 벌인 때가 많았다.

수군으로 활약하기 전인 1592년에는 전라 병사로서 독산성禿山城 전투 때 전라 순찰사 권율과 함께 승첩을 올렸다. 1593년의 행주산성 전투 때도 권율이 적을 대파하는 데 크게 도움을 주었다. 그해 7월에는 경남 함안의 적을 공격하다가 탄환을 맞기도 했다.

선거이는 2차 도산성 전투에서 전사하였다. 보성군 보성읍 보성리 751-1에는 그를 기리는 오충사五忠祠가 있다. 오충사는 1598년에 처음 세워졌고, 1831년에 사액되었다.

오충사 경내의 민속자료 48호 충의당忠義堂도 볼 만하다. 본래 최씨 문중의 사랑채로 쓰이던 건물인데, 1961년 선씨 문중에서 사당을 복원할 때 매입하여 강당으로 삼았다. 아주 특이한 이력을 가진 문화재인 셈이다. 충의당은 뜰에 세워져 있는 유허비와 묘정비와 아주 잘 어울린다. 날씨가 맑은 날이면 아래와 같은 풍경을 보여주는 오충사는 울산성 전투를 떠올리게 하는 임란 유적이다.

최희량 장군 신도비 충무공 이순신 사후 유적에는 전남 나주시 다시면 가흥리 369의 「최희량 장군 신도비崔希亮將軍神道碑(기념물 53호)」도 있다. 신도비는 왕이나 고관 등의 평생 업적을 기록하여 그의 무덤 가까이에 세워두는 비석이다. 광무 5년(1901)에 장군의 후손들이 세운 최희량 신도비는 네모난 받침돌 위에 비몸을 세우고 그 위에 지붕돌을 얹어두었다. 비문은 송치규가 글을 짓고, 송치규의 자손인 송지헌이 글을 덧붙여 기록했다.

최희량(1560~1651)은 35세 되던 선조 27년(1594) 무과에 급제했다. 정유재란 때 흥양 현감으로서 이순신의 지휘 아래 큰 공을 세웠고, 적의 포로로 있던 신덕희 외 700여 명이 살아서 돌아올 수 있게 했다. 그러나 노량 해전에서 이순신이 전사하자 벼슬을 버리고 고향으로 내려가 은거하다가 효종 2년(1651) 생애를 마쳤다.

고흥 무열사 두원면 신송리 531의 '고흥 무열사武烈祠(기념물 58호)'는 진무성陳武晟(1566~1638)을 기리는 사당이다. 진무성은 '조선 중기 무신으로 선조 25년(1592) 임진왜란이 일어나자 이순신 휘하의 군관으로 공을 세우고 용명을 날렸다. 인조 5년(1627) 정묘호란 후 공로가 인정되어 북방 요지 구성 군수에 임명되었다.(문화재청 누리집)'

사당이나 재실 경내에 동상이 세워져 있는 경우는 보기 드물다. 경주 최진립 장군 유적지 등 기억에 남는 곳이 별로 없다. 사진으로 찍어 널리 알릴 가치가 있다. 동상을 건립할 만큼 강렬한 후손들의 정성은 우리 역사를 강건하게 가꿔나가는 데에 큰 도움이 될 것이다.

전북 부안 효충사, 석불 영상 랜드
선조와 인조를 2대에 걸쳐 호종한 고씨 가문

전북 부안군 하서면 청호리 180 효충사 입구 솔밭에 」고홍건高弘建(1580~1655) 신도비'가 있다. 신도비는 나라에 큰 공로가 있는 인물이 세상을 떠났을 때 그의 무덤 인근에 건립되는 비석이다. 고홍건은 1624년(인조 2) 이괄의 난과 1636년(인조 14) 병자호란 때 인조를 공주까지 호종하고, 남한산성 서문 수문장을 맡았던 장군이다. 나이 24세인 1603년 무과에 급제했는데, 문화재자료 111호인 신도비는 1668년(현종 9)에 세워졌다.

고홍건 신도비를 지나면 홍살문이 나타난다. 홍살문은 사당 효충사效忠祠, 영성군 영당瀛城君影堂, 유물관으로 들어가는 입구이다. 홍살문 지나자마자 오른쪽에 유물관이 있고, 더 직진하면 사당을 출입하는 삼문이 나타난다. 사당 왼쪽 담 사이의 협문으로 들어가면 영당이다. 영당影堂은 초상影을 모신 집堂이다.

사당과 영당의 주인공은 고홍건이 아니라 그의 백부인 고희高曦(1560~1615) 장군이다. 고희는 25세인 1584년 무과에 급제했고, 임진왜란이 일어났을 때에는 선조를 호종하여 왕을 업고 임진강을 건넜다.

대동강을 건널 때도 왕

고홍건 신도비

왼쪽부터 영당, 사당, 홍살문, 유물관이 보이는 효충사 전경

을 업고 건넜는데, 추격해온 적이 칼로 오른쪽 귀를 자르는 상황에도 굴하지 않고 무사히 선조를 피란시켰다. 국가 지정 보물 739호인 그의 초상에는 오른쪽 귀가 없다.

'임금이 욕되면 신하는 마땅히 죽어야 한다主辱臣當死. 시대가 위태로운데 어찌 목숨을 아낄 것인가時危命亦輕!'라는 「허신사許身辭」를 남긴 고희가 56세인 1615년(광해군 7) 세상을 떠나자 왕은 정2품 호조 판서를 추증했다. 인조는 1625년(인조 3) 부조묘(영원히 제사를 지내는 사당)를 허락하면서 묘소 주위 사방 10리를 사패지賜牌地(임금이 준 땅)로 내렸다.

효충사 앞에 왜성(274쪽 참조)과 왜관 등으로 조성된 '석불 영상 랜드'가 있다. 위치로는 후손들이 효충사 부속 시설로 세운 듯 여겨지지만 사실은 군청에서 건립한 왜성 중심 영화 촬영지이다. 효충사 참배 후 왜성 등을 둘러본다.

오른쪽 귀가 없는 고희 초상

임진왜란 연표年表

1592년(선조 25)
04.13. 일본군 1군(소서행장), 부산 앞바다 도착
04.14. 부산진성 함락, 첨사 정발과 방어군 1,000여 명 전사
04.15. 동래성 함락, 부사 송상현, 양산군수 조영규 등 전사
04.16. 다대포 함락, 첨사 윤흥신 전사
04.20. 김해 함락, 의병장 송빈, 이대형, 김득기, 류식 전사
04.21. 대구와 경주 함락
04.22. 곽재우, 경남 의령에서 창의
04.25. 상주에서 순변사 이일이 이끄는 조선 중앙군 대패
04.28. 충주 탄금대에서 삼도순변사 신립의 조선군 대패
04.30. 선조와 조정 대신들, 한양을 버리고 북으로 피란
05.02.~03. 왜적 한강 도강, 한양 함락
05.07. 이순신 함대, 옥포와 합포에서 왜선 30여 척 격파
05.08. 이순신 함대, 적진포에 정박 중인 왜선 11척 격파
05.16. 부원수 신각, 양주 해유령에서 일본군 60여 명 참수
05.17. 임진강 방어선 붕괴
05.25. 곽재우, 정암진에서 왜군 격파
06.02. 이순신, 당포에서 왜선 격파
06.05. 남도 근왕병, 용인에서 왜군에 대패
06.05. 이순신 등의 조선 수군, 당항포에서 왜선 26척 격침
06.15. 평양성 함락, 13일 선조 의주로 피란
07.08. 권율, 이치에서 왜군 격퇴
07.08. 조선 수군, 한산도에서 왜선 66척 격침(임진왜란 3대 대첩)

07.09. 조선 수군, 안골포에서 왜선 20여 척 격파
07.10. 고경명, 금산 전투에서 전사
07.27. 권응수, 정세아, 정대임 등 영천 의병들, 영천성 수복
08.01. 이빈의 조선군, 단독으로 평양성 공격, 실패
08.01.~02. 의병장 조헌과 영규 대사, 청주성 탈환
08.18. 조헌과 영규의 의병 부대, 금산 전투에서 패하여 전몰
09.01. 이정암, 연안성에서 일본군 격퇴
09.01. 조선 수군, 부산포에서 왜선 100여 척 격파
09.06. 정문부, 경성 탈환, 반역자 국세필 등을 처단
09.09. 박진, 경주성 탈환. 비격진천뢰飛擊震天雷 사용
10.05.~10. 김시민, 진주 대첩(임진왜란 3대 대첩)

진주성 북장대

1593년(선조 26)

01.08.~09. 조명 연합군, 평양성 탈환
01.27. 이여송, 고양 벽제관에서 일본군의 기습 받아 패배
02.12. 권율이 이끈 조선군, 행주산성 승리(임진왜란 3대 대첩)
04.19. 일본군 한양에서 철수, 5월 중순 후 부산 주변 주둔
06.22.~29. 2차 진주성 전투로 진주성 함락, 6만여 명 전몰

1594년(선조 27)

02.01. 훈련도감訓練都監 설치

1597년(선조 30)

01.13. 가등청정 군대, 부산 상륙
07.08. 정유재란 본격 재개
07.16. 삼도수군통제사 원균, 칠천량에서 일본 수군에 대패
08.16. 남원성 함락, 일본군의 포위 공격에 조명 연합군 패배
09.07. 명군, 직산(현 충남 천안시 직산읍)에서 왜군 격퇴
09.16. 이순신, 명량에서 13척으로 일본 함대 133척 대파
12.23.~1598.1.4. 조명 연합군, 울산 도산성 공격 실패

1598년(선조 31)

08.18. 풍신수길 사망
09.21. 명군, 울산 도산성 공격 실패
09.21. 명나라 제독 유정과 이순신, 순천 왜교성 공격 실패
11.19. 조명 연합수군, 노량서 왜선 200여 척 격파. 이순신 전사

임진왜란 壬辰倭亂 약사略史

1. 개관
2. 일본의 침략 의도
3. 전쟁 발발
4. 의병과 수군의 활약, 명의 지원군 파병
5. 강화 교섭
6. 정유재란
7. 전쟁의 영향

1. 개관

　임진왜란은 100년에 걸친 국내 통일 다툼에서 최후 승리자가 된 일본의 풍신수길豐臣秀吉(도요토미 히데요시)이 일으킨 동양 3국 국제 전쟁이다. 1592년(선조 25) 일본이 조선을 침략하면서 시작된 조선·일본·명 사이의 이 국제전은 1598년(선조 31)까지 계속되었다.[1)]

　중국과 인도를 지배하는 황제의 야욕을 품은 풍신수길은 처음에는 조선 정부에 '가도입명假道入明', 즉 '중국을 치려 하니 길을 비켜 달라'고 했다. 조선은 1392년 건국 이래 명나라에 대한 사대事大(큰 나라를 섬김)를 국가 기본 전략으로 삼아온 나라였다. 풍신수길은 조선이 결코 들어줄 수 없는 것을 요구했던 것이다.

　4월 13일 부산 앞바다에 도착한 일본군은 다음날인 4월 14일 부산진성을 점령하고, 4월 15일 동래성을 빼앗았다. 그 이후 일본

---

1) 한국학중앙연구원, 《한국 민족문화 대백과》: 1592년부터 1598년까지 2차에 걸쳐서 우리나라에 침입한 일본과의 싸움을 임진왜란이라 한다. 1차 침입이 임진년에 일어났으므로 임진왜란이라 부르고, 2차 침입이 정유년에 있었으므로 정유재란이라고도 한다. 이 왜란을 일본에서는 '분로쿠文祿·케이초慶長의 역役'이라 하고, 중국에서는 '만력萬曆의 역役'으로 부른다.

군은 상륙한 지 불과 20일째인 5월 3일 조선의 서울 한성까지 손에 넣었다.2) 조선군은 도성을 적에게 내주면서도 전투 한 번 벌이지 않았다.

하지만 일본은 전국 각지에서 창의한 의병들, 뛰어난 전략과 전투력을 바탕으로 바다를 장악한 조선 수군, 전쟁이 자기 나라 땅에까지 번질까 두려워하여 파견된 명나라 지원군에 가로막혔다. 일본은 명나라와 강화 교섭을 하지 않을 수 없게 되었다.

강화는 이루어지지 않았고, 풍신수길은 1597년 다시 대군을 조선으로 출병시켰다. 이를 1592년의 전쟁 발발에 견주어 별도로 '정유재란'이라 부르기도 한다.

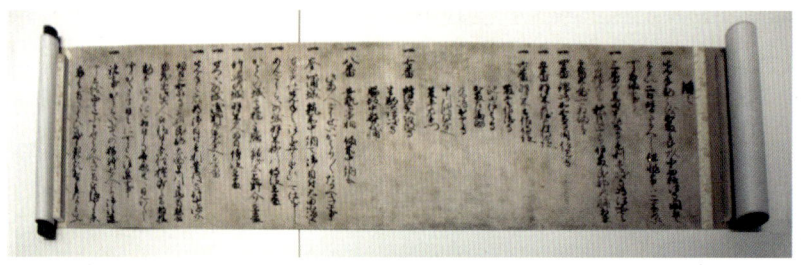

풍신수길의 정유재란 개전 명령서 (1597년 2월 21일 작성)

전쟁은 1598년 8월 18일 풍신수길이 병사하면서 사실상 끝났다. 전쟁으로 말미암아 조선은 막대한 피해를 입었고, 명도 국력이 쇠약해진 틈을 타 새로 일어난 청 세력을 막지 못하고 마침내 멸망했다. 전쟁을 일으킨 당사자인 일본만 수많은 전리품과 고급 인력 탈취를 기반으로 경제적, 문화적 발전을 이룬다.

---

2) 부산에서 서울까지의 거리는 약 442km이다. 임진왜란 당시의 일본군 침략로와 현재의 고속도로는 다른 길이지만, 대략 같다고 산정한 채 당시 일본군의 진군 속도를 헤아려보면 하루 평균 24.5km나 된다. 이는, 조금 과장하여 표현하면, 일본군들은 거의 전투 없이 행군한 것이나 다를 바 없는 속도로 서울까지 점령했다는 사실을 알게 해준다.

2. 일본의 침략 의도

임진왜란 이전 100여 년 동안 일본은 전국시대戰國時代였다. 일본을 최종적으로 통일한 세력가는 풍신수길이었다. 풍신수길은 '국내 정권의 안정을 위하여 불평 세력의 관심을 밖으로 쏠리게 하고, 아울러 자신의 정복욕을 만족시키기 위하여 조선과 명에 대한 침략을 준비하였다.'3)

풍신수길은 규슈九州 지역을 공격 중이던 1587년, 대마도 도주島主 소씨宗氏에게 조선을 일본에 복속시키는 교섭에 나서라고 명령했다. 풍신수길은 조선을 복속시킨 후, 조선을 길잡이로 삼아 중국을 침략하려는 목표를 가지고 있었다.

대마도 사람들은, 조선과 무역을 해온 오랜 경험으로 미뤄볼 때, 조선이 일본에 복속하겠다고 응할 리 없다는 것을 너무나 잘 알고 있었다. 대마도 도주는 풍신수길의 복속 요구를 통신사通信使 파견 요청으로 임의 변경, 조선과 교섭에 나섰다. 일본 사정을 파악할 필요가 있던 조선 정부는 이에 응했다.

조선은 1590년 정사 황윤길黃允吉, 부사 김성일金誠一, 종사관 허성許筬으로 구성된 통신사를 일본에 파견했다. 대마도 도주는 풍신수길에게 일본에 복속하기 위해 조선 통신사가 왔다고 허위 보고를 했다. 풍신수길은 거만한 자세로 통신사 일행을 상대했다.

---

3) 6차 교육과정 국정 《중학교 국사 교과서》의 표현이다. 같은 6차 교육과정 국정 《고등학교 국사 교과서》도 '풍신수길은 국내 정권의 안정을 위하여, 불평 세력의 관심을 밖으로 쏠리게 하고 아울러 자신의 정복욕을 만족시키기 위하여 조선과 명에 대한 침략을 준비하였다.'라고 대동소이하게 기술하고 있다. 그런데 7차 교육과정 국정 《중학교 국사 교과서》는 '불평 세력의 관심을 밖으로 쏠리게 하고 자신의 대륙 진출 야욕을 펴기 위해 조선을 침략하고자 하였다.'라고 하여 침략 대상에서 명을 제외하고 있다. 7차 교육과정 국정 《고등학교 국사 교과서》도 '일본은 전국 시대의 혼란을 수습한 뒤 철저한 준비 끝에 20만 대군으로 조선을 침략해 왔다(1592). 이를 임진왜란이라 한다.'라는 설명만 할 뿐 명은 언급하지 않았다.

통신사 일행은 귀국 후 일본의 침략 가능성에 대해 상반된 보고를 했다. 황윤길과 허성은 일본이 조선을 침략할 가능성이 있다고 했지만, 김성일은 그럴 가능성이 없다는 정반대의 의견을 제출했다. 당시 정권을 잡고 있던 동인 세력은 역시 동인인 김성일의 의견을 채택했다.

그렇다고 조선 정부가 전쟁에 전혀 대비를 하지 않은 것은 아니었다. 남쪽 지방의 성을 수리하는 등 약간의 대책은 강구했다. 하지만 그것은 얼마 가지 못했다. 개국 이래 200년 동안 평화롭게만 살아온 백성들은 노역 동원과 세금 납부에 강하게 반발했다. 공사는 중단되었고, 일본이 나라 전체의 군사력을 동원하여 대규모 전쟁을 일으킬 것이라는 사실을 예견하지 못한 조선은 거의 준비를 하지 못한 상태에서 공격을 당했다.

3. 전쟁 발발

1592년 4월 13일 소서행장小西行長(고니시 유키나가)과 종지의宗義智(소오 요시토시)를 선봉으로 한 일본군이 부산 앞바다에 나타났다. 조선군은 부산진에서 정발鄭撥이, 동래에서 송상현宋象賢이, 다대포에서 윤흥신尹興信이 맞섰으나 워낙 중과부적인 탓에 끝내 순절했다. 송상현은 '싸우려면 싸우고, 싸우지 않으려면 길을 빌려 달라.'는 일본군의 요구에 '戰死易전사이 假道難가도난', 즉 '싸워서 죽기는 쉽고 길을 빌려주기는 어렵다.'라는 뜻깊은 명언을 남겼다.

윤흥신을 기리는 부산 윤공단

일본군은 파죽지세로 북상했다. 조선군 관군은 싸우면 패했고, 그렇지 않으면 싸우지도 않고 도망쳤다. 조선군 관군 중앙군과 일본군의 첫 전투가 4월 25일 상주에서 벌어졌지만 이일李鎰이 패전했다. 조선의 최정예 부대를 이끌고 충주 탄금대彈琴臺에서 일본군을 기다리고 있던 신립申砬도 4월 28일 대패했고, 신립은 남강에 몸을 던져 스스로 죽음의 길을 갔다. 이 소식이 전해지자 선조는 피란을 결정했고, 광해군을 세자로 책봉한 후 4월 30일 한성을 탈출했다.

선조는 개성을 지나 평양성에 들었다가, 6월 5일 전라 감사 이광이 이끄는 삼도 연합군 3만이 일본군 1,600명에 참패했다는 어이없는 소식을 듣고는 압록강 턱밑의 의주까지 달아났다. 의주에 당도한 선조는 요동 지역으로 넘어가 안전을 도모하려고 했지만 명의 망명 거절과 신하들의 만류로 뜻을 이루지 못했다.

선조는 국경인 압록강까지 와서 중국에 망명하려 했지만 뜻을 이루지 못했다.

세자 광해군은 전국을 순회하면서 백성들을 위로하고 흩어진 병사들을 모았다. 의병 창의도 촉구했다. 선조는 광해군에게 종묘사직을 받들게 하고 분조分朝(조정을 둘로 나눔)했다.

이 무렵, 선조의 다른 두 아들 임해군과 순화군은 함경도와 강원도로 피란을 갔다가 가등청정加藤淸正(가토 기요마사) 군대의 포로가 되었다. 두 왕자는 회령에 머물던 중 반란을 일으킨 국경인 등에게 붙잡혀 가등청정에게 넘겨졌다. 조선 조정은 두 왕자를 구해내기 위해 명군에게 일본과의 교섭을 부탁하기도 했다.

4. 의병과 수군의 활약, 명의 지원군 파병

전쟁 판도를 뒤집으려는 움직임이 활발히 일어났다. 5월부터 전투를 개시한 이순신은 해전마다 적을 격파했다. 판옥선과 거북선, 우수한 화포로 무장한 조선 수군은 일본 전함보다 전투력에서 우위에 있었고, 이순신의 탁월한 전술까지 더해져 한산대첩 등 빛나는 전과를 쌓았다.

일본군은 서해를 통해 군수품과 보충 병력을 한양 쪽으로 수송하려던 계획을 접어야 했

전남 보성 방진관의 (친일파 그림이 아닌) 이순신 초상

다. 또 곡창 지대를 점령함으로써 군량을 현지에서 조달하려던 계획도 흐트러졌다. 수군의 연이은 승첩은 전쟁의 흐름을 바꾸었다.

행주산성 대첩비

　전쟁 초기 궤멸되었던 관군도 다시 일어섰다. 전열을 정비한 관군은 권율權慄의 행주산성, 김시민金時敏의 1차 진주성 전투에서 큰 승리를 거두었다.
　의병4)과 승병도 일어났다. 경상도에서 곽재우郭再祐, 정인홍鄭仁

---

　4) 국사편찬위원회《한국사》: 의병의 궐기는 향토와 동족의 방어를 위한 것이었고, 더 나아가 일본의 야만성에 대한 민족 감정의 발로였다. 유교적 윤리를 철저한 사회적 규범으로 하고 있었던 조선은 고려 말부터 왜구의 계속적인 약탈 행위로 인하여 일본인을 침략자로 여겼으며 문화적으로 멸시하여 '왜' 또는 '섬오랑캐'라고 불렀다. 이러한 일본으로부터 침략을 받아 민족적 저항운동으로 일어난 것이 의병의 봉기였다.
　국사편찬위원회《신편 한국사》: 일반 민중들은 관권에 의한 강제징집으로 무능한 장군의 지휘를 받아 전국의 전선을 전전하며 싸우기 보다는 평소 잘

335

弘, 김면金沔, 권응수權應銖, 전라도에서 김천일金千鎰, 고경명高敬命, 충청도에서 조헌趙憲, 함경도에서 정문부鄭文孚, 황해도에서 이정암李廷馣, 평안도에서 조호익曺好益, 양덕록楊德祿, 경기도에서 심대沈岱, 홍계남洪季男 등이 자발적으로 군사를 모아 일본군과 싸웠다.5) 휴정休靜 서산대사西山大師, 유정惟正 사명대사四溟大師, 영규靈圭 스님 등은 승병을 이끌고 왜란 극복에 앞장섰다. 의병들의 뛰어난 활동은 일본군들로 하여금 전쟁을 포기하고, 그 대신 강화 교섭을 시도하게 만드는 큰 역할을 했다.

조선 조정은 의주에 머물면서 명나라에 지원군 파병을 요청했다. 8월 24일 정곤수鄭崑壽는 명의 병부상서 석성을 만나 지원군을 보내주겠다는 확답을 받았다. '200년간 충성을 다해온 조선을 도와주는 것은 당연한 일'6)이라는 것이 명의 파병 논리였다.

사실 이때까지 명은 조선을 믿지 않고 있었다. 전쟁이 터진 지 보름도 되지 않아 수도를 포기하고 압록강 바로 아래까지 임금과 조정이 피란을 거듭한 것부터 이상하게 여겼다. 일본군과 연합하여 명을 공격하려고 일부러 그렇게 한 게 아닌가 의심했던 것이다.

최초의 파병 명군은 요동에 있던 조승훈 부대였다. 그러나 일본군을 가볍게 보고 제대로 준비도 없이 평양성을 공격했던 조승훈 군은 크게 패전했다. 이어 명은 송응창宋應昌과 이여송李如松이 이끄는 대규모 부대 파견을 결정했다.

1593년 1월 6일, 이여송이 3만 군사를 거느리고 평양에 도착했다. 명나라 대군은 조선군과 협력하여 1월 9일 평양성을 탈환하는 데 성공했다.

알고 신뢰할 수 있는 의병장의 휘하에서 싸우기를 바랐을 것이며, 향토 주변에서 부모와 처자를 보호하기에는 관군보다 의병으로 가는 것이 유리하였다.
  5) 7차 교육과정 국정 《고등학교 국사 교과서》에 거명된 대로 의병장들의 이름을 재인용했음.
  6) 7차 교육과정 국정 《고등학교 국사 교과서》의 표현.

일본군은 평양과 개성을 버리고 한성으로 퇴각했다. 자신감에 찬 이여송은 소규모 부대만 이끌고 한성을 향해 진격했다. 이때 많은 병력을 한성에 집결시킨 일본군은 명군의 공격에 대비하여 복병을 깔아두고 있었다. 벽제관碧蹄館에서 일본군 복병을 만나 간신히 목숨만 건진 이여송은 군량 부족을 이유로 개성으로 후퇴했고, 그 뒤로는 전진을 꺼렸다.

5. 강화 교섭

일본군은 더 이상의 전쟁 수행이 불가능하다고 판단했다. 보급 곤란, 의병의 공격, 수군 참패, 명군과의 전투 등 모든 것들이 어려웠다.7) 그래서 부산 좌우 바닷가 일대의 점령을 유지하는 데 필요한 병력만 남기고 군대를 일본으로 철수시킨 채, 명과 강화 교섭을 벌이기 시작했다. 명도 일본군의 요동 진입을 막는 데 성공했으므로 더 이상 전쟁을 계속하고 싶지 않았다.

명에서는 심유경沈惟敬, 일본에서는 소서행장이 각각 강화 교섭 대표로 나섰다. 명은 일본군의 무조건 철수를 요구했고, 풍신수길은 조선의 왕자를 볼모로 내놓고, 조선의 남쪽 땅을 내놓으라고 했다. 합의가 될 일이 아니었다. 조선은 명이 전쟁 대신 강화 노선을 걷는 것이 불만이었을 뿐만 아니라, 강화 교섭에서 배제된 데에 분노하고 있었다.

---

7) 국사편찬위원회 《신편 한국사》: 왜군은 (1593년 1월) 평양 패전 이후 서울에 집결하였지만 개전 당시 병력의 30~40%를 전투, 기아, 질병으로 소모하여 실전의 수행 능력을 거의 상실하고 있었다. (중략) 서울에 총집결한 왜군은 이제 서울의 인근 지역에서 군량 조달을 위한 약탈 대상조차 찾아내기 어려워 심각한 군량난에 봉착하게 되었으므로, 왜군지휘부는 서울에서 철수할 것을 결정하고 풍신수길의 허락까지 받았다. 그러므로 왜군은 철군할 때 조·명군의 추격을 피하기 위해서 조·명 측과의 협상을 원하지 않을 수 없는 처지였다.

1596년 9월, 명은 풍신수길을 일본 왕으로 책봉하기 위해 사절을 오사카에 파견했다. 조선에서도 황신黃愼 이하의 사절을 딸려 보냈다. 명은 풍신수길이 왕으로 책봉해주면 군대를 철수시킬 것으로 생각했다. 그러나 풍신수길은 책봉 이외에 다른 선물이 없다는 데 분노, '조선이 명과 일본의 협상을 방해했다' 등의 이유를 들어 책임을 조선에 떠넘기면서 정유재란을 결정했다. 풍신수길은 조선의 사절과는 만나지도 않았다.

6. 정유재란

1597년 1월부터 일본군은 다시 조선에 상륙하기 시작, 7월부터 북쪽을 향해 다시 공격을 재개했다. 정유재란 발발 직전 선조는 이순신을 의심하여 투옥하는 대신 원균을 삼도수군통제사로 임명했지만, 원균이 이끄는 수군은 칠천량 해전에서 거의 전멸당했다. 그 결과 일본군이 바다를 장악했다.

조선 수군이 거의 전멸당한 칠천량 바다

그러나 일본군은 줄기차게 북진했던 지난 임진년(1592) 때와는 달리 충청도 직산稷山에서 접전을 벌인 이후 그냥 남쪽 해안으로 물러났다. 일본군은 울산에서 순천에 이르는 바닷가에 왜성矮城을 쌓고 장기 주둔 태세를 취했는데, 오랜 기간에 걸쳐 줄기차게 조선을 괴롭힘으로써 좋은 교섭 결과를 얻으려는 풍신수길의 전략 변화 때문이었다.

정유재란의 또 다른 특징은, 일본군들이 대규모로 작전을 전개했기 때문에 조선 의병들이 제대로 활약을 할 수 없었다는 점이다. 그런가 하면, 정유재란 때의 일본군은 조선인의 코와 귀를 베어서 일본으로 보내는 잔혹 행위를 일삼는 특징도 선보였다. 풍신수길이 그 수를 세어 공로를 인정하겠다고 한 탓이었다. 지금도 교토京都에는 당시 조선들의 코와 귀를 묻은 귀무덤耳塚(이총)이 남아 있다.

전쟁 재발 후 명군도 다시 조선으로 들어왔다. 명군 대장 양호는 일본군 중 강화에 가장 반대하는 강경파 가등청정의 군대를 주로 공격했다. 1597년 12월 말에 시작된 울산성 전투에서 가등청정은 거의 전사 위기까지 몰리기도 했다. 울산성 전투 후 일본 육군은 크게 세가 꺾였다.

수군 대장으로 돌아온 이순신도 명량해전鳴梁海戰에서 승리하여 해상의 주도권을 되찾았다. 그러던 중 1598년 8월 18일 풍신수길이 병사하면서 전쟁은 사실상 종료되었다. 권력을 장악한 덕천가강德川家康(도쿠가와 이에야스) 등은 철군 결정을 내렸다.

1597년 10월 1일에 발행된 '코 영수증'이다. 전라도 금구, 김제 방면에서 3,369명의 코를 벤 것을 받아서 일본의 풍신수길에게 보냈다는 내용이 기록되어 있다.

일본군들은 안전하게 철수하기 위해 명군과 교섭을 벌였다. 명군도 희생을 안아야 하는 전투를 기피하려 했다. 일본군은 명군 장수들에게 뇌물까지 주었다.

조선은 일본군의 무사 철수를 보고만 있을 수 없었다. 명군이 일본군에게 안전 철수를 약속했다는 사실을 알고 있었지만 이순신은 전함을 몰고 노량露梁으로 달려가 일본군을 대파했다. 하지만 이 마지막 전투에서 이순신은 전사의 비운을 맞았다. 순천왜성順天倭城에 머물러 있던 소서행장이 부산을 거쳐 일본으로 돌아가면서 전쟁은 완전히 끝났다.

7. 전쟁의 영향

조선은 전쟁으로 말미암아 초토가 되었다. 국토의 대부분이 농사를 지을 수 없는 땅으로 변했고, 인구도 절반으로 줄어들었다. 일본군은 수많은 조선인을 살해했고, 경복궁, 불국사 등 무수한 문화재들을 파괴했다. 일본은 포로로 잡아간 조선인들을 포르투갈 등지에 노예로 팔고, 지식인과 기술자들을 활용하여 나라의 수준을 높였다. 명나라는 임란 기간 동안 줄곧 세력을 키운 청 세력의 도전을 막지 못해 결국 멸망했다.8)

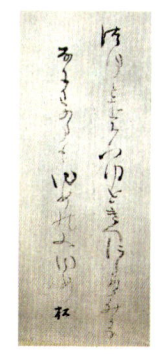

풍신수길은 "이슬과 함께 내리고 / 이슬과 함께 사라지는 내 몸인가 / 오사카의 일도 꿈 속의 또 꿈이런가"라는 내용의 '임종 시'를 남겼다.

---

8) 대구 망우당공원 「임란 의병관」 '피해와 반성': 임진왜란은 조선과 일본, 명에 커다란 변화를 초래하였고, 급격한 동아시아의 정세 변화를 가져왔다. 가장 큰 피해는 조선에 있었다. 조선은 계속되는 전란으로 농지 면적의 2/3 이상이 황폐화되어 농민의 생활이 어려워지고 국가 재정도 고갈되었다. 많은 사상자로 인구가 줄고 가옥과 재산의 손실도 막대하였다. 민심도 흉흉해져 이몽학의 난과 같은 반란도 일어났다. 또한 양반 계층은 경제적 몰락으로 권위가 상실되기도 하였으며, 당쟁이 가속되어 양반 계층의 분화 현상도 일어나 신분 질서의 붕괴가 가속화되었다.

문화면에서는 국보급 문화재가 소실되었고, 귀중한 책과 미술품이 많이 약탈되었다. 군사 제도에서는 군정 기관인 비변사의 기능이 강화되고, 훈련도감이 신설되었으며, 전략과 무기 체계에 많은 변화를 가져왔다.

일본은 풍신수길이 사망하고 권력 구조의 변화가 일어나 이후 덕천가강德川家康(도쿠가와) 막부가 성립되었다. 전란 중에 조선에서 약탈한 문화재와 인쇄술, 무기, 금속공예품, 도자기 기술 등의 전파로 일본 문화 발전에 크게 기여하게 되었다. 또한 서적의 약탈과 유학자의 납치 등으로 선진 유학과 접촉하게 되어 에도江戶 유학의 발전에 큰 밑거름이 되었다.

명은 임진왜란에 참여하면서 막대한 비용을 소모하여 국고를 고갈시켰으며, 이를 타개하기 위해 군비를 감축하여 군사력의 약화를 초래하였다. 그 결과 명은 각지에서 일어난 민란을 진압하지 못하고, 북방 여진족의 침략을 받아 멸망하게 되었다.

전라도 내륙 임진왜란 유적

전국 임진왜란 유적 답사여행 총서 9

저자 : 정만진
010-5151-9696
clean053@naver.com
출판사 : 국토
발행일 : 음력 2017년 9월 16일
(명량 해전 420주년 기념일)
농협 01051519696-08 정만진(국토)

ISBN 979-11-962149-9-9 04980
ISBN 979-11-962149-0-6 04980 (전 10권)

17,500원

이 도서의 국립중앙도서관 출판예정도서목록(CIP)은 서지정보유통지원시스템 홈페이지(http://seoji.nl.go.kr)와 국가자료공동목록시스템(http://www.nl.go.kr/kolisnet)에서 이용하실 수 있습니다.(CIP제어번호: CIP2017027421)